The Lifetimes When Jesus and Buddha Knew Each Other
A History of Mighty Companions

by Gary R. Renard

告別娑婆 外傳

悟道之途，
佛陀與耶穌的六世同修

葛瑞・雷納 著　謝明憲 譯

致肯尼斯·霍布尼克博士：

我無法成為您，

但我能像您一樣堅持真理。

編按：

本書中以標楷體呈現之《奇蹟課程》章句，皆引用自美國心靈平安基金會（Foundation for Inner Peace）授權台灣「奇蹟資訊中心」於二〇一一年出版，由譯者若水女士翻譯的《奇蹟課程》中文版新譯本。在此，向若水老師及奇蹟資訊中心的弟兄們，致上最誠摯的謝意。

contents

目錄

下篇　公元後

【前言】

如何從人生大夢中醒來?

本書是根據二〇一三年十月至二〇一六年九月發生的真實事件而寫成的。除了我的敘述和註解外，全書以三人對話的方式呈現，亦即葛瑞（也就是我），以及化身為人形的高靈上師阿頓和白莎。我個人的敘述文字並沒有特別標示出來，只有當我必須在三人的對話中插入解說時，才會加上一個「註」字，至於強調的語句則是用標楷體來表示。

我不在乎你是否相信阿頓和白莎的出現，因為那並不重要，也無損於本書的訊息所能帶給你的啟發和助益。然而我向你保證，若非這些高靈上師的啟發，憑我這胸無點墨的凡夫俗子，是絕不可能寫出這樣一本書的。總之，我讓讀者自行決定這本書的來歷。

這是我與阿頓和白莎的第四本書。要讀懂這本書的旨趣，並不需要事先讀過「告別娑婆三部曲」。若你對《奇蹟課程》（它是本書探討的教導內容之一）毫無概念，我會在下一章的〈奇蹟課程簡介〉中，提供你了解《奇蹟課程》必備的基礎知識。這些觀念會在本書的對話中持續延伸，而且你也會發現它們與其他經典教導的關聯性。若你還不甚了解一體的概念，我也會針對它來加以介紹。

要特別說明的是，本書並非「告別娑婆三部曲」的一部分。因為阿頓和白莎早已在「三部曲」中講完他們的故事，並說明了他們過去、現在、未來三世之間的關聯。事實上，我們的每一世都是互相關聯的。不過，我的上師是為了教學的理由才將焦點擺在這裡。他們也解釋了他們如何悟道，或者說，如何從所謂的人生大夢中醒來。此外，覺醒及覺醒之道，也是本書的重要主題。

這些討論獨樹一格的特色是，阿頓和白莎將談話的焦點放在他們另兩位朋友身上，包括這兩人過去如何相識、互相幫助及獲得解脫的過程。當初他們告訴我這些時，我著實嚇了一跳。因為他們說的這兩位正是耶穌和佛陀，雖然耶穌和佛陀並非他們真正的名字。順帶一提，佛陀有時也被稱為喬答摩（Gautama），但我的上師並沒有提到這個稱呼。

請讀者注意的是，本書並非針對靈性修行及靈修傳統進行深入的解說，而是講述兩位大師之所以成為大師的歷史。

根據我上師的看法，悟道最快速（但非唯一）的途徑，就在靈修經典《奇蹟課程》中。通常，我們會用《課程》或「ACIM」（A Course in Miracles）來指稱《奇蹟課程》。由於《課程》與耶穌（本書及我的其他著作中稱他為「J兄」）及佛陀的教導有許多共通之處，因此本書引用的內容並不僅限於《課程》，偶爾也會引用其他的經典文獻。要特別注意的重點是，唯有在純粹一體論的脈絡下來理解這些教導（這是後續要說明的），人才能回首過往並且了解，原來沿途所走的每一步，其實都是導向下一步的必經之路。

所有的心靈學派最終都導向上主，因此本人絕無看不起或貶低其他心靈學派或法門之意。然而《奇蹟課程》最重要的特質，就是它與二元論毫無妥協的餘地。少了這項特質，它與其他法門將沒什麼兩樣，甚至一開始就沒有存在的必要。由此之故，我將忠於它的訊息並拒絕妥協，而且我深信J兄和佛陀也肯定希望我這麼做的。

請注意，當**一體**、**實相**、**引導**、**真相**、**造物主**或**聖靈**等字眼是使用粗體字時，表示它們指的是超越分裂之念的**上主天心**層次。倘若這些字眼不是使用粗體字，那麼即使是「一體」這個詞，也僅是指尚未認知上主為**唯一實相**的層次。你終將明白，這正是一體論與純粹一體論之間的差別。

本書若有謬誤之處，那必定是**我的**錯誤，而非出自於我的上師。我不是完美的人，所以本書也不會是完美的。然而我相信，真正重要的是書中所要傳達的廣大訊息，而不是其中的細微末節。事實上，有許多學員對教導內容的詞句過於吹毛求疵，導致他們無法洞察其中所要傳達的訊息，而見樹不見林。

總之，本書談的是悟道的階梯，亦即J兄和佛陀登上幻相之梯時所經歷的各種不同階段，以及我們如何從他們的經驗中學習，俾使自己在靈性的道途上節省大量的時間。

感謝賀氏書坊（Hay House）用心出版我的書；感謝我的妻子兼共同教學者辛蒂（Cindy Lora-

Renard），她是活出這些教導的好榜樣；感謝我的網路資源管理員蘿柏塔（Roberta Grace）全力的支持。沒有他們的協助，本書不可能如此順利出版。此外，我也要大聲感謝莎士比亞，以及賀氏書坊的主編妮可萊特（Nicolette Salamanca Young）、文稿編輯傑弗瑞（Jeffrey Rubin），他們的寶貴的投入對我幫助甚大。

最後，我要向加州米爾谷（Mill Valley）心靈平安基金會及加州德美古拉（Temecula）奇蹟課程基金會的朋友們致謝，感謝他們數十年來的重大付出，成功地將《奇蹟課程》推廣到全世界。除了我之外，相信還有無數人對他們心懷感激。

——葛瑞・雷納

於加州幻相及非幻相的某處

其教導內容與佛陀、耶穌的關聯性

本篇略釋旨在說明《奇蹟課程》的核心觀念、它們與一體論的關係，以及它們與靈性大師（諸如耶穌、佛陀）悟道的關聯性，好讓有經驗或沒經驗的讀者都能更容易了解本書的對話內容、體會個中的法味。

本書並非用來取代《課程》（如同我在〈前言〉中提到的，通常我們會使用《課程》或「ACIM」一詞來指稱《奇蹟課程》）。因為即使你對《課程》具有真實、一體性的了解（這是相當少見的），你仍然無法悟道。唯有在日常生活中操練、應用這些教導，開悟才可能發生。在我們繼續談下去之前，你得先牢記這一點。

《奇蹟課程》源自於心理學家海倫．舒曼博士（Dr. Helen Schucman）的通靈訊息。有一天，她忽然聽見耶穌的聲音，並在同事比爾．賽佛博士（Dr. William Thetford）的傾力協助下，將這些資料完整保存下來。海倫先將聽見的內容速記在筆記本上，然後再朗讀這些內容由比爾繕打出來。他們兩人的關係原本十分緊張，彼此經常發生齟齬，海倫形容當時的氣氛令人感到「絕望」。後來，有一天比爾告訴海倫，他覺得一定「另有出路」才對。出人意料的是，海倫竟也完全贊同他的看法，並共同決定一起攜手找出這條路。而《課程》顯然就是他們這一決定的成果。

《奇蹟課程》的緣起是十分精彩又極為冗長的故事，關於它的來龍去脈已有某些書籍予以詳述，因此本篇略釋只做簡單的介紹。海倫通靈筆錄完成《課程》共費時七年；但此後至少持續五年的時間，海倫仍聽得見她所說的「那聲音」。後來，海倫又陸續筆錄〈心理治療：目的、過程與行業〉及〈頌禱：祈禱、寬恕與療癒〉兩則補篇。顯然，J兄從未中斷與海倫的合作。也由此可知，J兄從頭到尾都在主導著《課程》的編輯工作。祂更正了海倫錯誤的遣詞用字，而修改的部分大多是在三十一章〈正文〉的前五章。換句話說，J兄全權負責貫徹這五十多萬字的思想核心的一致性。（《課程》除了正文外，還包括「教師指南」及由三百六十五課組成的「學員練習手冊」）。為方便讀者進行後續的研讀，那些直接引用自《課程》的內容都加上標註，並列在書末的索引中。

另外三位在《課程》歷史上扮演重要角色的人物，分別是肯尼斯．霍布尼克博士（Dr. Kenneth Wapnick）、茱麗．魏德森（Judith Skutch Whitson）及鮑伯．史考屈（Bob Skutch）。他們後來與海倫及比爾五個人成立了心靈平安基金會，並在一九七六年將《課程》付梓出版。在我的第一本書《告別娑婆》中，霍布尼克博士也被我的上師推崇為「名垂青史的奇蹟教師」。

第三版的《奇蹟課程》是筆錄者海倫．舒曼博士授權、也是唯一將《課程》完整內容合訂在一起的版本。一九七五年，舒曼博士決定將合訂本交由心靈平安基金會獨家發行。此版本收錄了《課程》的補編〈心理治療〉以及〈頌禱〉。它們是根據奇蹟理念延伸而出的教材，是舒曼博士完成《奇蹟課程》後不久，J兄再次向她口述的內容。

《奇蹟課程》是一種自修的課程，而不是宗教。雖然也有人為《奇蹟課程》舉辦讀書會或成立教會。不過，《課程》就像所有的靈修一樣，終究會改變人們對這世界的看法。這種體驗在外面的世界是找不到的，因為這一切都源自於內在。

身為《課程》二十四年的學員，我的角色是釐清及解釋《課程》，好讓學員能在生活中加以運用。這一切都要歸功於我的上師。若不是他們鼎力相助，我是不可能了解《奇蹟課程》的。

善巧地不斷重複正知正見，是《課程》的一貫作風。若不一而再、再而三地沉浸在《課程》的觀念中，你是不可能學會它的。因為思想體系就是這樣學習起來的，同時也才可能做到《課程》的註冊商標「真寬恕」。你會看到本書不斷地在重複，同時你也會發現，某些內容在我其他的著作中也已經談過了。這是一種刻意的安排，若你能善加利用則大有裨益。不論是教導或學習《課程》，重複不僅是可接受的，甚至可以說是必要的。《課程》採用的方法是化解「小我」這個虛妄的你，從而讓你體驗到自己的**神性**。我們很快就會談到這一點。但首先，我們先來釐清真實的靈修與成功學之間的差別，因為後者在最近幾十年來，也逐漸被看成是一種靈修。

我絕無貶低成功學的意思。我並不是虛偽的人；坦白說，我在生活中將成功學運用得非常好，因此我非常清楚它與真靈修的差別。而我的上師給我的，乃是如假包換的真靈修。

成功學談的是關於如何獲得你想要的，在人間成大功、立大業，將外在的事物吸引過來，達成你自己的人生目標。但它的方法是建立在錯誤的前提上：只要得到你想要的，你就會幸福快樂。然而事實的真相是，一旦得到你想要的，你只會高興一下子，緊接著又會想要追求其他的東西。它不過是小我設計的一種軟硬兼施的賞罰策略。小我的思想體系是建立在分裂的觀念上：認為自己與我們的**終極源頭**「上主」分開，同時也認為我們彼此是分開的。倘若你的心靈平安和幸福是由這世界發生的事來決定，那麼你的麻煩可就大了。因為在這充滿小我幻相的世界，你唯一能倚賴的只有無常。但它是如此瞬息多變，頂多也只能讓你感到一時的滿足罷了。

可是，要是這世界發生的事根本就不重要呢？對小我而言，這無異是一種異端邪說。但如果它真的不重要呢？倘若不管這世界發生什麼，你都能快樂、強大又平安呢？這才是真實的力量；這才叫做真正的強大和自由；這才稱得上是真實的靈修。

我的教學足跡遍及美國四十四個州及全球三十一個國家。我從學員提出的眾多問題中發現，原來世界各地的人都有相當大的匱乏感。然後人們試圖在形相的層次上（我們稱之為「人生」的那個投影幕），透過取得那些他們認為能消除這種欠缺感的東西，例如獲得物質或感情上的滿足，來解決這種匱乏的感覺。然而問題是，他們一開始的著眼點就是錯誤的。因為那個匱乏是內在的，而非大多數人所認為的起因於外在。如同《奇蹟課程》說的：「**與上主分裂之感是你唯一有待修正的**

欠缺。」[1]

我說過，小我是虛妄的你，但另外還有真實的你。真實的你其實與這世界或身體毫不相干，身體只不過是一種分裂的象徵罷了。真實的你是永生、百害不侵、永恆不變、不可分離又圓滿的；世上沒有任何事物能影響它，它是不受任何威脅的。

《課程》開門見山就說：「凡是真實的，不受任何威脅。」[2] 它指的就是真實的你。緊接著又說：「凡是不真實的，根本不存在。」[3] 它指的是你這永生、不變、百害不侵的自性之外的任何事物。這也是《課程》被稱為純粹一體的靈性思想體系的原因。它談及兩個世界：上主的無相世界及眾生妄見的世界；除了上主的世界外，其他一切都不是真實的。

除了偶爾出現的暫時性象徵外，上主的世界是無法用肉眼看見的。因為肉體本身就會限制我們的覺知。然而，你與**終極源頭**的完美合一卻是可以體驗的。即使你現在看似以肉體存在於此，你仍能體驗真實的你。靈性的體驗非常重要；事實上，它是唯一能使你幸福的東西。光說不練是沒有用的，你不能只讀我的話語。《課程》說：「語言只是象徵的象徵，因此它離真相有雙重之隔。」[4] 想想看，象徵的象徵如何能令你幸福呢？它如何能讓你感到充實、圓滿、完整和滿足？即使是上主世界的實相描述也辦不到這一點，因為它仍然只是語言文字。但實相的體驗（感受你真實的本來面目及真實的存在之處）會使你感到幸福，因它本身就是充實、圓滿、完整又令人滿足的。

諾斯替教派將這種直接感受上主的體驗稱為「靈知」（gnosis），這個詞是「知識」的意思，但它指的不是頭腦的知識或資訊。當《課程》使用「真知」這一詞時，它就同「靈知」一樣，指的是直接體驗上主或**上主的真知**。

如何得到這令世間的一切皆隨風消散的體驗呢？答案是，透過化解你的小我。《課程》說得簡單又明白：「救恩即是化解。」5 這是聰明的好方法。因為只要你能將虛妄的你化解殆盡，最後便剩下真實的你。真實的你無需你為它做任何事，因它早已是完美無缺；它與**終極源頭**是毫無二致的。為了體驗這完美性，你得先移除潛意識中的小我，因為它是阻止你體驗這完美性的分裂之牆。虛妄的你誤認為自己是與上主分離的獨立個體，而《課程》正是要化解這一妄見。然而讀完本書你就會明白，這並非你能獨力完成之事。

可是，這又引發另一個問題：在化解小我這件事上，你能做的是什麼？答案是寬恕。但這種寬恕並非世上大多數人所認為的那一種寬恕。事實上，傳統認為的那種寬恕，只會使你的心靈將虛幻的世界看成是真實的，導致虛幻的世界和小我依舊完好如初。而真寬恕不會將虛幻的世界弄假成真，也不會讓虛幻的世界和小我有任何立足之地。

有些人會教導你，你應該「跟小我做朋友」。但我坦白告訴你，你的小我對做朋友這件事根本沒興趣；事實上，它只想宰了你。因為只要你能被傷害或殺死，這便證明你是一具身體；只要你是一具身體，那麼整個小我的分裂思想體系便是真實的。對於小我，你唯一能夠做的，就是化解它。《奇蹟課程》談的就是化解那已經與身體及分裂認同的小我或虛妄的你。真實的你其實與身體或分裂毫無關係，如同《課程》一再強調的：「我不是一具身體，我是自由的，因我仍是上主所創造的我。」**6** 上主把你造成同祂一樣，與**終極源頭**無二無別，永遠圓滿地處於一體的狀態。

這看似分裂的存在，其實不過是一場夢。世界和宇宙只是幻相，這種教導已有數千年的歷史。而《課程》將它濃縮成一個觀念：這世界是你將從中醒來的夢境。這一覺醒便是所謂的悟道，也是佛陀說「我覺醒了」的意思。然而現今有許多靈修學習者認為，佛陀說「我覺醒了」是指他有超乎常人的警覺性，然後可以在人間大顯身手一番。確實，現今大部分的靈修都將這看成是悟道。但佛陀真正的意思不是說他在夢裡比別人更加警覺，而是他已從夢境中全然醒來。這可不是微不足道的小小差異，而是有差之毫釐失之千里的天壤之別。佛陀領悟到，他是夢者而不是那個夢；他根本不在夢裡頭。這場人生大夢是他夢出來的；他是這場夢境的「因」，而不是「果」。

這就是《奇蹟課程》與J兄及佛陀有密切關聯的地方。因為唯有從以為自己是在夢裡（果），完全轉換到知道自己是夢者（因），你才可能悟道而從夢境中醒來。但要做到這一點，就得先捨棄那不斷使你深陷在分裂的睡夢狀態的小我。

少了夢境及小我思想體系之外的幫助，我們是不可能從這場人生大夢中醒來的。我經常用的一個譬喻是：想像你有一個三歲的女兒，晚上她躺在床上睡覺。你去看她時，發現她正在作噩夢。她在床上翻來覆去，表情十分痛苦。你這時候會怎麼做？你不會過去把她大力搖醒，因為這會使她更加害怕。你或許只是很自然地坐在床邊，輕聲細語地對她說話。例如你可能會說：「嘿，別擔心，你只是在做夢。你看到的東西都不是真的。其實這些都是你編造出來的，你只是忘記它們是你編造的。這一切不過是你心靈看到的影像。」當你想到她的眼睛是閉著的，那麼她是用什麼在看她的夢境呢？然後你會繼續輕聲地對她說：「沒事的，我在這兒陪你，我會看顧你的。」接著，有趣的事情發生了，你女兒會開始在夢中真的聽見你的聲音。雖說真相從來就不在夢境內，但它可以在夢中被聽見。只要你女兒聆聽你正確的話語，而不再聽信夢裡的聲音，她就會開始放鬆。也許她會開始覺得，她原以為非常重要的夢境，其實一點也沒什麼大不了。接著，當她準備好無懼地清醒過來時，她就會醒來。一旦她清醒過來，她就會知道自己從未離開過床，她從頭到尾都是躺在床上。所以不是床不存在，而是她當時沒覺知到它。

早上我們躺在床上從昨晚的夢境中醒來時，我們其實只是覺醒於另一個夢境，亦即此生的人生大夢。《奇蹟課程》說：「你正安居於上主的家園，只是在作一個放逐之夢而已；你隨時可以覺醒於真相的。」[7] 如同我們對作噩夢的三歲女兒輕聲說話一樣，聖靈也在對我們這場虛幻的人生大夢輕聲低語。聖靈現在正對著我們說：「嘿，別擔心，你只是在做夢。你看到的東西都不是真的。其實這些都是你編造出來的，你只是忘記它們是你編造的。這一切不過是你心靈看到的影像。」《課程》告訴我們，我們只是「在腦海裡重溫一遍陳年往事而已。」[8] 此外，它還有一個絕不妥協的聲明：「你一生的光陰都耗在夢中。」[9]

這場人生大夢看似比昨晚的夢境更為真實，是因為它有層次之分的緣故。天堂沒有層次之分，只有完美的**一體性**和無差別性。而小我的世界是充滿層次之別及差異性的。正是這個詭計使我們相信，既然這人生大夢看起來比昨晚的夢境更真實，那麼它一定是真的。然而，現今連許多物理學家都會告訴你，宇宙只是一個幻相；它不可能真實存在。其中有些物理學家甚至越來越相信，這一切都是虛擬出來的。但不管你怎麼說，事實的真相是，你夢見自己出生、夢見自己度過這莫名其妙的一生、夢見自己死亡、夢見自己處於中陰階段（in-between period）、夢見自己又再次轉世……如此沒完沒了。我們的人生好比是一串連續的夢境，因此我們一直處於虛妄的狀態。儘管夢的形式看起來各不相同，但它的內涵卻永遠都一樣：分裂。《課程》教導說，分裂是虛妄不實的；只要處於虛妄及迷惑的狀態，人就永遠會有潛在的焦慮，不論是有意識或無意識的。但如果我們願意聆聽為**聖靈**發聲的正見之語，而不再聽從為夢境發聲的小我之音，我們就會開始放鬆。也許我們會開始了解，夢境裡那些我們原以為非常重要的東西，其實根本沒什麼大不了。也許在夢境外，還有一個更大、遍在的實相。這更大的實相不是不存在，而是我們沒覺知到它。這就是為什麼《課程》會說：「清除使你感受不到愛的那些障礙，而愛是你與生俱來的稟賦。」**10** 你與生俱來的稟賦與**天國**相較起來毫不遜色；你無須費力爭取它，因它本是上主賜給你的禮物。雖說禮物是不必費力爭取的，但只要你覺得自己仍活在這世間，就得先覺知這份禮物的存在才行。我很喜歡《課程》問我們的一句話：「你如何在一個沒有喜樂的地方尋得喜樂？除非你明白自己不是真的活在那兒。」**11**

《課程》的教導是非常**博大**的，而非多數奇蹟教師所講述的那種小格局。**聖靈引領**我們覺醒，不是要我們成為更好的個體，而是要我們成為與上主合一的**整體**。然而，這並非一夜之間能達成的事，我們得經歷一番過程。但靈性是比肉體更高的生命形式，你得先為這更高的生命形式做好準備，否則覺醒只會徒增你的恐懼而已。毛毛蟲羽化成蝴蝶前會經歷蛹的階段；同樣的，我們要覺醒於自己真實的本來面目，也必須經歷類似的蛻變過程。**聖靈**關於寬恕的教導，正是在促進這個蛻變。《課程》告訴我們：「寬恕貫穿救恩的中心思想，它串連起救恩每一部分的意義，寬恕為救恩指出了途徑，它的結局萬無一失。」**12**

聖靈的寬恕有三個基本步驟。只要下定決心操練它們，終究會得到《課程》所謂的**慧見**，繼而使你從二元對立的夢境中醒來。

我們可以從《奇蹟課程》所說「聖子奧體」（你可將它視為那看似存在的所有人及萬事萬物）的救恩所必須做的事情開始。J兄說：「如此一來，世界的整個思想體系便澈底扭轉過來了。」**13** 你只要在救恩中做好自己份內的事，亦即在那看似身處其中人間鬧劇裡，操練《課程》教導我們的獨特寬恕法。你不必拯救整個世界，那是**聖靈**的工作；你的任務是跟隨**聖靈**，而不是自己當老大。不過，如果你現在是某企業的老闆，你也無須告訴別人你不是老大，只要心中明白誰才是真正的帶領人即可。很多人以為耶穌是最好的帶領人；但事實的真相是，他是最好的追隨者。他在《課程》中說，他只聽從一個聲音；《課程》很善巧地稱它為「**上主的天音**」（亦即**聖靈**）**14**，而不是「**上主之聲**」。上主不會與世界互動，因為上主乃是完美的**一體性**。我們應該慶幸上主不必為這世界負責，否則祂就跟我們一樣精神失常了。但也由於上主仍是**完美的愛**，如同《聖經》和《課程》所說，我們才有完美的家鄉可以回歸。

在這場人生大夢中，**聖靈**能看見我們的幻相，但不會相信它們是真的。藉由聽從**聖靈**所勸導的寬恕，我們便能學會像**聖靈**一樣的思考而覺醒於**靈性**。要做到這一點，就得先接受訓練。換句話說，你得訓練自己，當狀況發生時，你要能作出不同於以往的選擇。

以我個人為例，有一次我在洛杉磯的高速公路上開車，突然有個傢伙超車進來。我們都知道，開車能使人的性情展露無遺。在那一刻，對於我所見之事，我可以有意識的選擇兩種詮釋中的一個。我可以如同多數人一樣以小我來思考，對這件事加以評斷或甚至做出反應（大錯特錯）。也許當天我諸事不順，心情特別不爽，我會對超車的那個傢伙比中指而招來各種麻煩。萬一那傢伙有槍呢？可能我這條老命就沒了。倒不是死亡這件事有什麼問題，畢竟哪一天身體動也不動了，你的心靈還是會繼續活著，因此你從來不會**真正**「死亡」。但如果你在人間仍有事情要做，那麼還有另一種選擇。

我可以制止自己，不再隨著小我起舞。不過，這可不是容易的事，畢竟這與我有記憶以來所被教導的一切背道而馳。對男人來說，制止自己尤其困難，因為男人會有所謂睪丸素的問題。如果你推我，我就會把你推回去，這是與生俱來的。男人總是搞出戰爭。看來我們有半數的人，不知如何做有建設性的事。然而作出另一種選擇是可能的。我可以察覺自己開始與小我有相同的想法，從而制止自己。這是真寬恕的第一步，也是最困難的一步。要持續做到這第一步，得要有堅決改變的決心及堅定不移的努力，才能養成承襲**聖靈**的想法而不是小我思維模式的習慣。

一旦你學會制止自己而不再隨小我起舞（這必須經過〈學員練習手冊〉所教導的那種心靈鍛鍊），便能進入寬恕的下一步驟。寬恕的三個步驟最終會融為一個；它會成為你自發的習慣而無須去思考這些步驟。屆時，你會知道真相是什麼並依它來思考，就好比禪宗所謂了悟不可說的實相一樣。不過一開始，學習並且操練這些步驟是很重要的。因為這樣你才能知道自己在做什麼，以及你在兩者之中選擇了哪一個。這些步驟就是這樣成為你的一部分。當你沒做它而沒有寬恕時，你也會想起這些步驟。此外還有一個理由是，你會知道你才是真正從寬恕中受益的人。

當你能不再隨小我起舞，便可採取下一步驟：開始與**聖靈**一起思考。現在你已作出正確的選擇。事實上，不論你喜不喜歡，你永遠都在作選擇。此外，你絕不可能與小我一起思考，同時又與**聖靈**一起思考。因為它們分別代表著兩個截然不同的思想體系。只要作出明智的抉擇，你將體驗到完全不同的人生經歷，甚至能有更好的結局。然而這是「果」，我們的焦點是擺在「因」上。因為只要有好的「因」，自然會有好的「果」。小我不斷地告訴你，眼前的一切是真實的；身體是真實的；你必須處理你與真實世界裡的真實人物所產生的真實問題。而**聖靈**的看法則完全不同：你眼前的一切都是虛妄的。

除了將它形容為一場夢境外，《課程》也把小我的幻相世界描述為你自己潛意識心靈的投射。

由於你看不到自己的潛意識，因此你也看不到投射是來自於你自己。你投射出眾多的身體及無數的分裂形相。可是人們並不是身體；他們仍是安住在上主家中的完美靈性，只是這一點被人們遺忘了。《課程》問你：「如果你認清了這世界只是一個錯覺妄想，你會如何？如果你終於了解這世界是你自己一手打造的，你會如何？如果你真正明白了，在世上來來去去的那些會犯罪、死亡、攻擊、謀害，最後一死了之的芸芸眾生，都不是真的，你又將如何？」15 最終，你將永遠不可能用過去的方式來回應這世界，而第二步驟選擇聖靈也會喚醒你自身的靈性。如同《課程》教導的：「心靈這一詞，代表著靈性的運作主體，心靈為靈性提供了創造力。」16 藉由選擇聖靈，你就在自己的心靈中啟動靈性的運作。《課程》同時也教導說，奇蹟「拒絕與身體認同，堅持它的靈性本質，才能發揮它的療癒之效」。17

《奇蹟課程》的「奇蹟」是指我描述的這種寬恕：它是那種來自「因」而非「果」的寬恕；它是那種不再認為自己是受害者，並開始為自己的投射負責的寬恕。美國印第安人常說：「看哪，這偉大的奧祕！」而《奇蹟課程》也說：「這一投射的傑作實在令人嘆為觀止！」18 因為整個時空宇宙就是一場投射。如同數千年來某些修行法門所教導的，世界只是個幻相。或許你無法看出投射來自於哪裡，但你可以藉由撤回你的信念，來化解投射在你身上所造成的任何結果。

這不是別人的夢境，別人根本不存在，純粹只有你的投射。如果這世上有任何人或事物能傷害你，也是因為你賦予它們力量。現在應該把這力量拿回來，讓信念的力量回歸它原本的所在——上主裡。日積月累下來，這將改變你生命的一切。《課程》說：「奇蹟是一種習性。」19 你的心靈正重新訓練成寬恕，而不是評斷。

至於經驗方面，你將達到不為世間所傷的境界。如同《課程》談到聖靈式的寬恕說：「它否認了任何不是來自上主之物具有左右你的能力，這是使用否認最上乘的手法。」20 當你是一切的「因」而不是「果」時，你便翻轉了世間的思維，寬恕也成為理所當然的事了。倘若這世界是真實的，寬恕便無法變得理所當然。換句話說，你越是習慣不把這世界看成是衝著你而來，而是你自己的投射，你就越不可能按照既往的方式回應它，同時也更明白自己正在作夢。

二〇〇三年，就在我的第一本書《告別娑婆》問世後不久，我開始在雅虎網站舉辦奇蹟課程的線上讀書會，它後來成為全球最大的《課程》讀書會。我們的讀書會造出「寬恕的機會」這個詞，並開始稱呼每個人為JAFO，意思就是「另一個寬恕的機會」(just another forgiveness opportunity)。這個詞是源自於一個事實：只要你看似還在人間，就永遠有寬恕的機會。但要達到不受這些寬恕機會影響的境界是可能的。當你在靈修的道途上達到這境界時，那些JAFO就越來越沒挑戰性，你的寬恕也會變得越來越自動，整個人生體驗也會因此徹底翻轉。

在工作坊中，人們經常會問我《課程》到底在講什麼？通常我一開始會回答說，了解《課程》說什麼的最好方法，就是按照它所講的去做。這可能聽起來淺顯易懂；但《課程》說了許多人們根本不想聽的內容，大家其實會有很大的心理抗拒。例如它說：「世界根本就不存在！這是本課程一直想要傳達的中心思想。」21 然而大多數人並不想聽到這些。人們想要世界；他們渴望那些吸引人的世間之物，同時希望壞事別發生在自己身上，或者至少不要太壞。可是《課程》（耶穌以第一人稱的語氣）也說了：「我曾這樣要求我的門徒：變賣你的所有，施捨窮人之後，再來跟隨我。其實我要說的是：不再投資於這個世界，你方能教窮人看出他們真正的財富。我所謂的窮人，是指那些投資錯誤的人，那才算是真正的貧窮。」22 在此，《課程》說的是心理上的投資。它的教導往往是在心靈的層次完成，而不是在物質層次。透過化解小我、逐漸地讓**聖靈**成為你心中的主要力量，並最終讓它成為你心中的唯一主宰，你便能做好回歸天鄉的準備。

我們曾信以為真的世界，其實不過是黃粱一夢。莎士比亞（根據我上師的說法，他已經是開悟者）在《暴風雨》（*The Tempest*）中已道出了真相：

我的兒子呀，
你看來真的很悲傷，
似乎是感到失望了。
打起精神吧！
我們的狂歡已經結束。
我曾告訴過你，

我們這些演員是化為一縷輕煙的精靈；
如同這虛妄構成的幻景一樣，
凌霄的樓閣、瑰偉的宮殿、莊嚴的廟堂，
乃至世間及世上的一切，
也終將煙消雲散，
如同這幻景般，
不留下絲毫的痕跡。
我們都是夢中的人物，
一生酣睡不醒。

這些話非常符合《奇蹟課程》的內容。藉由《課程》的引導，你會在全新的層次上經歷清明夢狀態（lucid dreaming），並最終覺察到自己原來在作夢。每個寬恕機會的到來，你都將毫無例外地寬恕；你會開始變得輕鬆起來，並擁有真正的心靈平安。有趣的是，你在夢裡會更隨心所欲，因你能更清晰地思考，而**聖靈**的**引導**和啟發也會一路帶領著你。

再複習一下寬恕的第一步驟：覺察自己與小我一起思考，並且制止它！這是需要訓練的。因為小我非常聰明狡猾，它會用無數種方法說服你相信，你和其他人都是身體，從而使你相信這一切都是真實的。我要再次強調，聖靈要你記住你有一個完全不同的真實身分：「我不是一具身體，我是自由的，因我仍是上主所創造的我。」23 這段話對其他人也適用。寬恕的第二步驟是要了解：你眼見的一切並非真實，你必須改變想法與聖靈一起思維，而不是與小我一同思考。

若你已做到這一步，聖靈就會給你來自《課程》的正見思維，使你能適時地應用在你所處的狀況或事件。或者，甚至你連想也不用想，就發現自己已處於平安之中了。

最後，當小我被化解而由聖靈主導你的心靈時，你便能更清晰地聽見來自聖靈的訊息和啟發。你甚至會收到關於如何在虛幻的人間生活的各種實際問題的答覆。跟聖靈一起生活與跟小我一起生活，這兩者的體驗是有天壤之別的。現在就算屋子裡只有你一個人，你也不再覺得孤單。

你的潛意識心靈其實什麼都知道。這是一定的，因整個時空宇宙原本就是它的投射。既然它什麼都知道，它就知道我們其實是一體的；既然它知道我們是一體的，它就會把這世界及世上的每個人都視為與你有關。這是相當值得深思的一點。因為人們經常搞不清楚自己為何會感到沮喪。但看看他們這輩子對其他人都抱持什麼樣的負面想法？他們完全不曉得這些想法會回到自己身上，並決定了他們如何看待自己。最後，他們甚至會根據這些想法來建立自己的身分認同，因他們已將自己眼之所見信以為真了！因此寬恕的第二步驟的另一個重點是，要了解你寬恕別人並不是因為他們真的做了什麼，而是因為他們根本什麼也沒做，這一切原本就是你自己編造出來的。換句話說，你之所以寬恕別人，是因為你知道他們什麼也沒做，他們是清白無罪的。這種寬恕會重新改變你看自己的眼光。如果他們是有罪的，你也會是有罪的；如果他們是清白無罪的，你也會是清白無罪的，絕無例外。因為《奇蹟課程》清楚表達了一個非常重要的心靈法則：「你如何看他，你就會如何看自己。」[24]

同樣重要的是，不可像許多學員那樣只停留在這階段。大多數人從沒考慮到這裡還有另一個非常關鍵的部分。既然你如何看他，你就會如何看自己；同樣的，如果你認為這世界及世上的人們是虛幻的，那麼你也會認為**自己**是虛幻的，這將導致一種空虛和無意義感，從而使你變得鬱鬱寡歡。這就是《奇蹟課程》遠比多數人所了解的更具積極性的所在。因為它不僅描述在世上占多數的小我思想體系，同時也提供了完整**取代**小我思想體系的**聖靈**思想體系。因此，將寬恕的第三步驟與前面兩個步驟結合起來是極為重要的。

談到寬恕，奇蹟學員及其他靈修者常犯的最大錯誤是，他們的寬恕有限制性且不夠全面澈底。此時就必須運用到寬恕的第三步驟，因為它是立基於**靈性的一體性**，而不是建立在那無常又看似分裂的世界。這就是所謂的「靈性之見」（spiritual sight），亦即學習**聖靈**看待一切的眼光，從而窺見自己真實的本來面目。不論何處，聖靈放眼所見皆是**靈性**的愛和純潔無罪。事實上，《課程》是這樣說的：「不論祂向何處看去，都只會看到自己。」[25]

因此我的上師稱這第三步驟為靈性之見，《課程》也將它形容為**慧見**或正知正見。一旦你改變自己對他人的想法及身分認同，你便改變了自己的體驗，最後連你自己的身分認同也會產生轉變。

《課程》在〈正文〉的最後一章告訴我們：「重新選擇你希望他成為什麼樣的人吧！請記住，你所做的每個選擇同時決定了自己的身分，從此你不只會如此看待自己，而且深信不疑自己確實是這樣的人。」[26] 這就是為何牢記**聖靈**從不以分裂來思考是如此重要的原因。**聖靈**是以**靈性**的圓滿和**一體性**來思量的。靈性之見涉及到你的思考方式。有了靈性之見，你就會對身體及個體性的想法視而不見，並跳脫它們的限制來思考。你不會只把某個人看成是全體的一部分，而是視他為整個全體。

有件事是可能的，那就是你可以繼續像平常那樣與人交談，但同時心裡又認同他們真實的本來面目是**與上主一體的**；他們真實的存在之處是一體的**天堂**。只要經常這樣想，經過足夠長久的時間，最後你會不禁覺得那也是你自己的本來面目和存在之處。這就是心靈運作的方式。耶穌就是這樣碰觸到自己的**神性**；佛陀就是這樣從人生大夢中覺醒。本書談及的其他幾位大師，也都認為有一個超越分裂面紗的**一體實相**存在，只是他們表達的方式各有不同罷了。那是唯一的實相，亦即非二元的一體性。當你是「因」的時候，你就不再是這場夢的受害者，而是夢的作者。當你做完所有的寬恕功課而化解小我，心中不再有任何罪咎時，你便能將這最後的身體置於一旁而覺醒，並在永恆的實相中安住於上主的家。

正確的寬恕會自然產生愛，因為愛原是你的本來面目，而愛會產生平安。只要有足夠的人實際運用這些觀念，最後這些人不但能自我了悟，也能促成世界的和平，而你也能在眾生集體心靈的療癒上貢獻一己之力。

世人一直想促成世界和平，卻把功夫下在錯誤的地方——人生夢境的投影幕上。事實上，只要在正確的地方下功夫，世界和平便指日可待。儘管我們這輩子看不到世界和平，但這並不重要。因為你**現在**只要做好自己的本分，便可以翩然覺醒而回歸天鄉了。

在《告別娑婆》中，我的上師談到世界和平時，說了一句很有意思的話：「**除非世人的心靈獲得平安，否則世界是永無寧日的。**」因為《課程》教導我們，我們在這稱之為「人生」的投影幕上所看到的一切，其實只是「**描述你內心狀態的外在表相**」。**27** 事實上，虛幻的世界只是那廣大又深奧的一體心靈，或榮格（Carl Jung）所謂「集體潛意識」存在之物的表徵。倘若我們看見的世界是內在的倒影，那麼只要我們的內心仍存在著衝突，世上就永遠避免不了動亂的發生，不論它們是戰爭、謀殺、犯罪、恐怖主義、混亂或單純的意見不合。不過話說回來，終有一天會有足夠多的人，透過寬恕之道來化解小我而達到心靈的平安。當**那一天**來臨，一切都將澈底不同。

我個人覺得，出版《奇蹟課程》的那些人稱自己為「心靈平安基金會」是很貼切的。數千年來，人類一直想在這一輪的歷史中達成世界和平，於是人們開始嘗試外交的手段。後來外交手段行不通，就改試談判；談判行不通，就改用武力。過了幾年，人們對戰爭厭倦了，就改試國家聯盟。但國家聯盟最後還是行不通，於是再次經歷戰爭後，人們改試聯合國。現在看起來，這世界似乎偶爾可以處於和平的狀態。不過，這還談不上真正的和平。如同《課程》說的：「**不要誤把休戰協定當作和平。**」**28** 人們只是暫時把武器收起來，因為我們並沒有從根本的「因」下手解決。然而，只要世上獲得心靈平安的人達到足夠的關鍵人數，外在的世界和平就可能真正來臨，一如莎士比亞所言：「它會如夜繼日般地到來。」

你有機會藉由寬恕達成內在的心靈平安，從而為潛意識心靈及這世界的療癒做出貢獻。或許歷史學家並不會將你寫入歷史，但那又如何呢？史冊記載的人物大多都是戰爭的發動者，而我們是和平的締造者。如同不朽的聖雄甘地所說的：「你必須成為你想在這世上看見的改變。」或許甘地並不是第一位說出這句話的人，它至少可以回溯到佛陀或更早之前。但甘地知道這句話是真理，並且將它落實在生活中。只要你有充分的決心想達到開悟及上主的平安，你同樣也可以辦得到，而無須在昔日的大師們面前妄自菲薄。如同耶穌在《課程》中說的：「我所有的一切，沒有一樣你不能得到。」[29]

瑪莉．艾迪（Mary Baker Eddy）和《課程》都說：「所有的人都被召叫，只是願意聆聽者少。」[30] 你願意聆聽嗎？我最喜歡的一句話就出現在《課程》正文最後一節的「**重新選擇**」中，它勸誡我們：「重新選擇吧！你究竟想要躋身於救主的行列，還是與弟兄一起墮入地獄？」[31] 許多人都很害怕下地獄，卻不曉得自己早已身處地獄之中。根據《課程》毫不妥協的形上理論，離開**天堂**的狀態就是地獄。然而，你可以改變自己的體驗，並最終感受到更高的生命形式（無相的生命）。你可以從「身為一具身體」的體驗中畢業，轉而體驗「**靈性的一體性**」。

只要願意善加利用，人間其實到處充滿寬恕的機會。只要我們具備信心並堅持不懈，便能達到

J兄的心境：「何其有幸，我們所在的世界提供了這麼多機會讓我們看到另一境界，讓我們認出自己早已擁有的上主禮物。地獄的遺跡、隱祕的罪咎、深埋的怨恨，從此一逝不返。它們企圖覆蓋的美善，得以再度呈現於我們眼前；它像天堂裡的碧綠草坪，將我們舉起，飛越你過去不識基督時所走的荊棘之路。」32

我們可以扮演好自己的角色，不僅將真正的平安帶給自己，同時也將它帶給這我們稱之為「宇宙」的夢境。這宇宙之夢終究會如同大夢初醒般地消失。我們可以透過用靈性之見及操練寬恕來做到這一點。這是我們唯一的責任，也是最重要的責任。這是所有在悟道階梯上的人應該做的本分。竭誠歡迎你的加入。其他的，我們就交給聖靈吧！

上篇

公元前

1 悟道的階梯

生命有三大奧祕。對鳥來說，是天空；對魚來說，是水；對人來說，是他自己。

——傳統佛家格言

過去，我曾有一籮筐的問題想請教我的上師阿頓和白莎，但最後都沒問。因為他們現身時，總是令我驚訝不已，於是就忘了原本要問的問題，這種情形已經發生過好幾次了。儘管我與他們會面的次數不算少，但他們每次出現，對我來說仍是超現實的經歷。舉例來說，我以前就想問：耶穌是怎樣成為耶穌的？在他成為耶穌前是過著什麼樣的生活？佛陀是怎樣成為佛陀的？他們有什麼樣的經歷？他們是透過哪些修行，才比別人更早覺醒而達到開悟的境界？

我的上師教導我，過去世宛如一連串的夢境，我們其實從未真正變成一具身體過。我們從未真正在一具身體裡，將來也永遠不會。我們的體驗純粹是小我的把戲：它不過是一種巧妙的手法、視覺的幻相，或者如愛因斯坦說的「意識的錯覺」。我們一直都認為自己在一具身體裡，並透過身上的眼睛看世界，但其實我們是用心靈在觀看。再者，我們眼前的一切（包括自己的身體）及娑婆大夢的其他部分，都是我們自己投射出來的。它們不過是空無實質的投影，如同電影的影像一樣。

二〇一三年秋天，我大約有九個月沒見到我的上師，我有一種他們隨時會現身的感覺。由於我與**靈性**有了更多的接觸，並且知道阿頓和白莎其實就是**聖靈**為了溝通而化為人形，因此對於他們的出現，我的直覺變得相當準確。在娑婆世界，**聖靈**不得不化為形相，否則我們就無法聽見祂的教導而永遠深陷在幻相裡了。其中最常見的是，**聖靈**化為念頭的形式出現在我們的心中。事實上，念頭也是一種形相。但在某些情形下，聖靈也會採取其他不同的形式，這全看當事人的最佳溝通方式是什麼而定。也因此，我們不該將自己的經驗與他人做比較，畢竟**聖靈**知道什麼才是最適合我們的。

在等待上師現身的這段時間，我自己也沒閒著；我根據上次與上師對話的內容出版了《告別娑婆3：愛不曾遺忘任何人》。但更驚人的進展是，亞洲地區對《課程》的興趣開始水漲船高。忽然間，我的妻子辛蒂（她憑自己的實力成為優秀的奇蹟教師）和我共同受邀前往日本、台灣和南韓講課。最令人意外的是，連中國大陸也向我們提出邀請。事實上，中國的教學組織已連續五年邀請我們進行一年兩次、為時兩週的教學之旅。能踏上遠方的土地，看見《課程》得以深入遠東弟兄的心靈，實在令人感到振奮。《奇蹟課程》繁體中文版譯者若水女士也將《課程》翻譯成簡體中文，然而她是經過數年不懈的努力才讓《課程》得以在大陸出版，因為中共必須先確認《課程》的思想不會顛覆它的政權。此外，若水女士也翻譯了《告別娑婆》繁體及簡體中文版。《奇蹟課程》通過審查後不久，廣為人知的《告別娑婆》也在大陸面世。對我來說，這時機可說是配合得天衣無縫。除了美籍華裔的若水女士外，我算是該地區首屈一指的美籍奇蹟教師。

中國這些年來不斷在快速變化，共產黨已允許資本主義成為常態，希望能藉此消弭社會的不滿。我聽說，現在去上海就像是去東京一樣。只是那裡有一件事不能做：你不可以批評或質疑中共當局的威信，那可是會出人命的。事實上，中國從未提起一九八九年軍隊屠殺學生的天安門事件，儘管有些勇敢的中國留學生在海外公開談論它，試圖讓事件的真相不被遺忘。

大多數的網站在中國是禁止連結的，例如谷歌、臉書、推特和Youtube，但這仍無法阻止許多大陸民眾得到他們想要的。因為他們可以透過某些軟體來瞞過審查，讓他們的電腦看似從其他國家連上那些網站。事實上，《課程》和我的書也是因為這樣才得以在中國大陸曝光。人們對這新的教導及它對古老智慧的深入詮釋感到相當振奮，尤其是佛教徒和心理治療師。

另外一件不能在中國大陸做的事情是：你不能說任何支持達賴喇嘛的言論。儘管達賴喇嘛沒有軍隊，但中共仍然擔心他的影響力及西藏獨立的可能性。雖說這是許多西方人的期望，但這似乎是不可能發生的事；不過這也沒什麼差別。不論如何，中國大陸對外界的興趣使我能開心地前往當地，見證《課程》和**聖靈**施展他們的寬恕奇蹟。

自從上次見到上師後，我生活中另一件令人驚奇的發展是，我愛上一隻小貓咪。我一直都是愛狗的人，有一隻養了十五年的狗。我喜歡狗的熱情，總覺得貓有點孤傲。有一天，辛蒂在網路上看見一隻只有三個月大、討人喜歡的流浪貓，於是我和辛蒂就去領養牠。結果露娜（我們給牠取的名字）帶給我們無比的歡樂。牠像是一隻超級可愛的小飛猴，動作敏捷又有趣，同時又具備高雅的氣質。現在養了狗和貓之後，我終於明白牠們想法上的差異：

狗是這樣想的：「哇塞，這些人真棒！他們愛我、養我、照顧我、給我一切，他們一定是上帝！」

貓是這樣想的：「哇塞，這些人真棒！他們愛我、養我、照顧我、給我一切，我一定是上帝！」

幾乎每年夏天，辛蒂和我都會在夏威夷帶領靜修，今年也不例外。那一天晚上，我們在回房的途中遇見最不尋常的經歷。

我們抬頭發現雲朵之間有兩個半圓形物體，像是同一個圓被分成兩半。它們出現的高度並不是很高，可能只有三百公尺左右。它們透出光來，似乎是想藉由光來向我們傳遞訊息。我明顯地感覺，它們在用我所不了解的語言與我們溝通。當時我們一點害怕的感覺也沒有。我直覺地知道，這是來自數光年外的太空船。我心想，他們會不會是上次阿頓和白莎帶我去太空旅行時所見到的昴宿星人。他們似乎知道我們在這裡，正在對我們打招呼。這景象大約持續了一分鐘。它如此清晰又近距離地出現在我們面前，著實令我們驚訝不已。後來，太空船瞬間消失了，彷彿從來沒出現過一樣。然而我知道，雖然我們不懂他們在說什麼，但外星人是以善意的方式在對我們說話。我願意等到適當的時機，再來了解它的真實意義。

我和辛蒂經常跟她妹妹潔奇及妹婿馬克一起聚會。我們談論的話題千奇百怪，包括靈性、外星人、聲音療法、陰謀論，以及統治世界的幕後勢力等等。對我們而言，這些話題是很稀鬆平常的。但記得我當時想，若有人聽見我們的談話內容，那些人可能會說：「他們在聊什麼鬼呀？」當然，我們四個人純粹聊《奇蹟課程》時，情況也是一樣的。對於那些還沒入門的人，我們的話語似乎太偏激了；但對進階的學員來說，則是完全可以接受的。

有一天早上，我喝著咖啡想起過去的事。曾經有一段時間，我每天要喝六杯咖啡，抽三十根菸。「哇噢，」我想，「別的不說，光是做這些事就得花多少時間啊！」現在我每天喝一杯咖啡，沒有抽菸，但我還是沒有充裕的時間做我想做的事。「真是奇怪的幻相。」我心想。接著，忽然毫無預警地，我的上師就坐在我們家的黑皮沙發上。

阿頓：嗨，老弟，看來你過了很忙碌的一年。恭喜新書出版了。

葛瑞：謝謝，應該是我恭喜你們，畢竟書中最精彩的內容都是你們提供的。

阿頓：噢，這我就不知道了。你的一位讀者寫說，你已不再是我們的茶水小弟了。

葛瑞：那麼，你近來如何呀，我那高不可攀的美女？

白莎：還是一樣高不可攀。我們直接談正事，可以嗎？

葛瑞：你很正經耶，有什麼要緊事嗎？

白莎：沒有。但我們要強調的是，我們繼續來找你是為了幫助人們持續化解他們的小我及加速這個過程。化解小我是需要時間的，但人們很容易用各種不同的方式來讓自己分心，我們會陸續指出一些例子。

阿頓：而且別忘了，這需要重複溫習並認識新的觀念，你會聽到這兩種內容。現在，告訴我，對於那些批評你的人，你的寬恕功課做得怎樣？

葛瑞：還滿不錯的。況且，你也知道人們是怎麼說批評者的。

阿頓：我不知道耶，葛瑞。他們是怎麼說的？

葛瑞：批評者就像後宮的太監，他們每晚都看見那檔子事，自己卻無法親臨上陣。

白莎：這可不是阿頓說的寬恕的**真正**意思，不過我欣賞你的幽默。

葛瑞：你知道的，有一次我、辛蒂、還有她聖塔莫尼卡大學的同屆校友約翰，一起在威爾夏爾區（Wilshire）用午餐。我們後來聊到網路上有許多憤怒又負面的網民，他的一席話我覺得很有道理。他說：「葛瑞，你會遇到兩種人。一種是支持你的，另一種是不支持你的。你為什麼要浪費時間和精力去在意、回應那些不支持你的人？你根本不必管他們。除非那些人已經準備好，否則他們是絕不會改變想法的。你應該把時間和精力用在那些**支持**你的人身上，這樣你付出的努力才算功不唐捐。」我覺得他這番話十分有道理。當然，我的寬恕也因此變得更為深入。

白莎：老弟，接下來的幾次會面，我們也會與你進行深入的對談。而且是你一直在期待的話題。

葛瑞：我就知道！原來你們早就發現，我很想知道耶穌是如何成為耶穌這件事。當然，我會叫他J兄。既然我們都聊到這話題了，那麼佛陀是如何成為佛陀的？他們在成為耶穌和佛陀之前，是怎樣度過他們的夢境人生？他們如何學以致用？我們都知道，滿腹經綸不如起而行之。

白莎：確實如此。你問了一個好問題。像J兄這樣的大師來到最後一世，他並沒有太多需要學習的，因為他已通曉悟道所該知道的一切。J兄十二歲時在聖殿裡教導拉比的故事是確有其事的，他們甚至也尊稱他為拉比，亦即老師的意思。他早已通曉一切。在那一世，只有幾件重大的課題適合他學習及教導。當然，其中也包括被釘上十字架。

阿頓：一位大師之所以回來最後一世，是為了利益其他眾生。許多眾生需要有人為他們指出方向。然而師父引進門，修行在個人。徒弟無法光靠師父的存在就開悟，儘管有人認為最好能這樣。不過，師父可以為他們指出正確的道路。

這正是兩千年前真實出現在世間的智慧導師J兄所做的事：為人們指出正確的方向。不是建立宗教，而是指出道路。你或許還記得，我們曾形容他為引領孩子回到天鄉的一盞明燈。

白莎：現今J兄也是用《奇蹟課程》在做同樣的事，彷彿他在說：「瞧，這招對我很管用，或許你也該試試看，它可能為你省下數千年的光陰。」你知道的，他在《課程》中的教學風格一向強而有力，始終毫不妥協。

葛瑞：嗯，我有發現。但人們往往想要妥協，跟《課程》討價還價。

阿頓：別讓它影響你。那只是個夢，還記得嗎？那是**你的**夢，不是別人的。別人根本不存在。

白莎：有趣的是，你一直在問關於J兄和佛陀的事。這比你想像的有趣多了。

葛瑞：好吧，我就配合演出。怎麼個有趣法？

白莎：如果我告訴你，他們彼此已經認識好幾世，並且在道途上一路互相扶持呢？

葛瑞：你們是在唬我吧？我一直覺得他們是毫不相干的兩個人，因為他們的文化背景天差地遠。

阿頓：到頭來你會發現，他們**唯一**的差異就只有文化背景而已。究竟來說，我們都是一體的。我們接下來還會說一些令你吃驚的事。

葛瑞：現在，恐怕你們不語出驚人我才會吃驚吧？說吧，他們當初是如何一路互相扶持的？

阿頓：這得慢慢地娓娓道來。因為幻相中的悟道過程也是有次第的。即使是耶穌和佛陀，他們也得從最基礎開始。但他們有一個強大的有利因素，使他們兩人能比其他人更快回家。

葛瑞：什麼有利因素？

阿頓：他們並不像其他人一樣，對這場人生夢境深信不疑。當然，他們剛開始也是相信的，只是不像一般人那麼相信。他們一開始就對這夢境的真實性產生質疑，並且發覺，只有瘋狂的上主才會造出這瘋狂的世界。他們也發現，上主不是瘋狂的，肯定是什麼東西出了差錯。

白莎：這簡單的有利因素影響甚大。要了解它，你不必成為J兄或佛陀。但他們比別人先知道它，因為他們已經覺察到了。

阿頓：沒錯，但他們還是得爬上悟道的階梯。

葛瑞：我不記得《課程》有提到階梯的事。

阿頓：事實上，《課程》已經提過好幾次了，例如它說：「**得救之後那千古不易的完美境界，不是本課程的宗旨。因你才搖搖擺擺地踏出第一步，沿著往昔沉淪於分裂的軌跡一級一級地向上回溯。**」1

每一個從虛幻的分裂之梯爬下來的人，都認為自己活在這世界。事實上，這是一種你與自己的終極源頭，也就是上主，分裂的體驗，這才是問題所在。之前我們已深入探討過，這看似分裂的狀況是如何發生的，我們這裡不再贅述。所有展開真實靈性追尋的人，都會發現自己位於這階梯的最底層，沉浸在二元對立的狀態中。所謂二元對立的狀態，就是你相信有一個外在於你的世界；你相信有一個主體和客體；有一個主觀的你和客觀的世界。在你還沒從階梯下來前，只有完美的一體性；只有完美的上主存在。但現在你停留在二元的狀態，於是對相信上主的人而言，就有你和上主的存在；對於那些不相信上主的人，就有他們和世界的存在。但不論是哪一種情形，他們都相信天人分裂確實發生了。「相信」是這裡的關鍵詞。如同前幾次我們來找你時所強調的，是你對這世界的信念，使它有力量控制你。是你的信念讓自已處於「果」的位置；一旦你是這世界的「果」，便只能任憑擺布。然而，J兄和佛陀並不像其他人一樣相信這一套。

白莎：每個人都得從某個地方開始。而世上九成九的人都是處於二元對立的狀態，包括那些走在靈性道路上的人。但是你知道，《奇蹟課程》不是二元對立的思想體系。它甚至不是一體論，而是我們所要說明的純粹一體論。這就是為什麼《課程》會說：「**只為上主及其天國而覺醒。**」**2** 但這是相當高的境界，因此大多數的奇蹟學員都會卡在二元對立的泥淖中，而不再繼續向前，其中包括那些認為《課程》除了上主外還承認其他東西存在的人。當然，《課程》根本不承認有這種事。

即使J兄和佛陀擁有這有利因素，但他們的開始還是得表現得同這世界的人一樣，我們將會告訴你他們是如何開始的。但由於他們有正確的起頭，因此他們沒有犯下大多數人所犯的那種錯誤。

葛瑞：譬如說？

白莎：根據歷史的經驗，靈性學員出現的問題之一就是，他們以為自己了解師父所教導的內容；但事實上，他們根本不了解。有人拜老子為師，但是當老子不在之後，這徒弟就會說老子說了什麼，老子的意思是怎樣怎樣。徒弟總是從二元狀態的觀點來看，但師父是來自於更高的狀態。這階梯不是只有一個更高狀態，我們還會談到其他許多階次。但大部分的學徒都好為人師，而不願意當學徒。因為當帶領人的感覺比當追隨者特別。

宗教就是這樣開始的。人們認為他們了解佛陀，所以後來產生了佛教。但是佛陀從來沒想過成立一個宗教。若有人問他：「你是做什麼的？」他只會回答：「我是覺醒的人。」他要給眾生的只有覺醒，而不是讓人們去遵循成千上百個儀式。他要教導的是智慧。

當然，每個人及其弟兄都認為他們知道J兄在說什麼，或者他們早就刻意要作出相反的詮釋，於是後來就產生了關於他的宗教。然而，就像佛陀一樣，J兄對宗教一點興趣也沒有。他要教導的也是智慧。

阿頓：這就是為什麼在西方，多數人都把J兄想成是終極的帶領人。但事實恰好相反！他不是終極的帶領人，而是終極的追隨者。怎麼說呢？因為他只聆聽**聖靈**。帶領人是**聖靈**，不是他。他最終只聽從**聖靈**，並且只為上主及其天國而儆醒。這就是他在《課程》中也勸你這樣做的原因。

葛瑞：所以二元論通常導向宗教（或至少是組織），而它們是立基於其成員對其創立者的錯誤想像上，而這些創立者從未想過要當創立者。

白莎：說得好。幾乎都是這樣。

阿頓：別忘了一件事：每個人都把它當真了。人們在對他們認為在身外的上主祈禱的那一刻，他們就把二元性當真了。他們在不知情的狀況下，使分裂之念持續下去。這就是為什麼悟道是一種過程。

我們陸續會談到更多關於不同的層次或階梯上的階次。但現在，你要記住，在這階梯的最底端全是主體與客體，它們全都是真的。

白莎：我們很快就會回來告訴你更多關於J兄和佛陀的故事，以及他們是如何認識的。他們在一起並沒有那麼多世，但他們的進展很重要。別忘了，我們告訴過你，心靈如何在彼此的軌道上旅行。你們可能看似分開，但由於你們是在彼此的軌道上，你們注定會回歸在一起。

葛瑞：就像愛默生（Ralph Waldo Emerson）說的：「倘若有緣，終會相遇。」

白莎：說得好。但還有其他的。你這輩子的寬恕功課是與你其他世的寬恕功課一樣的。這就是為什麼《課程》會提到「**身體由生到死的一連串歷險故事**」。**3** 雖然說那些功課看起來不一樣；五百年前的東西跟現在的看起來也不一樣，但它們的意義是一樣的。換句話說，只要你能在這一世完成所有的寬恕功課，你就同時完成了每一世的寬恕功課，這可是個天大的好消息！

葛瑞：那有點像回到奇蹟節省時間的特色，我還沒在其他法門中見過。

阿頓：你在這一世做你的寬恕工作時，聖靈就會帶著那個寬恕照亮那你當下沒覺察到的每一世。《課程》說的很正確：「**考驗只不過是你過去尚未學會的人生課題再度出現於你眼前，讓你**

在過去選錯之處作出更好的選擇，擺脫往昔錯誤帶給你的痛苦。」[4] 這不僅對某一世是真實的，而是對每一世都是真實的。

對了，我聽說你在夏威夷遇到幽浮的事讓你很驚訝？

葛瑞：真不是開玩笑的！我明顯感覺到他們在跟我們溝通。

阿頓：沒錯。

葛瑞：他們是昴宿星人嗎？

阿頓：沒錯。他們在承認你。在跟你打招呼。你知道的，他們就在其中一個小飛行器的附近。因為你之前曾經在他們其中一艘大太空船上，而且你表現出平安的心靈，所以他們認為你是朋友。

葛瑞：我在俱樂部嗎？這是不是意謂著，昴宿星人和我是在彼此的軌道上？我可不是在說雙關語。

阿頓：沒錯。顯然現在你們之間有語言的隔閡，所以我不會有太大的期待。雖然他們懂英語，卻不會講英語。所以現在暫且把他們當作遠方的親戚就好。我可不是在說雙關語。

白莎：我們會再回來的。

話一說完，他們就不見了。我當下就感覺到自己期待他們下次的到來。J兄和佛陀？這太誇張了。

對話中，我提到奇蹟節省時間的特色，它讓我想起《奇蹟課程》中的一段話。許多人常使用《課程》有名的「小小的瘋狂念頭」，但很少人會使用它周遭的句子。我的心靈開始休息，我想到了這些話：

> 夢者已把夢中情景當成外界加諸於他的事件。現在，讓我們把他投射出去的夢境歸還給他吧！在「一切是一」的永恆境內，悄然潛入了一個小小的瘋狂念頭，而上主之子竟然忘了對它一笑置之。因著他的遺忘，這個念頭變為一個無比嚴重的觀念，成了一種能夠實現並產生真實後果的可能性。只要我們攜手同行，便不難對此一笑置之了；我們知道時間是無法侵入永恆的。永恆否定了時間的存在。認為時間能干擾永恆的念頭，實在可笑之至。**5**

2 從神道到老子：早期的高峰經驗

禍莫大於不知足，咎莫大於欲得。故知足之足，常足矣。

——道德經

我不是古代傳統或比較宗教學的學生，也不太在意這些東西，而且我無意要改變我這一點。然而，知道阿頓和白莎要談耶穌和佛陀互相認識的幾次轉世故事，我覺得自己應該先做一些功課。不過，我還是什麼都沒做。當人們知道我沒讀過多少書，他們總是很驚訝。我這輩子大概只看過二十本書，它們的確對我產生真實的影響。但坦白說，我平常還是喜歡看電影多過於看書。

我第一次對靈性感到興趣，是在二十一歲的時候。不過，我是七年後才開始走上我所謂的靈性道途。當時有位朋友借我一本書，告訴我：「你一定得讀讀這本書。」那是赫曼．赫塞的《流浪者之歌》。這本書令我驚豔，也激起我對靈性事物的興趣。在此之前，我討厭人生、討厭人、討厭上主。其實讀完之後，我也沒什麼改變。那時候我一直很憂鬱，對生活完全提不起勁。到了年紀稍長，我才開始有了轉變，直到今天能真心誠意地說我愛上主。

讀《流浪者之歌》時，我並不太懂印度教的宗教術語，但我能了解故事的內容。我知道這本書是在講述，一位年輕人發現他的富貴榮華終究是枉然，於是開始尋求解脫之道。讀完這本書，我還不知道這是佛陀的故事，我是後來才曉得的。可見那時候我在靈性這塊領域有多麼稚嫩。

當時我連想都不會想到**聖靈**。現在回想起二十多歲時的輕狂歲月，我才明白原來**聖靈**一直都與我同在。事實上，不論人有沒有覺察到，**聖靈**永遠都與每個人同在。我現在終於知道，二十七歲時**聖靈**就將我推往正確的方向，說服我聽從朋友丹恩的建議參加EST訓練（Erhard Seminar Training）。當時我連它是什麼都沒搞清楚就去參加了，結果發現它正是我那時候最需要的東西。如今EST訓練已不復存在。但如果說一百萬個參加EST訓練的人，其中會有十萬人接觸《奇蹟課程》，我一點都不驚訝。因為EST訓練是非常好的《課程》敲門磚。

我們都擁有**聖靈**居住其中的**正見之心**，以及由小我及其分裂思想體系掌控的**妄見之心**。至於要讓哪一部分主導我們，則是由我們心靈的第三部分（負責觀察及選擇的部分）決定。它是我們真正的力量（抉擇的力量）之所在。通常你的決定會表現在你選擇如何看待他人。

你永遠看得出來，哪些學員已經了解並運用《課程》，哪些學員還在原地踏步。那些了解《課程》的學員不會批判和指責別人；就算他們不小心犯了這些毛病，也會立刻察覺而停止，並隨即改變心念。相反的，那些抗拒《課程》的訊息並拒絕實踐的學員，則非常擅長指出別人的小我。他們是這方面的專家，最喜歡說：「噢，這是他的小我在發作。」但這並不是寬恕。《奇蹟課程》談的不是去看出別人的小我，而是認出外面根本沒有別人；你在別人身上看不慣的那些東西，其實都是你自己「隱祕的罪咎和深埋的怨恨」[1]，只是你選擇將它們投射在別人身上罷了。因此，當你寬恕那看似存在的別人時，其實你是在寬恕自己。我很想知道，J兄和佛陀是否在靈性修行的早期，就已經有了這種觀念。

我沒等多久就發現答案了。在加州典型的陽光普照又溫暖的一月天，我在外面辦完事走回家，才一關上門，轉身就看見我的上師坐在沙發上。我驚訝地說：「不會吧！」他們只是帶著溫柔的笑容看著我。

白莎：這麼好的天氣，你會厭倦嗎？

葛瑞：不會。但如果不快點下雨的話，我們就完蛋了。我一直聽說這裡鬧乾旱已經兩年了（註：這場對話是在二〇一四年一月）。不過，我住在這地方六年，除了兩週左右的雨水期外，其餘都是處在乾旱的狀態。我猜想，這應該是全球暖化的關係吧？

白莎：有部分原因是。可是別忘了，從古到今，世上發生的乾旱從來就沒有停止過。有時候甚至嚴重到導致某些文明結束，因為人們不得不遷移到有水和食物的地方。馬雅文明和卡霍基亞

（Cahokia）文明就是這樣消失的。

葛瑞：我們都把一切視為理所當然，直到大自然反撲咬住我們的睪丸。但真的有全球暖化這回事，對吧？

白莎：是的。你這裡的乾旱已經發生很久了，這種大問題不是一、兩年內能解決的。不過，我們並不是來談這件事。

阿頓：我們這次來是要告訴你，關於我們的兩位大師相識、相知及相助的一些故事。我們稍後會再告訴你更多關於他們樸實的前世。他們有時候是藉由知識和觀察來幫助彼此，有時候則是透過給對方寬恕的機會。

葛瑞：耶，我最喜歡寬恕的機會了！我喜歡額頭凝出小血滴來（譯註：這句話可能改寫自美國記者兼劇作家傑納．福勒〔Gene Fowler〕的一句名言：「寫作很簡單。只要盯著白紙看，直到你的額頭凝出血來。」除了反諷此事不易外，亦有再困難也要堅持到底的意思）。

阿頓：走在彼此軌道上的人，會不斷地再次重逢。在這幻相的整體設計中，可能每百年你就會看似在一具身體裡。有時如果你作的是短壽夢，那麼百年內你看似在身體裡的次數就會增加，因為你有足夠的時間再去夢另一世。

你可以將過去五千年的這一輪歷史，想成是我們所謂的近代史。你們對這一輪歷史之前發生的事所知甚少；事實上，你們對這五千年內的歷史所知也不多。無論如何，我們要談的第一個時期和地點，是公元前七百年的日本，原因我們會慢慢再說明。

目前，確實沒有具體的證據足以證明J兄、佛陀和老子真實存在過；有些人甚至認為，他們只是捏造、虛構出來的人物。然而，這並非事實。他們就同其他任何看似存在於此的人一樣，都曾經真實出現在這場夢境中。有趣的是，歷史學家會對他們生活的精確年代爭論不休，但卻無法證明他們曾經活在這世界上。但我們會告訴你，他們生活在哪一個時代。

雖然這並不是J兄和佛陀第一次遇見彼此，但為了討論方便，我們會說他們第一次的重要關係，是發生在我們剛才說的公元前七百年左右。神道（Shintoism）是世上最古老的宗教之一，儘管說它比較像是一種傳統而不是宗教。神道在日本特別普遍；即使是現今的日本，也有八成的人宣稱自己信仰神道。就像所有的國家和宗教一樣，有些人會把自己的信仰看得比什麼都重要。

葛瑞：所以J兄和佛陀當時是信仰神道？

白莎：沒錯。當時J兄叫佐華（Saka），佛陀叫弘慈（Hiroji）；但我們已經將他們的名字簡化了。別忘了，那被視為神道聖典的《古事記》是到了公元八世紀才成書的；在此之前有一段很長的時間，神道的傳統是透過一代又一代的口傳。兩千七百年前，佐華和弘慈是兩個對信仰虔誠、對天皇盡忠的朋友。事實上，當時要對天皇不忠也不太可能，因為每個人都是屬於天皇的。天皇其實就是神，日本人在二戰之前都還這麼相信著。

葛瑞：他們對天皇的崇敬，可以從皇宮的大小看出來。我想你們一定曉得，我六年前到日本演講，光是搭車繞一圈皇宮就得花二十分鐘！

白莎：你也參觀了很多神道的神社。

葛瑞：對呀，還有佛教寺院。不過，我沒有對佛陀不敬的意思，也不是說佛寺不夠特別；但是比起佛寺的紅棕色建築，我還是比較喜歡神道的橘色風格。其中有一座神社還漆成金色，實在是美極了！我又扯遠了，佐華和弘慈他們怎樣了？

阿頓：我們談起他們這些生活的原因之一，就是想讓你知道，即使是佐華和弘慈，有時也會冒出二元的想法。所以就算你跟他們一樣不那麼相信這夢境，你還是會經常前進又後退；有時候當真，有時候不當真。如此不斷地反反覆覆。

葛瑞：簡直是在說我嘛。

阿頓：神道不論在當時或現在都非常注重儀式，因此你在世上做什麼就顯得特別重要。在當時，如果你告訴他們做什麼並不重要，他們一定會認為你瘋了。可是事實上，認為做什麼真的很重要才是精神有問題。

白莎：《古事記》有許多關於儀式和先祖事蹟的詩歌，它們將人們與古老的過去連結起來。說到神道，尊敬先祖是至為神聖的。

葛瑞：我在電視上看過日本人在夏威夷舉行的月光儀式。他們點亮這些美麗的、類似小紙船的東西，然後將它們漂向大海來對先祖表示敬意。那場面真的很壯觀。

阿頓：而且這對他們很重要。

葛瑞：說到口述傳統、先祖事蹟和儀式，這讓我想到玻里尼西亞的口述傳統。我在夏威夷看過好多次。他們的歷史是在心裡面，而不是在書本上。

白莎：很好。神道會認為自己跟大自然有所連結，但未必會將大自然視為與自己一體。同樣類似的，還有夏威夷的自然之神、島嶼起源的傳說，甚至可以延伸到薩滿。

雖然當時大多數日本人並不是以一體性來思考，但我們的朋友佐華和弘慈卻偶爾能真正感受到一體性。儘管他們的神祕經驗同大多數的祕修者一樣，都只是暫時性的；但他們卻明確體驗到與自己的宗教框架沒多大關聯的高峰經驗。事實上，佐華感受到與大自然一體，很類似你那次在雨林的經歷。

（註：二〇一三年六月，辛蒂和我在夏威夷大島帶領靜修，地點就在希洛海邊雨林裡的卡拉尼渡假村〔Kalani Resort〕。我們睡覺的地方雖然有遮蔽物，但其實非常的開放，就像是在森林中睡覺一樣。大約在午夜時分，我感覺整個島嶼和雨林在對我說話。有樹蛙的聲音〔噗嗶、噗嗶〕，附近海邊的浪濤聲，樹林的沙沙作響，信風的吹拂聲；還有一種聲音，它似乎把這一切都連結起來，但我無法辨別它是什麼。這一切同時響起，使我感覺自己也消失了而與它們融為一體。那雨林用一種語言在跟我溝通。我幾乎能明白它在說什麼，我好像快懂了。我想要了解它，就像我想

了解昴宿星人一樣。雖然我還不太明白，但它要表達的就在那兒。當我聆聽整體的聲響而不是單一個別的聲音，它要表達的就在那兒。後來，我放下想了解它的努力，然後我忽然就懂了。這是我感覺最貼近活生生的地球的一次，但它又超越了地球。）

阿頓：我們很快就會談到J兄和佛陀在老子時代的一些高峰經驗。但要分清楚的是，道家與神道的概念並不相同，**道是無形的**。當佐華和弘慈是道家弟子時，我們稍後會告訴你他們當時的名字，他們也有神祕的體驗。他們看待再次回來的這夢境與他們在神道時不一樣；那是不同層次的覺知。

對了，說到覺知，你得記住一件事。不論是你喜歡或討厭的人，你都要記得：**每個人都已在他們當時的覺知層次上盡最大的努力了**。

葛瑞：在繼續談下去之前，我很快再問一個問題就好。你們好像都沒提過穆罕默德，只記得你們最初來訪時提過瑣羅亞斯德（Zoroaster）一次。J兄和佛陀與他們接觸過嗎？

阿頓：沒有。理由很簡單。因為穆罕默德是在他們最後一世的六百年後才出現，這也表示他比多瑪斯和達太晚了六百年。倒不是我們對穆罕默德有什麼意見，而是我們個人在形相層次上與他沒有連結。但如同我們說過的，從究竟上來說，我們所有人都是連結在一起的。至於瑣羅亞斯德，他比我們所談的日本時代又更早了一千年，而那時候J兄和佛陀彼此還不認識。對了，我們曾說過你有一世是蘇菲教派的穆斯林。

葛瑞：對呀，那是在穆罕默德之後了。對了，瑣羅亞斯德是在伊朗吧？

阿頓：對。但它當時不叫伊朗，叫做波斯。

白莎：我們回到正題吧。後來，佐華和弘慈同時喜歡上一個女人。她的名字叫惠美（Megumi）。

葛瑞：讚喔，現在說到精彩的了。講詳細一點。

白莎：首先你必須了解的是，人的感受是相當深層的，不論外在有沒有表現出來。即使外表看起來很平靜的人，往往內心也有很深的感受在暗潮洶湧。當然了，除非這些感受被全面壓抑下來，導致它們完全變成無意識的，那麼個人也就感受不到了。不過這種情形很少見，大多數人並非如此，甚至包括那些文靜的人。

葛瑞：靜水流深。

白莎：沒錯。為了了解我們那兩位朋友當時的情況，你得先知道他們那時候專注於哪些事。你在各種教導中聽過很多次，要觀照你的起心動念；要仔細觀察那些衝突、負面、批判、定罪的念頭。這些都沒有錯。但大多數老師沒發現的是，觀照你的感受也同樣重要。為什麼呢？因為你其實更可能是按照你的感受來行動的！

當然，大多數人不明白的是，那些感受其實都是念頭引發的，而且往往是長久以來的重複念頭。人是先有念頭，再有感受的。當時的佐華和弘慈很了解這一點。身為摯友，他們經常一起促膝長談，討論許多事和彼此的領悟。

如同大部分堅持在道途上的人一樣，他們的觀察力十分犀利。他們更容易發現一般人不會注意到的事，也更容易提出質疑。他們更可能會問：「這是哪門子的神，怎麼會造出這樣的世界？」

佐華和弘慈非常留意當時的許多教導。舉例來說，他們注意到呼吸的重要性。他們隨時隨地都在練習深呼吸，直到深呼吸成為他們的習慣。

葛瑞：我有發現，每次做深呼吸，我的感覺就會好很多。不過，我可是花了很長的時間。因為我第一次想練習深呼吸，是我還在夜店當吉他手的時候。當時公共場所還沒禁菸，二手菸都飄到我們的舞台上，所以我就不太想做深呼吸。但是搬到緬因州後，我就開始一直做深呼吸，不論我是不是在靜坐。

白莎：是的。說到靜坐，佐華和弘慈後來非常精於此道，這對他們往後的幾世有莫大的幫助。

葛瑞：所以他們深入許多的教導，但就像你們說的，都還是屬於二元的。

阿頓：是的。但佐華和弘慈與眾不同的地方是，他們走的雖然是二元的法門，但他們已經開始質疑所謂「人生」的真實性。他們已經感覺到人生是個幻相。不過，他們是到了下一世又在一起時，才更深入地探索這一點。

他們也注意到其他的東西。例如，如何跟動物溝通。

葛瑞：他們會跟動物說話？

阿頓：不是。首先，動物不是用語言思考的。沒錯，牠們能懂你不斷重複的幾個字眼，但這並不是牠們的思考方式。動物是用圖像思考的。所以如果你想跟動物溝通的話，就必須練習用心靈傳送畫面給動物。當你做到得心應手時，你會非常的驚訝。你從《課程》中了解到，心靈是一體的。這句話也適用於動物。因為不論人類或動物，本來就只有一個心靈。因此你可以透過畫面，也就是動物的語言，來傳送訊息給牠們。

你自己也很清楚，每次辛蒂出門辦事，露娜就會不開心。

葛瑞：對呀。如果是我外出就沒事；但只要是辛蒂出門，露娜就會抓狂。

白莎：下次辛蒂留你們兩個在家而露娜又鬧脾氣時，你不妨傳送辛蒂開門回家將露娜抱起來親吻的小電影畫面給她。這會提醒那隻貓，辛蒂永遠都會回家並且愛著她，這次也不例外。練習一下清楚地傳送這畫面，她會知道的。

（註：就在辛蒂下次出門而露娜又開始哀叫時，我試了這個方法，她馬上就安靜了下來。）

阿頓：別因為露娜看似比較喜歡辛蒂而感到難過。不用說也知道，從你們領養她的那一天起，辛蒂就是她的媽咪。對小孩子來說，不論是嬰兒或小貓，母親就是一切，媽咪就是上帝。所以對露娜來說，辛蒂就代表這世界全部的愛。

葛瑞：那我算什麼呢，路邊的死狗死貓？

白莎：當然不是。動物想的另一件事情是，牠們是群體的一部分，不論牠們是在野外或像你這樣被豢養在家裡。你是這房子裡的雄性能量，露娜感受得到它，所以她會尋求你的保護。如果有什麼不對勁，她就會來找你。

葛瑞：對耶，我曾經遇過。例如那次芮氏規模五點六級的地震，整個房子上下晃動。雖說只持續了二十秒，卻搖得相當厲害。地震一停，露娜立刻飛奔過來找我。

白莎：這就對了。畢竟你在她眼中，也不是一無是處嘛。所以現在你只要問自己，你真的有必要在意一隻貓怎麼想嗎？

葛瑞：對呀，我又把它當真了。人生真是苦海。你們剛才說佐華和弘慈用這方法成為動物溝通的高手？

白莎：是的。它也可以運用在野生動物上。但我不建議任何人這樣做，除非他們在這方面的技巧非常純熟，就像佐華和弘慈一樣。至於你這個時代，將來會聽見更多關於人與動物溝通的事，不論牠們是豢養在家裡或是野生的。有一天這會變成司空見慣的事，但事情還是要一步一步來。

葛瑞：能舉個他們跟動物溝通的例子嗎？

白莎：抱歉，沒辦法。因為我們不鼓勵任何人這樣做。你知道的，總是有人會聽了就依樣畫葫蘆跟著模仿。我們之所以告訴你這些，是為了讓你了解，所有的靈修學員都會經歷相同的階段，而這些階段全部都必須完成。它們會導向最重要的一階，但每個人只有在完成前面的階段後才能踏上這一階。

至於我們那兩位朋友，他們竭盡所有的努力在加強運用他們的心靈。你必須熟悉掌握階梯上的每一階，包括靈修初步的二元論，而這只能循序漸進一次一階地完成。然而許多人並不肯下工夫去完成每一步，只想直接跳到最後的成果。他們認為自己可以直接說：「我開悟了。」然後就大事已畢。事情要是這麼容易就好了，可惜不是。你得化解你的小我才行。

阿頓：人們常犯的另一個錯誤是，當他們獲得某種知識後，就認為自己知道了。但事實並非如此！光是知道知識是不夠的，你還得去**身體力**行。

葛瑞：這讓我想起潔琪說的話（註：潔琪是我的姨子，辛蒂的姊妹）。她指出，許多《課程》的學員會說：「對呀，我又碰到一個寬恕機會了。」接著，她會問他們：「那麼，你寬恕了嗎？」

阿頓：沒錯。光是知道寬恕，甚至了解寬恕，都還是不夠的。一旦你了解寬恕，你就必須持續養成實踐的習慣。這在梯子的每一個階段都是一樣的。你在學習的同時，就必須實踐它們；否則你根本就還沒學會！

從我們談這兩位朋友的事可以看得出來，即使是在二元論的階段，也可以有相當高的成就。佐華和弘慈在靈性上突飛猛進，在那一世就已經為更上一層樓做好準備。

葛瑞：嘿，那個小妞呢？你們剛才說她的名字叫惠美？

白莎：是的。她與佐華和弘慈是同一個地方長大的青梅竹馬。到了青春期，佐華和弘慈對惠美都有好感；但基於當時的文化，他們很難再接近她。

葛瑞：唉，同是天涯淪落人。我跟隔壁家女孩芭芭拉的情形也是一樣。單戀真是苦煞人，又是一個天大的寬恕機會。

白莎：是的。後來你寬恕了嗎？

葛瑞：當然。三十年之後。

白莎：佐華和弘慈都夢想有一天能迎娶惠美。但令他們失望的是，過程出現許多的障礙。我們說過，當時是天皇擁有一切的時代，由父母安排婚姻也是司空見慣的事。王室當中有人認識惠美的家族，並安排她嫁給一位素昧平生的男人。惠美愛的是佐華，但佐華並不知道這件事。惠美別無選擇，也只能順從王室的旨意。後來舉行了婚禮，三位好友再也見不到彼此，只留下深深的遺憾。

葛瑞：他們後來有放下這件事嗎？

白莎：惠美並沒有真正快樂過。但她盡了人妻的責任，也過著她的人生、生育孩子，受到娘家及夫家的敬重。在當時，信守承諾和名譽是一件天大的事。

另外一件事在當時及現在的神道也很重要，那就是輪迴是真實的，因為他們相信身體是真實的。你知道，在奇蹟學員的觀念中，輪迴只是一場夢。你從來沒有真正在一具身體裡；它不過是一種視覺的幻相。但大部分的神道信徒並不了解這一點，惠美自然也不例外。所以她只能期待將來有更好的善業因緣。事實上，因果業力的觀念是源自於比道家和佛教更古老的印度教。

總之，佐華和弘慈對這狀況感到非常沮喪。雖然他們誰也無法跟惠美在一起，但彼此還是會互相嫉妒對方，因為他們都愛上她了！你也知道，小我非常狡猾，它幾乎毀掉他們的友誼。事實上，他們有好幾年的時間避不見面。

阿頓：幸好，他們都是直覺強烈的人，並開始將人生的劇情及日常生活視為修行的功課。儘管他們尚未學會寬恕的技巧，但他們覺得有必要寬恕彼此。所以他們盡最大的努力寬恕對方，並且做得相當好。從此以後，不論是在那一世或其他輩子，他們總是在必要的時候很快地寬恕對方。迅速寬恕是靈性成熟的表現。雖然他們仍在二元的狀態，但他們已經了解到寬恕是靈性發展最重要的核心。他們也開始質疑生死輪迴的整套邏輯，儘管他們是在之後才對它有更多的了解。

白莎：神道這一世的經歷，對他們的下一世有很大的幫助。他們在這新的一世認識了一位大師，他同時也是《道德經》的部分作者，老子。

阿頓：J兄和未來的佛陀成為老子的弟子的時代，大約是在公元前六百年左右。當時距離佛陀的時代還有兩百年，距離孔子還有五十年。我們要再次強調，你別指望歷史學家會同意這些時間點，但我們所說的都是事實。對了，孔子是哲學家，他並沒有創立宗教或修行法門。相反的，道家是一種修行法門。

葛瑞：老子相信一體論嗎？

阿頓：當然。他了解那看似有形的一切都是幻相，而道是無形的。這帶出我們所要談的重點。接下來我們會談到的幾位導師都是一體論的信仰者。他們知道只有一體的真相是事實，其他都是假的。但他們有些學生，總是將他們的教導搞成二元論。真相一旦經過改造，它在夢境世界裡傳承下來的就不再是真理了。這正是數千年來，這一輪歷史內發生的事。畢竟真相對小我的生存來說，可是致命的威脅。

小我最拿手的就是改造真相，不論這真相是吠陀哲學、佛法、老子的教導或《奇蹟課程》。唯一的解決之道，就是我們從九〇年代一直在說的：你得先化解小我，否則小我就會繼續化解真相。小我不得不這樣做，因為這正是它的功能和生存機制。當然，這些老師和學員並不曉得他們改造了真相。就像投射一樣，他們也不曉得自己在投射。他們只是認為自己是正確的。

葛瑞：原因是人們對真相有潛在的抗拒？

阿頓：是的。現在大部分人都把「道」這個字理解為「修行之道」。但對老子來說，這個字可從兩個層次來理解。在世間的層次，是的，它指的是你的修行之道。但在宏觀的層次，它是指超越幻相的一體真相。

葛瑞：老子會稱它為「上主」嗎？

阿頓：不會。你去過中國，你也知道中國人對上主不怎麼重視。因此對道家來說，真理就是那無形的真相。你也是直到《奇蹟課程》和純粹一體論出現，你才承認上主完美的一體性是唯一的實相和究竟的真理。當然，人間偶爾也會出現幾位明白究竟真理的師父；但他們都不具知名度，也不在乎知名度。

葛瑞：我一直很納悶這一點。我的意思是說，倘若你真的體會到世間是一場夢，而你是這夢境的夢者，那麼，人家知不知道你已經悟道又有什麼重要的呢？

白莎：說得好。不過，有時為了教學的目的，說出你的體驗是件好事。

葛瑞：你是說，就像佛陀說「我覺醒了」一樣。

白莎：是的。說到佛陀，他的教導和老子的非常相似。有時候佛陀說的，其實是老子先說的；佛陀後來說的，卻又被說成引述於老子。不論如何，最後佛陀將老子的某些法門更加發揚光大了。

葛瑞：怎麼說？

白莎：我們稍後會告訴你更多關於佛陀的事。但這裡要先指出他與老子不同的一點，這將有助於解釋J兄和佛陀與老子在一起時的生命經歷。老子與眾不同的地方是，儘管他已經了解一體論，他仍過著禁欲苦行的生活，同時也要求弟子跟著做。這導致他的弟子所體會到的更像是半二元論，而不是一體論。因為既然你相信自己必須否定世俗的欲樂，那就表示你是透過抗拒這些欲樂而把幻相當真了。

葛瑞：這就好比說，如果你認為自己必須放下某個東西，那其實跟你渴望它的時候是一樣的，都是把它當真了。

白莎：沒錯。然而老子是第一個教導欲望會導致痛苦的老師，並且認為捨棄世間有助於他的弟子放下欲望。老子說了許多與世間背道而馳的話，例如他說：「聖人無為故無敗。」

葛瑞：我終於有好藉口可以偷懶了！

白莎：受到吠陀哲學和老子影響的佛陀，在兩百年後也抱持同樣的信念。但透過實踐，他有了重大的發現。他了解到，若你想藉由捨棄欲望來遠離痛苦，這可說是道家和佛教的主要目標之一，但這種極端的生活往往會妨礙你的清明，並且無法真正使你感到滿足。最後，佛陀提出「中道」的思想。結束數年的苦行後，他解釋說，既然世間不是真的，捨棄世間只是多此一舉；同時，你也不必瘋狂地追逐世俗的欲樂或放縱自己來讓人生好過一點。換句話說，就是一切正常就好！在正常的狀態下，要將真相應用在你所見的幻相其實是最容易的。因為你可以更清明地思考，並且有正常的情境來讓你應用所學的教導。請注意，我說的是正常的情境，不是容易的情境。人生的情境有時候是很令人煎熬的，例如摯愛的人撒手人寰。但即使遇到這種事，也是正常就好。需要傷心時，就找時間傷心；肚子餓了，就吃東西；生病了，就吃藥或尋求有效的治療。

你有兩種不同的層次，心靈的層次和夢的層次，它們就像蘋果和橘子般有著天壤之別。你無須改變夢的世界，只需改變看待它的方式。這就是身為夢境的起因和身為夢境的結果之間的差別。你的責任是去照顧好「因」；只要「因」照顧好，「果」就不用你操心了。

阿頓：雖說老子在教導方面並不完美，但他本身仍是一代宗師。我們必須知道，他十分清楚小我的慣用伎倆。舉例來說，小時候，你看什麼東西都像是第一次看到，而且你真的相信是這樣。遺忘的面紗實在太厚了，所以每件事物看起來就像新的一樣。其中某些事物會特別引起你的興趣，甚至令你著迷。這正是小我玩的把戲，令這些東西看起來很重要的樣子，以便將你吸引過去。當然，如同《課程》後來說的，劇本已經寫定，可是當時你並不知道。你只是以為它們真的是新的，並為此感到驚奇不已。

葛瑞：對呀。還記得大約三歲時去表哥家，我看見他們的玻璃櫃裡有一顆鮮藍色的氣球。當時我深受這顆氣球的吸引，好想擁有它。

阿頓：這麼不起眼的東西，竟然能對你產生這麼重大的意義，這是不是很神奇呢？你猜怎麼著？這種事其實從來沒停止過，事情只是變得越來越複雜。即使它們只是一些嗜好，也會看似非常的重要。

葛瑞：真的。就像我老爸第一次帶我哥保羅和我去芬威球場看球賽一樣。當時我只有七歲，我們住在新罕布夏州，在黑白電視上看紅襪隊打球好幾年。我從來沒看過現場的球賽。當我們第一次走進跑道看見芬威球場時，我好驚訝它的草地和牆壁竟然是那麼的綠，其他的一切也都是彩色的。我被迷住了。這些年來，我去那裡應該有上百次了。如果我住在波士頓，可能次數會更多。

阿頓：這輩子會令你著迷的事早已寫在劇本中，葛瑞。人生從頭到尾，沒有偶然的事。問題是，它們是為了什麼？

葛瑞：這個嘛，我知道紅襪隊自一九一八年起就沒贏過世界大賽，直到我寬恕了他們。

阿頓：我不知道他們贏得世界大賽跟你有沒有關係，除非你說的是宏觀的層次。但你寬恕他們確實對你有好處。

白莎：由於那個面紗，即使你的年紀增長，還是不時會有新奇的感覺。人們總是表現得好像自己是第一次當父母似的。他們不了解，即使這是他們的第一胎，他們也不是第一次為人父母。他們只是遺忘過去數千世的夢幻人生中，所曾經擁有過的那些家人。

葛瑞：所以小我要我們把特殊關係想成是重要的。這些特殊關係就從家庭開始，然後繼續不斷地發展下去。

白莎：沒錯。我們要談的這一世，J兄和佛陀也有一段特殊關係，而且是從小就開始的。不過，他們可不是一般的小孩。由於前世的神道修行，他們的心靈已經比那些對無形事物不怎麼感興趣的凡夫俗子更高明了。事實上，他們就是你們所謂的**通靈者**或**天眼通**。

葛瑞：我小時候從不覺得我有天眼通，但我認為我有瞎眼通（clairavoidance）。

白莎：就像我剛才說的，他們是獨特的，但並不特殊。他們的獨特能力是用來節省時間，使他們能擁有天時地利的條件。

葛瑞：等等。繼續說下去之前，我想很快地問一個問題。這兩個男人到底彼此認識幾世了？

白莎：他們並非一直都是男的，但他們大約認識彼此四十世左右。不過，我們只會提到其中關係最密切的六世。

葛瑞：四十世！那很多耶，不是嗎？

阿頓：這根本一點都不算多。在過去數千世的夢幻人生中，你已經認識某些人好幾百次了。J兄和佛陀沒像你一樣轉世那麼多次，是因為他們不需要。他們的關係對你來說會看似如此重要，實在是因為他們認識有名的靈性大師的緣故，不過這是情有可原的。但是別忘了，他們並不像別人一樣那麼相信這個夢境。這也是他們能準備好跟已經準備好教導他們的人在一起的原因。

葛瑞：所以說，只要學生準備好，老師就會出現。

阿頓：是的，反之亦然。老師準備好時，學生就會出現。

白莎：當時中國的生活比你想像的還更多樣化，其中一部分原因是中國實在是太大了。你在歷史書上看到的內容不過是冰山一角，事實上也沒必要深入探討它。因為重要的是真相，並運用它來從夢中覺醒，這才是我們的目的。

從現在開始，有時候我們提到佛陀時，會將他簡稱為B兄。這一世的J兄是女的，名叫蕭麗（Shao Li）；B兄是男的，名叫沃山（Wosan）。他們是鄰居，並且都具有通靈能力。然而，這對他們的家人來說，可不是一件令人開心的事。因為他們會擔心自己的孩子遭受異樣的眼光而被人嘲笑，或是受到更不堪的對待。不過，消息傳出後，他們父母的態度有了一百八十度的轉變。因為有錢人開始上門來尋求他們的指點。那些來登門問事的，都是付得起黃金的人；而蕭麗和沃山的父母並不富裕，也就不打算拒絕這發財的機會了。這兩個孩子會告訴那些有錢人一般小孩子不可能知道的事，因此這些有錢人便看得出他們的能力是貨真價實的。接著，蕭麗和沃山會告訴他們該採取哪些行動來達成他們的目的。

葛瑞：所以蕭麗就是後來的J兄，沃山就是後來的B兄？

白莎：是的。事實上，人們兩千六百年來並沒有太大的改變，改變的只有場景。來問事的人，他們要的不外乎是金錢、成功、名聲和特殊的愛。而那兩個孩子也非常擅長於指引人們獲得這些東西。如果蕭麗和沃山想要的話，他們這輩子也可以過著你們所謂「心想事成」的人生。

可是，故事並沒有就此結束。身為青梅竹馬的蕭麗和沃山，長大後彼此戀愛了。他們還發現自己並不滿足這樣的人生。或許他們的父母已經相對感到很幸福了，但他們並沒有。他們知道生命還有更多：更多的學習、更多的體驗，以及比物質世界所能帶來的更重要的東西。他們花了幾個月的時間計畫逃家。後來在某天晚上，他們帶了所有能帶的東西，包括黃金，逃到很遠很遠的地方。

兩個人成親了，並且繼續他們的旅程。起先，他們在陌生的環境不得其所，試著想融入他們來到的每個城鎮。就這樣大約過了一年後，他們聽說有位師父知道「生命的奧祕」，並且能引導人獲得解脫。蕭麗和沃山興奮得不得了。他們高超的直覺告訴他們，他們應該去找這位師父，在他的座下學習。

這位師父就是老子。當時大多數的師父和傳統都不收女弟子，可是老子與眾不同。他將這兩位新來的人帶到一邊去，告訴他們如果要追隨他，就得捨棄世間的財物及舊有信念的執著，最後還要捨棄欲望。他們準備好接受這樣的人生嗎？

他們準備好了。因為他們相信自己本具的智慧，但他們不曉得這是否會是他們永久的生活方式。雖然老子要求他們展現決心，但蕭麗和沃山還是帶著實驗的態度，想看看這是否真的就是他們所尋找的。他們已經度過好幾年不滿意的歲月，不想再虛耗光陰了。如果老子的路子行不通，他們就繼續往前走。不過，他們最後還是展現了部分的決心，將自己剩下的黃金默默地分送給街上的乞丐。他們會把一些乞丐帶到旁邊去，塞給他們少量的金子，以免引人注目或引發騷動。

阿頓：禁欲苦行是需要時間慢慢習慣的。一個人如果已經習慣規律的飲食，剛開始可能會感覺非常飢餓。起初，蕭麗和沃山也是很懷念那些豐盛、美味的食物，還有許多金錢可以買到的便利。但老子給他們許多關於世界本質的教導。他說世界的本質是徹頭徹尾的幻相，並且直言不諱地說，這世界全是小我的花招造成的結果。

老子偶爾也會帶他們其中一人到旁邊單獨談話。任何弟子都會將這種機會視為一種殊榮。以下是老子和蕭麗對話的一個例子，我們將它翻譯成英文。你也會發現老子在《道德經》中說過一些類似的話。當然，《道德經》就像其他的傳統和教導一樣，也是一直被重新詮釋和改造。

老子：人所看見的一切，皆來自於自性，也就是心靈。眼前所見的一切，並不是大部分人所感受的那樣，是針對他們而來。幾乎所有的人，都視自己為外在世界的受害者。要是這世界真的是在他們之外，那麼他們就確實是受害者。然而這繽紛世界的念頭是在內而不是在外，它只是被看成是在外而已。觀念離不開心靈，因為心靈是它永恆的居所。它是唯一可以改變念頭、真正解決問題的地方。

真理就是**道**，**道**就是**一**。它沒有分裂，沒有對立的東西，也不會發出聲響。它只是如是存在。它只需要存在，你也只需要存在。

蕭麗：師父，如果幻相不是真的，為什麼它看起來這麼真實？

老子：它看起來確實很真實，不過你晚上作的夢也很真實。難道看起來真實，就能使它們變成真的嗎？當然不能。事實上，是你的擁戴使它們看起來像是真的。換句話說，是你對小我的把戲及其造成的人生嘲諷堅信不疑。每個人都有回到**一體**的時候；但除非你自己達到**一體**的狀態，否則你將無法留在那裡。

道空無一物，卻能容納一切。沒有言語能形容它；它應該由內尋找。但只有無欲之人，方能知道答案。

蕭麗：可是師父，我要怎樣才能沒有欲望？

老子：沒有「可是」。只要你不再相信這世界，它就無法用欲望誘惑你。實踐出離之道，你就會發現自己的信念轉變了。

蕭麗：如果這一切都是在我的心靈內，那麼，為什麼要改變我的行為呢？何不改變我的心靈就好？

老子：問得好。這是個很聰明的問題，但可別聰明反被聰明誤了。你能直接改變你的心靈嗎？若沒經過訓鍊，是不可能做到這件事的。事實上，行為的訓練能使心靈的訓練變得更為簡單。世間的行為訓練是藉由習慣來培養；心靈的訓練也是如此，你必須培養出正確的習慣。在行為上捨棄世界，有助於你不再相信這個世界，繼而幫助你從欲望和痛苦中解脫。一旦沒有了痛苦，你就處在平安之中。而**一體**就是平安。如此一來，你將為重返**一體**做好更多的準備，而這世界及其衝突的幻相，將再也無法控制你了。

阿頓：你可以從這裡看出老子的邏輯，但他同時也使弟子認為必須捨棄世間的事物來獲得解脫。可是這種想法，反而使弟子將世間的事物當真，讓他們更難不相信這個世界。

葛瑞：這就是為什麼佛陀最後會提倡中道，不要過於追逐世間的事物，但也別捨棄這個世間。

阿頓：沒錯。而且我確定你知道，要完全捨棄這世界是不容易的。

葛瑞：確實不容易。可是，會比較省錢。

阿頓：總之，最終目標是要捨棄對這世界的心理執著。根據老子的教導，物質上的捨棄不過是墊腳石罷了。因此該給予老子肯定的，我們就該肯定。老子對佛陀及道家之後的種種思想產生重大的影響，其中包括我們的朋友沃山、柏拉圖、J兄、諾斯替教派，甚至對還沒成為羅馬鬧劇前的基督信仰也有某種程度的影響。老子了解一體論，並且教導一體論，儘管並不是每個人都注意到這一點。

白莎：老子和《道德經》也有強調道德的部分，但它的目的應當理解成是為了馴服小我。因此，老子將謙卑視為真道德的基礎。

以下是老子和沃山的對話。

老子：你必須謙卑到能向一個小孩子頂禮。捨棄你的尊榮之心，因為你根本不需要它。不要認為你需要任何東西。只要你需要什麼，便會成為它的階下囚。不需要任何東西才是富足的，因為你已擁有你需要的一切。

沃山：那我怎麼知道該做什麼？

老子：你什麼都不必做。**道**就是空。在你虛幻的人生中，成為空就是不做什麼。幻相是毫無意義的，你為什麼要為毫無意義的東西做什麼呢？

沃山：所以，何必要擺脫它？

老子：沒錯。

葛瑞：這有點像禪宗公案？

阿頓：對，但那時候連禪宗都還沒出現。老子知道每個弟子都會經歷許多的階段，而這些階段全都是暫時的。你光是在這夢幻的一生也經歷過許多階段，其中有什麼階段是一直在持續的嗎？

葛瑞：沒有。就我的經驗來說，每個階段大約是六到九個月，很少有超過一年半的，但絕對不會超過兩年。其中有些階段挺好的，甚至很有趣；但有些也滿辛苦的。

阿頓：很好。這一世蕭麗和沃山經歷了幾個階段，並體驗到你們所謂的高峰經驗。你也有過高峰經驗，對吧？

葛瑞：對呀，但我很快就射精了。

白莎：靜坐是老子所有的弟子日常功課的一部分，目的是為了達到心的絕對寧靜，而不起任何的干擾念頭。如此一來，內心就更充滿平安。

葛瑞：我的了解是，人無法光靠靜坐就達到開悟。對吧？

阿頓：是的，但我們先別跳那麼快。靜坐確實有助於讓心安靜下來，以便為心靈的訓練做好準備。然而，最重要的訓練是透過思想體系完成的。如同大多數的思想體系一樣，老子的思想體系也不是一路到家的——儘管它是個不錯的思想體系。我們稍後再來詳談思想體系的重要性。

白莎：某一天，沃山在山上靜坐。你知道的，中國是個多山的地方，不像美國那樣有豐富的農耕土地。

葛瑞：這就是為什麼中國人把能吃的全都拿來當食物。我在中國吃過雞腳、鴨舌頭，還有豬血。我什麼都會試一次，但猴腦除外。你們知道的，我這個人也是有原則的。

白莎：沃山開始意識不到他的身體，它消失了。接著，他變成無形的。他的覺知開始擴大，而不再局限於之前的時空。他還是可以看見這世間，但世間已沒有任何事物比他還大。因為他覺察到世間之物全是源自於他，而不是走向他。他不再是一具身體，而是心靈。他是用心靈在看，而不是用肉眼。這是一種狂喜的經驗，連重量都消失了。隨著覺知的不斷擴大，他終於明白這狀態比他原先的自己更真實。原來他以前之所以會覺得自己如此渺小，是因為他以為自己的身體就是他。但從現在開始，他再也不會那樣想了。

葛瑞：真棒的體驗！我想，他一定很難用語言描述吧？

阿頓：嗯，對呀。高峰經驗跟真理實相一樣，都是超越語言文字的。不過，我將這兩者作了區分。因為如同我們將會明白的，真理實相完全超越了沃山的體驗。但他當然是在正確的方向又邁進了一步。

白莎：沃山竭盡所能向蕭麗和老子描述這次的體驗。他們看得出來他的真誠，並且為他感到高興。蕭麗和沃山非常相愛，隨時都互相加油打氣。

葛瑞：他們也做愛嗎？

白莎：當然。他們有正常的夫妻生活，但不會沉迷在裡頭。那是他們表現愛的一種方式。不過，這件事得瞞著老子。因為他要求弟子必須禁欲苦行才能跟隨他修行。

阿頓：沃山還有其他的高峰經驗，蕭麗也有她自己的。有一次，他們兩人在戶外的星空下睡覺。蕭麗醒來望著天空，她開始擁抱月亮、星星和黑暗中的一切聲音。她不覺得自己與宇宙的一切是分開的。相反的，她覺得自己就是宇宙；她存在於一切處。時間和空間的限制被打破了。

她感受到一切存在的**一體性**。沒什麼東西是牢不可破的；一切事物都可以互相變換。雖然這體驗逐漸消失，但她看待這宇宙的方式再也不一樣了。

白莎：這些是每個求道者在某一世的某個時刻都會有的體驗。即使你已走在道途上，這輩子也未必會有這種經驗。因為你很可能在之前的某一世就已經有過這種經歷，而你應該更專注於此生的修行，沒必要再重複過去的經驗。這就是為什麼人不應該跟別人的經驗做比較。你一路走來，沒有一步是偶然的；你一路有什麼經驗或看似沒什麼經驗，也絕不是偶然的。

葛瑞：我們那兩位朋友，後來有跟老子度過他們的餘生嗎？

阿頓：沒有。他們大約跟老子學習了六年。後來，經過一番慎重的考慮，他們決定離開。他們不想不告而別，於是鼓起勇氣告訴老子他們的決定。事實上，他們對老子心懷感激，並且也向他表達了自己的感謝。他們在短時間內就學習到許多，但他們覺得接下來可以靠自己繼續精益求精。老子已經教導他們非二元的一體性，他們已準備好要遵循此道前進。另外，他們也決定生孩子。

葛瑞：他們有生嗎？

阿頓：有，生了四個。但其中一個夭折了。

白莎：我們那兩位朋友從神道的半二元論，走到了道家的一體論。但要「穿過針的眼」是很困難的，因為你得寬恕一切。人們有許多不斷重複的經歷，其實是在布置學習的場景，好讓他們能透過這些重複的機會，來澈底寬恕那些不斷在他們生命中出現的人。

雖然後來的J兄完全在教導寬恕，但當時大多數人還是不了解他。如今，有越來越多人在理解J兄對於寬恕的深入解釋。

阿頓：我們會繼續探討一體論直到純粹一體論為止。這段期間，我們相信你會繼續在心中跟J兄對話，並從他身上學習。你其實跟他關係很親密，對吧？

葛瑞：當然，耶穌是我唯一仰望的人。

白莎：下次我們回來，會探討J兄和B兄在印度彼此認識的兩個不同時期。印度教是一體論被改造成二元論的典型例子。不過，有些人透過印度教的學習還是找到回家的路，但更重要的是他們的應用方法。祝你一切安好。對了，露娜表現得很乖巧，別忘了給她一些零嘴和親親抱抱哦。

說完，他們就走了。雖然他們從未真正離開過。

3 印度教時期

有兩條永恆的道路。一條是光明之道，另一條是黑暗之道。前者帶你脫離生死輪迴；後者帶你繼續流轉人間。凡是真實的，永遠存在；凡是不真實的，未曾存在過。

——《薄伽梵歌》

多年前，我在某個靈性研討會第一次聽到《薄伽梵歌》的這句話時，我立刻就發覺它要表達的是，我們的選擇其實並不多，只有兩個選擇而已。換句話說，我們只有兩條道路，它們各自導向非常明確的結果。我很喜歡它的言簡意賅。我也聽說古印度的不二論（Advaita Vedanta），其字義是「知識終結」的意思。我覺得這實在太酷了。因為西方大多數的法門都是以豐富的知識引以為傲，但竟然有法門視知識的終結為好事！這可就引起我的好奇心了。

直到多年後我才發現，原來這些觀念跟一體論有關。當初我剛踏上靈修這條路時，我甚至不知道那是什麼東西。

老子的話使我想起辛蒂說的：「我無一事可做，但有萬物為我（I have nothing to do, but everything to be）。」我覺得這句話太棒了。而且辛蒂是第一個指出，這句話並不是說你什麼都不做的意思。《奇蹟課程》有句話說：「我什麼都不需要做。」許多學員將它錯誤解釋成，你不該做任何事。這就是《課程》所謂的層次混淆。它的重點是你不需要做什麼。你沒這個必要。如果你認為有必要做什麼，就表示你與身體認同了。因此我們應該把整段引文放在前後文之間來看，並看出《課程》的寬恕幫你節省時間的一面：

> 當平安終於降臨那些與誘惑奮戰到底而不與罪惡妥協的人身上，或者當光明終於得以進入冥想的心靈，或者任何人終於圓滿成就時，他們都會因著同一覺悟而歡呼：「**原來我什麼都不需要做！**」[1]

這才是終極的解脫，每一個人遲早都會以自己的方式、在自己的時刻覺悟到這一真相的。你連這些時刻都不需要。只要與弟兄同在，這個時間就省下來了。本課程用你們的關係當作幫你節省時間的特殊工具。如果你還堅持採用他人推薦的特效方法，漠視這專門為你打造的法門，表示你沒有善用我們的課程。你若只練習這一法門，放下其他的修行途徑，就等於為我節省了許多時間。「我什麼都不需要做」好似一種宣誓，顯示出忠貞不二之心。你若相信這句話，即使僅僅一刻的光景，你的成就會遠遠超過上百年的冥想或與誘惑奮戰的苦行。

不論你做什麼，都與身體脫不了關係。當你認清自己什麼都不需要做，等於撤銷了身體在你心中的價值。這條捷徑為你開啟了一扇門，省下你累生累世的修行，幫你由時間的束縛下脫身。2

《課程》繼續說道：

什麼都不做，就是安息。在這一片淨土內，身體不再造作以爭取你的注意。聖靈只可能降臨此地，且樂於常駐此地。即使你一時忘失了這片淨土，身體又蠢蠢欲動而控制了你的意識之際，聖靈依然與你同在。

所幸，你永遠有這一席安息之地可以回歸。而且你對這暴風眼之寂靜核心的敏覺度，遠遠超過了在它四周肆虐的風暴。你什麼都不需要做，這寂靜的核心始終與你同在，讓你每天在為聖靈服務的忙碌行程中仍然得享安息。3

在老子所了悟的一體狀態中，幻相沒有任何部分稱得上真實，真相也容不下任何的幻相。真相與幻相是互相排擠的，但幾乎所有人都不了解這個事實。相反的，如同我的上師說的，人們總是想把幻相，或至少是部分的幻相，當成真實的。包括他們想要宇宙的創造神來為他們的人生負責，而將造物主帶進幻相之中。

新時代最常見的信念是，神創造二元的宇宙來讓祂體驗自己。這種瘋狂的觀念幾乎從未被質疑過。這就好比說為了享受、理解及體驗性高潮的快感，你就得在自己的肚皮上射一槍，以提供可以用來做對比的體驗。但上主並沒有精神失常。真相是永恆不變的，而且如《課程》及《聖經》中說的，上主仍是完美的愛。這夢幻的世界是完美的相反；上主的實相則讓我們有完美的家可以回歸。然而要回歸真實的世界，人得先從這夢幻的世界覺醒才行。真實的世界不會有兩個。一體論的數學很簡單，它永遠都是一。

自從二〇一三年秋天，我的第三本書《告別娑婆3：愛不曾遺忘任何人》出版以來，我就持續在世界各地教導《課程》，大多數時間辛蒂也會參與共同教學。我發現我晚上作夢有一個有趣的現象。我知道ACIM說，所有的心靈都是一體的。這是千真萬確的事。因為究竟來說，只有一個心靈。事實上，是一體的我們認為自己在這裡罷了。這就是為何通靈現象之所以可能的原因。優秀的通靈者或靈媒有能力「汲取」那看似分裂的心靈碎片，並從中接收訊息和資料。

隨著這些年來旅行世界各地，我發現自己晚上作的夢會受到當地人口數目的影響。如果我是在一個很安靜的地方，例如愛荷華州的錫達拉皮茲（Cedar Rapids），我的夢通常會非常的安詳平靜，除非附近剛好有人爆發嚴重的衝突，不過這種情形很少發生。此外，如果我是在一個大城市，譬如擁有一千三百萬人口的中國廣州，我往往就會作一些激進又混亂的夢，有時候夢裡甚至會出現暴力。其實我睡覺的時候，我的心靈就調準到當地人的心靈了。

令人開心的是，這必然也能導致正面的結果。既然心靈是一體的，只要你的心靈越來越平安，並擁有聖靈的正見，就必定能對周遭人產生良好的影響。《課程》教導說，上主之師的臨在本身只是一種提示而已。在某個層面，你與其他人的心靈是相通的，不論你自己知不知道。不過，這並不代表你能為他們做寬恕的功課，他們還是得盡自己的本分，但你能為他們指出正確的方向。

從古至今有許多弟子認為，只要跟師父生活在一起便能開悟；師父的智慧能像病毒之類那樣傳染給他們。果真如此就太好了。可惜的是，不論是兩千六百年前或是當下的今天，開悟都不是這樣發生的。你得化解小我，而這是需要訓練的。

就在我看著CNN和MSNBC新聞，試著寬恕我所見到的新聞畫面時，我的高靈上師再次現身了。事實上，現今的新聞像卡通一樣變得越來越滑稽，使我更容易寬恕這些新聞事件。是的，如電影般虛幻的人生難免會有重大的悲劇發生，但只有你把它當真時才會造成痛苦。此時，阿頓開始說話了。

阿頓：我看見你又在看新聞娛樂自己了。這也沒什麼關係，只要你沒忘記它是為了讓你寬恕就好。畢竟，每個人都喜歡看馬戲團表演。

葛瑞：我知道。但我不敢相信川普竟然聲勢看漲！

阿頓：那就別相信。

葛瑞：喔，好吧。

白莎：今天我們是要來告訴你，J兄和B兄相處的一段非常有趣的歲月。他們那一世是印度人，並且在修行上躍進了一大步。他們的下一世是在佛教的最早期，兩人都修行成佛之道。因此你可以了解，佛教有點像是沒有神的印度教。至於相信唯一真神的一神論，是到了猶太教時期才開始普及，後來繼續傳承至基督信仰和伊斯蘭教。對了，這三者同樣都信仰亞伯拉罕的真神。而在此之前，你通常會看見一些為了不同目的而出現的神明。

葛瑞：就像希臘神話的眾神一樣。

白莎：是的。擁有最多神明的大概就是印度和希臘，佛教則是專注於人的心靈。對了，我們稍後會談一點關於佛教的事，但我們現在要講印度教。你應該知道，佛教當初是被視為印度教的一個支派，就像基督信仰起初被視為猶太教的一個派別一樣。此外，佛教在印度並沒有真正流行起來；佛教是傳到中國後才開始大行其道。

葛瑞：對呀，佛教要造成風靡恐怕不容易。

阿頓：印度教和它的歷史非常複雜，我們不打算深入探討它的經典和思想派別。印度人相信，他們有許多神明至少可以回溯至三千二百年前，其中包括黑天神奎師那（Krishna）。這是一種信仰，無法獲得證實。不二論的某些哲學，甚至可以追溯到還沒有歷史記載的時代。你可能還記得我們很早以前就告訴過你，不二論背後的觀念是一體論，卻被商羯羅（Shankara）的某些弟子錯解為二元論，導致後來大部分的印度教徒也將它理解成二元論。不過這是意料中的事。對了，你以前說商羯羅錯解不二論是錯誤的，應該說是他的幾位弟子誤解他的意思而一路錯下去。

我們想告訴你公元五百年前J兄和B兄在一起時的故事。那一世大約是在老子時期的一百年後，他們的名字分別叫做哈里希（Harish）和帕馬吉（Padmaji），我們不需要知道他們的全名。他們是堂兄弟也是鄰居，住在一個大村莊裡。他們都在虔誠信仰印度教的家庭中長大，但哈里希受到誘惑想要體驗世俗的享樂。

由此可知，人們會是什麼樣子，完全是**任憑小我擺布的**。他們之所以會那樣，是因為那樣才能按照小我的劇本演出，經歷那些早已安排好的體驗。他們其實也不曉得個中的原因，因為這一切都是潛意識的作用。

比方說，你出生在現今的加拿大，你六歲開始打曲棍球。你不曉得其中的原因，你就是喜歡玩，一直不斷地打曲棍球。幾年之後，你變得很擅長打曲棍球，甚至好到成為職業選手，世上沒有任何東西能像曲棍球那樣吸引你。沒錯，你會有個人的生活，但只有這項運動令你深深著迷。事實上，這是勢必如此的，因為所有人的職業和最感興趣的東西都是注定好的。人們按照寫好的劇本來生活，任何東西也擋不住。

白莎：你還記得十二歲時，一位朋友帶你去他父親的房間，然後打開放著一把槍的箱子嗎？

葛瑞：噢，天啊，我好久沒想到這件事了！

白莎：看見那把槍時，你是什麼感覺？

葛瑞：我很害怕，真的很害怕。我一點都不想跟槍有任何關係。我的那位朋友，我不想提他的名字，他以為我會跟他一樣對槍械感到著迷、會很想玩那把槍，但我拔腿就跑了。

白莎：你為什麼會有那種感覺？

葛瑞：我不知道。我猜是潛意識的緣故吧。

白莎：沒錯。關於這一點，你得知道兩件事。首先，你那夢幻般的上一世是死於二次大戰的沙場，戰爭的恐怖還深深烙印在你的潛意識中，槍械可說是你最不想看到的東西。再者，由於你前世的戰爭經歷，使你這輩子不必再上戰場。因為它不是你現在必須再次經歷的體驗。

葛瑞：你的意思是說，這就是我十九歲時改抽兵役籤，而我抽中較後面的號碼，所以沒被送去越南的緣故？

白莎：是的。回想一下，你這輩子有開過槍嗎？

葛瑞：沒有，一次也沒有。

白莎：你將來也不會有。因為這不是你這輩子該做的事。相反的，那位帶你去看槍的朋友一直對槍械很著迷，只要一有機會就練習打靶。他後來決定從事軍職，結果最後死在越南。

葛瑞：我不曉得這件事。因為自從那次槍枝事件後，我們就沒什麼聯繫了。

白莎：你們注定不會有聯繫的。最後，由於你選擇了這條道路，你將會想起第二次世界大戰被殺的經歷，並且能夠寬恕這件事。接著，你會從中解脫。

葛瑞：你的意思說，發生的事情早就注定好了，但我仍有能力在心靈層次上操練寬恕，而不再感受到那些令人難過的結果。

白莎：說得真好。儘管寬恕的目的不是為了更改劇本，而是從它的結果中解脫；但即使是設定好的劇本，**聖靈**還是可以為你調整時間和空間，因此你可能會有完全不同於原來的體驗。但這是由**聖靈**決定的，你的責任是做好寬恕的功課。**聖靈**會知道是否適合為你改變時空的維度。

阿頓：我們說這些是為了讓你明白，哈里希為何會有某種個性，並被吸引到可能招致危險的境遇中。但他的堂兄弟帕馬吉則完全不同。帕馬吉對世間一時的欲樂不感興趣，一心只想悟道。

他們這一世之所以會如此，是因為小我打算拆散他們。由於他們前幾世已經在一起學習非常多的東西，小我在潛意識的層次深深感受到威脅，因此打算想辦法讓他們分道揚鑣。哈里希長大後，他經常到距離村莊一小時路程外的城鎮找樂子，喝酒、賭博、跟女人調情。他總是要帕馬吉陪他一起去。雖然帕馬吉對吃喝玩樂沒什麼興趣，但哈里希是他唯一的朋友又是堂兄弟，跟他進城總比一個人孤獨地留在村莊裡來得好。因此在幻相中，你可以看見哈里希和帕馬吉的二元性；一個追求神聖，一個追求世俗。然而更複雜的是，他們年輕時的學習，再加上老子時代的體驗，他們兩人其實對真理也有基本的認識。

身為信仰不二論的印度教徒，他們視絕對的實相，也就是他們所謂的「梵」（Brahman），是與物質世界無關的。至於「我」（Atman），它的意思是靈魂，他們是從兩方面來理解；一個是虛幻的，一個是真實的。虛幻的**我**，就是那看似與每個人、每件虛幻事物分離的個體靈魂；另一個是「**梵我**」（Atman of Brahman）或**實相**，而唯有**一體**才是絕對的**實相**。但同時東方有許多思想家，他們雖然認為現象世界是虛幻的，卻仍將它視為神的倒影。這助長了人們的混淆，認為神創造了幻相。事實上，完美的**存在**絕對與幻相毫無瓜葛！這森羅萬象的宇宙投射其實是小我的產物，其基礎是建立在個體性與分裂之念上的。

葛瑞：我喜歡《駭客任務》（*The Matrix*）這部電影所表達的，你眼前所見的虛幻世界，不過是為了防止你看見真實世界的一種障眼法。

阿頓：是的，但他們所說的真實世界與上主沒有任何關係。不過話說回來，這部電影表達的還是朝正確的方向邁進了一步。

葛瑞：對了，我要為說錯商羯羅的事道歉。

阿頓：沒事的，老弟。我們給你那麼多資料，你的錯誤已經非常少了，只有一些微不足道的小疏失。例如麥基指出的，你在不同的兩本書講了同一個笑話。

（註：麥克·列謬〔Mike Lemieux〕，又名「前進麥基」〔Giddyup Mikey〕，是我的好朋友。他對我的書如數家珍，甚至可能比我還熟。他同時也是《老兄，我的魚咧？》〔*Dude, Where's My Jesus Fish?*〕一書的作者，以及我的臉書粉絲頁的維護者，並撰寫許多精闢的評論。）

葛瑞：我還有什麼地方搞錯的嗎？

阿頓：你在《告別娑婆》裡頭說，我們說中國在一九六〇年代發生造成五十多萬人死亡的大地震，其實那應該是一九七〇年代才對。這沒什麼大不了的。當時我們讓你錄下的聲音不是很清楚；況且那時候我們沒來的話，你也無法跟我們通靈接訊。還有，你在《告別娑婆》中說，J兄和抹大拉的馬利亞結婚十五年是正確的；但在《告別娑婆3：愛不曾遺忘任何人》中，當時你一邊做筆記一邊聽我們說話，不小心寫錯了，你說他們在二十多歲時結婚，那是不正確的。他們其實十幾歲就結婚了；當時J兄十八歲，馬利亞十五歲。直到J兄被釘上十字架，他們總共結婚十五年。大概就是這樣，沒什麼大錯誤。

白莎：回到我們那兩位朋友哈里希和帕馬吉。他們用功地學習世代相傳的古老典籍，我們所談的這些內容他們在知識上已經有所了解，但尚未有所體驗。他們在那一世還沒發展出鍛鍊心靈的修行之道。

有一天晚上，他們兩人去一家酒館賭博。哈里希的手氣不錯，贏了不少錢。後來，一位輸錢又酒醉的賭客說哈里希耍老千，但這並非事實。哈里希面對不實的指控也不甘示弱，雙方越吵越大聲，沒多久就打起來了。帕馬吉衝過去幫忙哈里希，結果在混亂中肚子被捅了一刀。哈里希嚇壞了，當下覺悟到自己的愚蠢行為可能會害死他最好的朋友。

幸好，後來酒館的人過來勸架。哈里希和一些賭客帶帕馬吉到附近一位醫生家就醫。這位醫生採用的就是你們現今所謂的阿育吠陀療法（Ayurvedic medicine）。帕馬吉的傷口並沒有很深，再加上醫生處理得當，幾星期後就恢復正常了。

不過，這件事狠狠地敲醒了哈里希。他過去並不覺得自己的生活方式是一種罪惡，現在也不這麼認為；但他覺悟到，那種生活只是在浪費時間，甚至覺得比浪費時間還更糟糕。還有，這裡你會想到凡事都絕對不是偶然的。幾個星期後，那位叫薩巴爾（Sabal）的醫生來到村莊治療帕馬吉，於是有機會跟他們兩個人談話。薩巴爾談到了一位聖者，並建議他們應該去找他。但還沒等帕馬吉完全康復，他們就決定去找這位聖者，看看他能教導他們什麼。

他們離開村莊去找薩巴爾口中的這位「無名」聖者。這位聖者曾經告訴薩巴爾，擁有名字會將他局限在自己只是一個「人」的信念中，但他並不認為自己是「人」。在好奇心的驅使下，哈里希和帕馬吉出發前往別人告訴他們無名聖者可能的所在之處。

途中，他們遇到了一群人。這群人追隨一位他們視為神聖的人。他們邀請哈里希和帕馬吉一起紮營露宿；事實上，他們正在舉行你們現今所謂的「邪教儀式」。哈里希和帕馬吉分到一點食物，並被詢問到是否要參加他們的儀式。他們覺得應該沒什麼危害，於是就答應了。

這儀式包括大家輪流喝從帶領人手上接過來的一碗飲料，這種飲料很類似你們現在所說的**死藤水**（ayahuasca）。哈里希和帕馬吉把喝這種飲料當成是社交或儀式的一部分；但他們很快就發現，那些人開始有奇怪的反應。他們剛開始時是淨化，其實就是把嘔吐講得好聽一點罷了。接著，他們就開始出現幻覺。

葛瑞：過去幾年，我跟那些喝下死藤水而發生有趣體驗的人交談過，他們有些人就稱它為「那個草」（the plant）。你們知道的，你們一直都很清楚我在做什麼，我從來沒喝過那種東西。但他們有些人喝下後喚起了深層的童年記憶，或產生他們認為珍貴難得的靈性體悟。你們對這玩意兒有什麼看法？

阿頓：葛瑞，你一定要記住，就算人們說他們喝下死藤水後出現什麼樣的正面體驗，我們還是認為那是一種毒品或迷幻藥。事實上，你根本不曉得人們會對迷幻藥產生什麼樣的反應。每個小我的心靈和大腦都是互有差異的，這是小我的本質，有些人很可能會出現傷害他們的不良反應。因此即使你聽說喝死藤水有什麼好處，我們還是不建議人們服用這種迷幻藥。

白莎：別忘了，服用迷幻藥所產生的境界並不是真實的。沒錯，你也可以反駁說，何必把迷幻藥當真呢？這樣講也對。但其實不吃迷幻藥，也可以獲得那些正面的體驗。這才是我們建議的方式。

阿頓：我們的朋友在那一晚確實出現特殊的體驗。哈里希發現他是多麼深愛自己的父母親，而這是他早已遺忘、許久沒有感受到的愛；帕馬吉則是突然憶起前世跟老子所學的一切。隔天早上，他們兩人又想繼續去尋找那位無名聖者。儘管喝那苦苦的草藥也都還好，但他們並不認為這是人生之道。

那位被視為**神聖的人**希望他們留下來。他告訴他們，沒有其他法門能讓他們獲得更多的了；只要他們願意留下來跟團體一起生活、學習、靜坐、喝死藤水，他就會跟他們解釋各種不同的體驗。但哈里希和帕馬吉總覺得這地方並非久留之地，最後還是選擇離開，儘管他們遭受到團體中某些人威脅的目光。

徒步走了幾星期後，哈里希和帕馬吉找到那位無名聖者，並趨上前去自我介紹。

葛瑞：好的。先讓我整理一下，免得我搞糊塗了。J兄和B兄在神道時期是在二元論的狀態，雖然你們會說那是二元論的進階狀態或半二元論之類的，因為他們並不像其他人那樣相信這夢境。但這還是屬於二元論，因為他們仍覺得某些東西是真實的，尤其是關於輪迴轉世和對先祖的崇敬，畢竟這是受到當時文化的強大影響。然而只要覺得某種事物是真實的，就表示有某個東西在你之外，你便會產生主體與客體的區別、意識到有別的東西，這就不是非二元的一體了。

接著到了老子時期，雖然他教導的是一體論，但J兄和B兄那一世體驗到的還是你們所謂的半二元論。因為老子教導他們棄絕世間欲樂的苦行，反而使他們的心靈將棄絕之物當真，從而認為這世界是真實的。

現在，你們談到這位無名聖者。我猜我們的朋友會更上一層樓，不僅在理論上了解幻相中沒有一樣東西是真實的，而且還能真切地感受到。

白莎：很好，說得簡單明瞭。不過，我不能說他們那一世能經常體驗到一體的境界。隨著這些不同的學習階段，學習者剛開始會進進出出、時進時退，所以你可能會體驗到令你震撼的一體性，但隨後又退回到二元性來。你必須習慣新的階段；但要達到永不退轉的境地，就得經過化解小我的過程。我們的朋友即將見到的這位師父，正是第一位教導他們如何化解小我，並加速這個過程的人。

阿頓：哈里希和帕馬吉向這位無名聖者介紹自己後，他請他們坐到團體後面的空地上聽講。接下來，我們會直接稱呼這位無名聖者為「歐烏」（O）。歐烏告訴他們，如果他們對他的教導感興趣可以留下來，也可以自由選擇離開。但他規定他們不能跟他說話，直到他認為時機成熟。

三個月後，歐烏叫他們過來見他。在這段期間，他教導他們非常多的東西。歐烏向他們解釋，世人所認為的人生，其實只是一個故事；而其中最重要的身體，則完全是虛幻的。他們的父母其實從未真正存在過。它們是小我營造出來的假象，目的是為了將他們拉進各式各樣的幻相中。事實上，他們和他們的父母從未真正誕生過，他們並不存在。這一切都是編造出來的。物質是虛妄的。這一切，包括他們的人生，都是一種謊言。如果他們有孩子，那也是一種謊言。因為他們所見的一切有形之物，都不是真實的。

他帶他們做一種觀想，想像自己漂浮在地球上方的高處，看著底下所有人的身體。然後他教他們去看，其中有些人消失不見了。每天有好幾萬人死去，由更多夢見他們出生的身體所取代，而這裡頭沒有一樣是真實的。身體不過是用來防止你看見真相的面紗，並不是什麼值得你重視的東西。

葛瑞：這讓我想起《課程》談到關於死亡的一句話：「凡是看來會死之物，必然出自妄見而且陷入了幻境。」**4**

阿頓：是的。我們那兩位朋友有了一體性的體驗。歐烏在一次私下談話中告訴他們，他們現在應該進行某種心靈訓練來與他的教導知行並進。他教他們每天練習去想，人們並不是他們看見的那些虛幻的身體，而是隱藏在面紗背後的一體性。當哈里希和帕馬吉在心中將世上的某樣東西當真時，他就會告誡他們停止那種想法，並將每一件事物，不只是人的身體而是一切事物，想成是那覆蓋在梵的一體性上的一層薄薄的面紗。

白莎：如果有人做出令他們不愉快的事，歐烏會告訴他們應該在心裡原諒那些人。理由不是那些人真的做了什麼事，而是他們根本什麼也沒做。

阿頓：你也看得出來，這是他們某種寬恕的開端，裡頭已包含了他們往後學習進階寬恕的重要的元素。但其中有一個關鍵部分被忽略了，這我們後續會再談到。不過，歐烏教導的練習使他們在靈性的進展上，又向前跨出重要的一步。

白莎：歐烏的這兩位弟子全心投入學習，並下定決心要化解心中任何使他們相信這花花世界的東西，從此只專注於那存在於面紗背後的一體真相。有好幾年的時間，他們重新詮釋自己所見的一切，以及這輩子所記得的每一件事，並且有了重大的進步。

哈里希和帕馬吉並沒有活很久。他們不再將世界和身體當真的堅毅決心，導致他們忽略照顧自己的身體，而這正是學習靈性的人常犯的典型錯誤。因為他們把層次混淆了。雖然世界不是真實的，但這並不表示你就沒生活在世間；儘管身體是虛幻的，但它並不表示你就不需要採取必要的步驟來維持它的健康。你不會不替你的汽車加油；如果你不加油，車子就會壞掉。除非你達到像J兄或B兄那樣的大師層級，知道如何運用心靈的力量來澈底戰勝世界，否則你不照顧身體所需的話，身體肯定就會敗壞。我們的朋友營養不良，而且往往沒有乾淨的水可飲用。不過，這同樣是小我上演的戲碼。他們兩人只活到二十七歲左右。如同莎士比亞在《皆大歡喜》中說的：

世界不過是個舞台，
人間的男男女女都是演員；
人人各有其入場和出場，
一生飾演眾多的角色。

阿頓：好消息是，哈里希和帕馬吉不僅在學習上收穫良多，在身體力行方面也有諸多的實踐。他們的心靈得到很大的療癒，繼而打開達成化解小我這項任務的可能性，比其他人都更早準備好。

白莎：我們下次來會談更多關於哲學與哲學的心理實踐之間的差異；前者是可有可無的，後者則至關重要。繼續寬恕吧，我們很快就會回來的。

我很高興聽到哈里希和帕馬吉的故事，並對他們及他們短暫而重要的一生心有戚戚焉。我迫不及待想知道更多關於J兄和B兄的事。得知他們以身作則來幫助我們學習他們的榜樣，令我感到信心大增。

4 柏拉圖與友人

我的看法是，我們必須從分清楚這兩者開始：一個是永遠存在而不變的，另一個是永遠在變而不存在的。1

——柏拉圖

接下來的幾週，我重新溫習我的高靈訪客告訴我關於J兄和B兄的事，以及他們精彩的學習歷險記。事實上，我對印度教可以說是一無所知。我了解阿頓和白莎所說的一體論，但我不懂印度教的宗教術語。此外，我的上師也教導我，「世界是幻相」這觀念的價值其實很有限，你不能停留在這觀念上，否則根據心靈的運作法則，你最後也會認為自己是幻相而導致空虛和無意義感。你必須用其他的思想體系來取代這觀念。我從局外人的角度來看，印度的靈修似乎過度注重幻相，而對於那理應取代幻相的實相不夠重視。當然我也會懷疑，我這樣的論斷是不是太偏頗了。

我在美國認識一些我很敬重的人，他們對印度教的大師們頗為欣賞。我以前曾經寫到一位脊椎指壓治療師布魯斯，他在一九八〇年代對我的人生產生重大的影響。而他就是巴巴吉（Babaji）的虔誠信徒。巴巴吉被認為是印度教中一個不朽的化身，他為這世界帶來進階版的行動瑜伽（Kriya Yoga）。事實上，布魯斯每年都會帶他兒子一起去印度學習和修行。

辛蒂和我很喜歡去靈湖寺（Lake Shrine），它是尤迦南達（Paramahansa Yogananda）創建的自我了悟聯誼會（Self-Realization Fellowship）的美麗的家園，而我們住的地方距離那裡只有十五分鐘的路程。靈湖寺遠離塵囂，很適合散步和靜心，看著天鵝和野鴨悠游在寧靜的湖面上也是一大享受。如果我們在恩西尼塔斯（Encinitas）附近，也會去另一個令人流連忘返的地方，那就是恩西尼塔斯的自我了悟聯誼會。走在那美麗的庭院，感覺很像置身於南亞，因為那裡有許多通常只有在印度才看得到的樹木和花草。我曾經試著閱讀尤迦南達的著作《一個瑜伽行者的自傳》（*Autobiography of a Yogi*），但它的內容實在太長不適合我的胃口，想說改天再找機會看。然而在尤迦南達建蓋的這些地方散步，我覺得自己好像是印度人，或許是它觸動了我潛意識心靈的古老記憶，但我說不出那到底是什麼。

有一天，我和辛蒂在洛杉磯一家購物中心附近閒逛，一位紳士認出我來。他走向前來，自我介紹說他是我的讀者，同時也是尤迦南達的孫子（一般普遍認為尤迦南達沒有孩子，但真相如何仍有爭議）。我知道我們會成為朋友，畢竟我也喜歡在靈性的道途上廣結善緣。

我另一次與印度教結緣是在一九七〇年代，當時我在麻州的堂兄弟巴比給我一本拉姆·達斯（Ram Dass）的著作《活在當下》（*Be Here Now*）。我欣賞那本書的哲理及狂放不羈的寫作風格，但我是隔了好幾年以後才走上靈修的道路。而這一類的書，總是能像《流浪者之歌》一樣引起我的興趣。

我很訝異，哈里希和帕馬吉當初過著受小我擺布的日子，竟然還能在靈性的道途上繼續追尋和學習，並且收穫良多。雖然他們那一世的壽命並不長，但他們還是完成了這一切。他們的故事讓我開始反省自己，以及我所處的社會所經歷的每個階段。

十八歲時，身為樂手的我很想去看胡士托音樂節（Woodstock）；但我的樂團在那週末有演出，不得已只好作罷。在當時，我們一切都是以樂團的演出為優先，其重要性甚至超過女朋友。我們有一個口號是：「女人是一時的，樂團才是永久的。」當然，後來大家有了老婆，樂團就不再是宇宙中最至高無上的了。

我最清楚記得的一件事是，胡士托音樂節的精神幾乎風靡了兩年之久，從一九六九年的夏天持續到一九七一年的春天。對我、我的朋友和樂團成員來說，胡士托音樂節的精神就是愛、和平與音樂；我們都是四海一家的兄弟姊妹；錢是身外之物；我們將用愛與和平的方式抵抗強權來改變這世界。

到了一九七一年的春天，我覺得某種東西變了。記得那一年五月，我在塞勒姆大學看演唱會，當時上場表演的有幽靈樂團和沙娜娜樂團。成千上萬的人像野獸一樣狂躁，群眾中經常有人將手中的空酒瓶隨意往空中一拋，似乎一點也不在意它們會不會砸到別人的頭。記得我們一位跟我在現場看演唱會的樂團成員跟我說：「胡士托音樂節的精神已死，老兄。」他說的沒錯。

事實上，就在胡士托音樂節的三個月後，和平的精神就已經開始走下坡。那是發生在加州阿特蒙的滾石樂團演唱會暴力事件。該樂團聘請飛車黨「地獄天使」擔任保鏢，結果他們竟然在眾目睽睽之下刺死一位聽眾。當天攝影機所捕捉到的行凶畫面，後來還出現在紀錄片《變調搖滾樂》（*Gimme Shelter*）中；似乎那位被刺死的聽眾曾拿出手槍，指著台上的樂團主唱米克．傑格（Mick Jagger）。總之，任何事只要跟小我沾上邊，都會變得極不單純。

直到一九七〇年夏天，胡士托音樂節的影響力還很大，部分的原因可能是《胡士托音樂節》的影片及經典音樂專輯發行的緣故。然而胡士托音樂節的精神對小我讓步，只是遲早的事情而已。

我在一九六〇年代中期，曾看過滾石樂團首次在美國的一場巡迴演唱會，地點是在麻州林恩市的曼寧堡（Manning Bowl）足球場。演場會最後以暴亂結束，這種事彷彿成了滾石樂團音樂生涯初期的傳統。足球場的球門柱硬是被群眾拆了下來，儘管那時候並沒有進行足球比賽。後來其中一根球柱還被用來砸毀滾石樂團的豪華座車，當時樂團的成員都還坐在裡面。當人們瘋狂的時候，可說是瘋狂到澈底了。

想不到在五十年後的二〇一三年，我能在洛杉磯的史丹普斯體育館（Staples Center）再次看到滾石樂團的演出。倘若你在六〇年代中期跟當時還是瘦骨如柴的小伙子的我說，五十年後我還會再看見他們的演出，可能打死我也不會相信。首先，要活到六十二歲似乎不太可能，我甚至不想活那麼久。再者，加州對當時的我來說，就像是去火星一樣遙遠。但這件事成真了。不過，拜《課程》之賜，我還是覺得自己很年輕，彷彿自從二十三年前開始操練寬恕後，我就不曾變老過。令人開心的是，滾石樂團現在還是很棒。尤其是主唱米克．傑格，他的歌唱和舞蹈動作真的是寶刀未老，彷彿不知道有歲月這回事一樣。

胡士托音樂節的精神原本來自**聖靈**的啟發，但小我照例又來搗亂。一九七一年春天，音樂變得越來越向錢看齊，比爾．葛理翰（Bill Graham）（可別跟布道家比利．葛理翰搞混了）不得不關閉國內兩處他旗下最重要的表演場地，舊金山的費爾摩（Fillmore）音樂廳和紐約市的東費爾摩音樂廳。因為樂團開始向他索取天價的演出費，造成他收支無法維持平衡。每個人開始出賣自己，並且變得越來越自私，和平也鑽到地底下去了。但與此同時，一場具有崇高目標的新運動正蓄勢待發，其根本理念是我們要成為「靈性的」而非「宗教的」。沒想到的是，到了七〇年代後期，我就跟其他數百萬追尋者一樣走上個人的靈性道途。

我和辛蒂剛結束里約熱內盧的ＡＣＩＭ週末工作坊回來，那是一次收穫豐富、充滿人情味的體驗。我們的朋友娜佳帶我們到處參觀，還看了令人嘆為觀止的里約熱內盧基督像。當我回到家，心裡還在回味這些美好的回憶時，阿頓和白莎突然又出現了。

阿頓：哈囉，葛瑞。我們直接切入主題好嗎？我們討論到現在，你已經知道更多關於J兄和B兄所領會到的二元論和半二元論的體悟。當然了，你也有你自己的體會。此外，我們在其他的對話中也教導過你，例如我們初次來訪時，曾向你解釋過四種基本的學習境界。現在我們來複習一下。你還記得我們在九〇年代怎樣跟你解釋前兩種學習境界呢？

葛瑞：一隻熊……算了，我就不說笑話了。回到我們的正題。第一個學習境界或階段是二元論，這是世上百分之九十九點九的人抱持的心態，也是人們認為理所當然的世界，伴隨著屬於小我範疇的意識體驗。因為要有意識，就非得要有可以意識的對象才行。所以它不是靈性的一體性。換句話說，在第一個學習階段，你認為這世界是在你之外，並且以為它是真實的，就這樣。新時代的那一群人認為意識非常重要，而且想將它靈性化。然而意識並不是靈性；真正的靈性是完美的一體性。但你可以學習訓練心靈的方法，並利用意識來作出屬於聖靈的選擇，而不是小我。

接著，第二個學習境界是半二元論。它漸漸地離開了二元論，而開始往靈性的方向移動。對了，我應該說一下，人們甚至不曉得自己現在的境界只是暫時的。他們認為眼前的一切本來就是這樣，並認為自己對這一切的詮釋是正確的。但半二元的學習心境帶來的是更溫和的信念，例如相信上主是愛。這信念會促使你開始思考並提出質疑，就如同佐華和弘慈從二元論進階到半二元論時所做的那樣。舉例來說，如果上主真的是愛，祂同時又可能是充滿憤恨的嗎？你可能會開始覺得答案應該是否定的，而你心靈所潛藏的對上主的恐懼也會開始鬆脫，儘管你可能根本不曉得自己對上主竟懷有這種恐懼。

白莎：很好。即使走在各種不同的靈性道途上，要保持進步的成果而不退轉，可能都得花上好幾百年的時間。

葛瑞：為什麼會這樣呢，我的神祕女玫瑰？

白莎：答案你很清楚，葛瑞。那是因為人們對真相有強大的潛在抗拒。小我會使盡一切手段，讓你徹頭徹尾遠離真相。真相是一體，而不是小我所鼓吹的分裂。小我可以感覺到，一旦揭開真相的序幕，便是它末日的開始。

阿頓：我們想談一點關於柏拉圖和他的學生。

葛瑞：J兄和B兄在蕭麗和沃山、哈里希和帕馬吉的那二世，對一體性只有短暫的驚鴻一瞥。但他們到了這一世就有恆久的體驗了嗎？

阿頓：噢，還沒有。但這一世同樣是他們重要的學習歲月，因為它是邁向一體性必要的一步。而且你會看到，他們最後獲得了重大的結論。

我們接下來要談的，是J兄和B兄在柏拉圖的雅典學院成為他的學生的虛幻歲月。

葛瑞：當然！我早該知道的。你們可曉得，我以前都跟亞里斯多德混在一起？

阿頓：你怎麼知道搞不好這是真的？雖然你已經比其他人有更多的前世記憶，但你不可能記得每一件事的，老兄。我是說真的。在雅典學院，J兄是名叫達基斯（Takis）的學生，B兄是名叫伊卡洛斯（Ikaros）的學生。他們兩人都是聰慧的青年，也被看好將來成為某個領域的佼佼者。堪稱史上第一所高等學府的雅典學院，其創建背後的一個理念是：陶冶人們的道德情操、發展學生的聰明才智，使他們能創造出更好的世界。這當然是極為崇高的理想，而且柏拉圖是玩真的。他或許是世界上最偉大的哲學作家。當然，人類做了明智之舉，不同於其他的古代大師，他的著作大部分都完好地存留了下來。

葛瑞：我想起很久以前，我們談過他的洞穴寓言。那真的很酷。

白莎：小時候，你母親就為你讀過這個寓言，在你的心靈播下了種子。從這寓言可以明顯看得出來，柏拉圖已經知道你在這世界所見的一切都不是真的。洞穴裡的囚犯被鎖鏈緊緊鎖住，無法轉頭看別的地方；他們在洞穴裡待太久，已經忘記什麼才是真實的。他們以為眼前牆上晃動的影子是真的，完全不曉得那只是外面走動的人的投影。後來其中一個囚犯掙脫，在亮光中看清牆上影子的真正來源，於是他跑回洞穴告訴那些囚犯真相，但他們沒有一個人願意聽他訴說。因為他們早已經習慣自己固有的想法，反而對說出真相的人感到厭惡。

阿頓：《課程》也有一段類似的說法，顯然是在對柏拉圖致意：「經年累月活在鎖鏈下的囚犯，挨餓受凍，欲振乏力。他們的眼睛長年活在黑暗裡，早已記不得光明為何物了，即使在釋放的那一刻，他們也不會歡欣鼓舞的。他們需要時間去體會自由的意義。」2

世上大多數人根本還沒準備好要接受真相。人們舒適地待在自己的牢籠裡，真相一開始是不會受到他們歡迎的。他們一心只想追求世間的飛黃騰達，卻忘記到頭來每個人的結局都是一樣的。把人生建立在永恆的基礎上，而不是小我展示的那些廉價的生命仿製品，這才是最明智的作法。不過，這也不能怪人們會那樣做，畢竟他們知道的也只有這些東西。真相跟《課程》其實是一樣的，葛瑞。它們或許簡單，但並不容易。

柏拉圖寫說：「小孩子怕黑，這是情有可原的。人生真正的悲劇是，大人竟然害怕光明。」

葛瑞：我在緬因州的讀書會有一位名叫柴坦尼亞的好朋友，他以前常說：「真理使你自由，但它會先氣死你。」

阿頓：說得還滿貼切的。對了，寓言中那位掙脫的人，其實是在暗喻對柏拉圖產生重大影響的哲人蘇格拉底。柏拉圖對話錄中都是由蘇格拉底主導提問；這種教學技巧就是今日著名的「蘇格拉底反詰法」，它同時也是蘇格拉底教導柏拉圖時所採用的教學方式。柏拉圖在《理想國》和其他對話錄中，也是以這種方法表達他的哲學理念。事實上，他是採用對話形式教學的第一人。

葛瑞：「柏拉圖式的」（platonic）這個詞，是否也是源自於柏拉圖？

白莎：不是，這個詞是他的學生和讀者後來創造的。它原本指的是否定物質世界的真實性。後來，人們開始用這個詞來形容「精神式戀愛」，也就是純精神而無性愛的關係。事實上，這背後原本的概念是說柏拉圖否定了一切非萬物之源的現實表象，而他稱這萬物之源為「**至善**」（The Good）。

葛瑞：所以，柏拉圖是一體論者？

白莎：不是。你等一下可以從達基斯和伊卡洛斯上完柏拉圖的課後，他們簡短的交談中明白這一點。

葛瑞：他們就是那一世的J兄和B兄？

白莎：是的。我們沒必要詳細描述他們彼此認識的過程。如同大海中的魚群一起悠游一樣，人們也在不同的夢幻人生中一起旅行。他們注定會一而再、再而三地遇見彼此。以下是他們課後的簡短對話。當然，這是我們翻譯後的內容。就像我們之前跟你說的，他們當時都不是講英文。

達基斯：柏拉圖現在陷入兩難的矛盾。在他的哲學中，一切萬物皆來自於**至善**；物質宇宙的一切事物，只是某種想法的象徵。因此，以洞穴的寓言作比喻，那些囚犯眼之所見只是某種東西的象徵或影子，它們並非是真實的。但矛盾的是，柏拉圖無法解釋為什麼至善會創造出非真實的東西？最後他只好妥協。他下結論說，他看見的東西不是真實的；但那些東西背後的理型是真實的。所以他的結論仍是二元論，因為他還有一個創造幻相的源頭。只要源頭仍與某種東西互動，它便是二元的。

伊卡洛斯：你說的沒錯。雖然柏拉圖是很聰明的哲學家；但事實的真相是，我們所看到的象徵並非是真實的，它們背後的理型也不是真實的。它們全都來自於一個虛幻、看似分裂的心靈。這心靈並非真實生命的源頭，而只是生命的一種模仿。

阿頓：柏拉圖的學院允許傑出的知識分子來此探討各種觀念。由於我們那兩位朋友在前世已累積不少體悟，因此他們在跟柏拉圖學習的同時也能獨立思考。他們在課堂上仍極為崇敬柏拉圖，但私底下他們獲得不一樣的結論。這結論使他們走回正道上，並對他們最後的兩世產生重要的影響。

伊卡洛斯：人生是一場騙局；它全是為了分散我們的注意力，不讓我們體驗真相，並阻止我們認識真實的生命。哲學思考固然沒什麼不好，但它能帶你去哪裡呢？我們得找出那不容妥協的真相，並在真實與虛妄之間作出堅定的抉擇，並用信念來加強這一抉擇的力量。

達基斯：所以我們不能同時接受兩者。只有真相是真實的，其他一切都是虛假的。我們必須作出一勞永逸的決定。在這場人生騙局外，肯定還有無形的一體性存在。它是非二元又完美的，只有這個完美性是真實的。我們倆對它都曾經有過美好的驚鴻一瞥。一定有什麼方法能去除障礙，讓我們恆久體驗到這個一體性。

白莎：你可以看得出來，藉由作出不妥協的決定，他們的生命旅程就引領他們前往某些人所說的救贖之地，或者其他人所謂的開悟境界。柏拉圖相信邏輯思維，這種智能發展能促進自我的實現。但達基斯和伊卡洛斯已經領悟到，開悟是與個體性無關的。事實上，唯有拋棄個體性，才能達到真正的圓滿。當然，我們這裡指的是在心理上拋棄，而不是在物質上的。而真正的圓滿，最終只能在一體性內找到。

別忘了，儘管柏拉圖的思想體系並不完美，但他的教導和著作還是幫助了許多人的心靈，讓他們能夠作出更好的抉擇。對他們來說，柏拉圖是道途上重要的一步。

葛瑞：柏拉圖生活在哪個年代？

白莎：人們對它會有爭議，但他實際上是生活在公元前五百年至公元前四百五十年左右。

葛瑞：我來看一下維基百科怎麼說。（停頓了一會兒）嗯，裡頭有提到說柏拉圖確切的出生時間和地點不詳，只知道他是生長於具有影響力的貴族家庭。

阿頓：這麼說好了，他那一輩子可以不用賺錢工作。

葛瑞：柏拉圖是不是第一個談論亞特蘭提斯的人？

白莎：是的，他是從蘇格拉底那裡聽來的，然後將它寫在他的對話錄《蒂邁歐篇》中，雖說他是以埃及人梭倫（Solon）講故事給克里提亞斯（Critias）聽的形式來描述它，但這並不重要。不過，對話中的內容是真的，亞特蘭提斯確實在這夢境中存在過，而在柏拉圖的學院相聚的那一群人也曾投胎為亞特蘭提斯人。這就是為什麼蘇格拉底會記得這件事，因為他跟柏拉圖、柏拉圖的學生亞里斯多德、達基斯和伊卡洛斯一樣，都曾經居住在那裡。在亞特蘭提斯時代，他們彼此都是認識的人。比柏拉圖晚數百年的普羅汀（Plotinus）也曾經出現在那裡。你可能還記得，普羅汀就是那位提出「**至善**（柏拉圖的萬物之源）**是至上的一位**」的新柏拉圖學派哲學家。

葛瑞：對呀，我還記得。**至善，是至上的一位**。乖乖，這些傢伙的人生真是酷斃了。

阿頓：他們的人生有起有落，這是二元夢境的本質。亞特蘭提斯最後以暴力和悲劇收場，這種人生一點也不酷。

現今的加那利群島（Canary Islands）就是亞特蘭提斯遺址的一部分。對了，加那利群島會是你喜歡的地方，因為它跟夏威夷很相似。其中有一些遺址甚至一路延伸到百慕達三角洲。柏拉圖也寫說，亞特蘭提斯是位於海格力斯柱（Pillars of Hercules）之外，指的就是現今直布羅陀海峽的西側。

葛瑞：亞特蘭提斯到底發生了什麼事？

阿頓：那些創建亞特蘭提斯的先祖們，並非來自這個地球。雖然它是智能極為發達的社會，但他們犯了你們當前的文明同樣的錯誤。儘管他們也有非常具有靈性及深謀遠慮的人，但這些人畢竟是少數；大多數人還是選擇物質的二元性，而不是靈性的純粹一體。要知道，在智能和科技上高度發展的生命體，並不表示他們在靈性上也是高度發展的。

葛瑞：智商高的人，也不表示他們比較聰明。我就認識一些喜歡咬文嚼字的博士，但他們並沒有很聰明。我喜歡愛因斯坦說的那句話：「天才與愚蠢的差別是，天才是有極限的。」

阿頓：雖說語言文字也是虛幻的，但這句話聽來令人感到遺憾，卻也道出了事實。不管怎樣，我們今天不是來跟你大談亞特蘭提斯的。真正重要的是，這也是我們這幾次來找你的重點，大多數人不太可能堅持一體論，尤其是純粹一體論。甚至現今的《奇蹟課程》也出現同樣的現象。人們似乎願意做任何事來避免堅持《課程》教導的訊息，即使堅持這些訊息能使他們更為幸福。對於這樣的人，亞特蘭提斯的悲劇就是一個拍拍肩膀的提醒。

說到亞特蘭提斯，他們當時的統治者開發出一種取之不盡、用之不竭的自由能源。它原本可以用在正途上；但有一群瘋狂的人，發現可以利用它來製造武器，並藉此來奪取政權。

葛瑞：你的意思是說，它就像我們用核能製造武器一樣？

白莎：是的。他們沒把能源用在造福人類，反而用它來更進一步證明人類的瘋狂。當時的能源被用來製造毀滅地球的武器，今日也可以。

葛瑞：你這是在預言嗎？

白莎：不，我們現在不會作任何的預言，但我們在九〇年代告訴你的這件事除外：小我的劇本在未來會有更多的老戲碼上演，但場面會更大、更快也更嚇人。它不得不擴大規模，因為這是小我難以抑制的渴求。它必須看起來比之前的更嚴重，如此才能逼你相信它是千真萬確的。但只要你不相信它，小我根本什麼都不是！像J兄和B兄、或柏拉圖時代的達基斯和伊卡洛斯之類的人，他們與多數人不一樣的地方是，他們不會相信表象；他們能一眼看透表象，識破它們的騙局。

亞特蘭提斯是被無知、貪婪和暴力毀滅的。小我的目標永遠是謀殺。何以如此呢？因為如果你會受傷或摧毀，這就表示你是一具身體；只要你是一具身體，那麼整個小我分裂的思想體系便是真實不虛的。此外，就算你再次看似投胎轉世到另一具身體，你還是會認為那具身體就是你！這種惡性的循環只能藉由化解來結束，而不是透過重複做同樣的事。

葛瑞：我很快問個問題就好，免得我忘記了。你們在第三本書中揭發九一一事件的陰謀，說撞上世貿大樓的其實是無人機，而世貿雙塔的倒塌是因為內爆。從那時候就有人問我，原本在那些飛機上的人到哪裡去了？

白莎：首先，原本那些飛機上的人就比平常來得少，有人看見其中一架降落在明尼亞波利斯（Minneapolis）。機上的乘客有一些是事先挑選過的，但所有的乘客都可以獲得數百萬美元的封口費，並受到證人保護項目的保障。有些人很高興地收下這些錢，有些人則不願意配合。後者經過威脅、甚至毆打後，最後大部分都選擇了明哲保身。但仍有兩成的人堅決不配合，最後被默默地帶走，然後就從此消失無蹤了。我這是用比較禮貌的說法。這已經是好久以前的事了。後來，有些人想「站出來」，但他們全都被處理掉了。當然，最後其他人也慢慢地一個個被滅口。他們原以為自己可以過著有錢又長壽的一生，但中情局和幕後的主使者可不想冒這個險。

葛瑞：所以他們全都死了？

白莎：是的。你還記得甘迺迪遇刺事件的關鍵證人在數年內幾乎全死光的事嗎？

葛瑞：當然記得。

白莎：這意思是一樣的。

阿頓：好了，接下來的幾週我們要你思考一下，即使是在柏拉圖這樣偉大的哲學家面前，達基斯和伊卡洛斯還是展現出絕不妥協的氣魄。因為對他們來說，真相才是最重要的。他們決定把信心放在該相信的地方，而不是相信那些表象。這些年來你與我們一起研習《課程》，你也知道《課程》是多麼堅持絕不妥協的原則。

祝你安好，我的朋友。也請將我們的愛帶給辛蒂。看見她對《課程》如此盡心盡力，真的是一件很棒的事。

葛瑞：你們介意我再問一件事嗎？

他們走了。我終於明白，我的上師知道什麼才是對我最好的，即使連我自己都不清楚。他們會剛好在該回來的時候回來，而我會剛好問他們**聖靈**要我問的問題。這些問題其實不是為我自己問的，而是為那些能夠從這些觀念中受益的每個人而問。

後來，在一個美麗的加州星期天，辛蒂和我開車在沿岸地區來回兜風一整天。我們一路南下到杭廷頓海灘及附近的城鎮閒逛，再折返北上到雷東多海灘（我都戲稱它為雷太多海灘）、何爾摩沙海灘和曼哈頓海灘。那是諸事順心如意的一天，不論是人、天氣、景色或體驗都堪稱完美無比，我們感覺棒極了。

回家途中，我們在瑪麗安德爾灣（Marina del Rey）停留。我們找到一家不錯的水上餐廳吃晚餐。由於時間還早，我們很幸運可以在外面的餐桌一邊用餐，一邊欣賞夕陽美景。當時我們點完餐，正在享受身邊美麗的景色。接著，辛蒂基於某種原因，決定看一下她的手機簡訊。

當她聽著語音訊息時，我看見她臉上溫和的笑容立刻轉為震驚的表情。原來辛蒂的繼弟傑夫被火車撞死了。傑夫跟她從小一起長大，他們感情非常要好。當辛蒂試著聯絡她父親和繼母艾麗絲的那一刻，生命彷彿停擺了。面對親人的死亡，她看起來既無助又揪心。

回想那一天，那真的是小我二元性極端的一課。上一秒你還在享受精彩又美好的一天；下一秒小我的死亡之夢就狠狠地甩了你一巴掌。我們盡可能處理好這件事，但仍感覺力有未逮。我們只能盡力而為了。

我跟傑夫才剛認識，很奇怪他這麼快就走了。因為我真的覺得可以再多認識他一些，畢竟我們兩人都是吉他手。事實上，他大概是拉斯維加斯最搶手的吉他手，我一直期待跟他來一場即興演奏。

就在認識傑夫後，我們驚喜地發現，原來他讀過我的第一本書，並且開始學習《課程》。傑夫的母親艾麗絲某天去探望他之後，激動地打電話來向我道謝，因為她從來沒見過她兒子是如此的心平氣和。母親是最了解孩子的，兒子的轉變她最清楚。

這二元性的功課真的讓我震驚，但不是只有驚訝於負面的部分。傑夫過世幾週後，我們去參加在拉斯維加斯為他舉辦的一場追思會。拉斯維加斯大多數的娛樂界藝人都出席了，並為他獻上他們的拿手絕活——表演。它大概是那一年最精彩的音樂會之一。那一天辛蒂唱了歌，並傷感地訴說她與傑夫的童年。許多出席的表演者都說，這場追思會是拉斯維加斯娛樂界最美好的一件事。因為多年不說話的朋友這次又聚在一起重新發展友誼；其他原本不認識的人也結識成為朋友。傑夫的家族有一些已經好多年不說話的親戚，結果在那一天相擁在一起。儘管傑夫的身體已經不在了，但他似乎仍在幫助他的朋友和家人。

大約一年後，我終於明白我與我父母的經歷，同樣又在傑夫和他的親友們身上重演。是的，我們會哀傷，那是應該的。該悲傷的時候，最好還是隨順正常的人情義理。但事情並不僅止於此。

你所感受到的那看似已失去的人的哀痛，最終都會消逝的，但愛不會消失。愛自始至終都存在。因為愛是真實的，痛苦是虛幻的。人生所擁有的最真實的東西竟然是看不見的，這是不是很奇妙呢？愛是看不見的。你可以看見愛的舉止，但你看不見它背後的愛。

同樣的情形也發生在天國。你無法用肉眼看見天國，但它卻是最真實的存在。總有一天，我們會回到目前肉眼看不見的世界；當我們看似還在這世間時，頂多只能對它驚鴻一瞥。恆久不變的體驗終將來臨。在那境界中，存在的只有唯一的實相、恆常的一體狀態的覺知，以及那唯一真實的愛。

5 悉達多與他的兒子

虛空無南北，人心妄分別，執妄信為真。

——佛陀

一九八〇年代我聽一位佛教僧侶在合一教會（Unity church）演講，他的一句話引起我的注意：「對別人生氣，就好像自己喝毒藥卻指望別人死一樣。」這位僧侶了解存在的只有一體的我們，你對別人的任何想法終究會回到你自己身上。後來我的上師也再次提到這個觀念，使我更深入了解如何有效地化解小我。然而我在八〇年代初次接觸各種不同法門時，我就對一體論有了一些概念，儘管當時我才剛踏上靈性的道途沒幾年。當然，那時候我還不曉得如何體驗它，但我還是對它深感興趣。

阿頓和白莎剛開始來找我時曾說過：「吠陀哲學原屬於一體論的靈性學說，它主張梵是一切的一切，除此之外，都是幻相、非真、虛無、空。僅此而已。後來商羯羅善巧地把吠陀思想詮釋成不二論或一體論。」換句話說，實相與現象世界和宇宙完全無關。

這些話是我的上師第二次造訪時告訴我的，隨後我就買了我的第一本《奇蹟課程》。接著我很快就明白，《課程》所謂的上主也與小我的世界和宇宙毫無關係。後來我才知道還有另一種一體論，但我已經開始真正相信真實與虛妄之間的差異。

多年後，在二〇一四年的一個溫暖夜晚，辛蒂和我來到好萊塢美麗的希臘劇場，欣賞她最喜愛的歌手莎拉．麥克勞克蘭（Sarah McLachlan）的演唱。希臘劇場是音響效果很棒的露天表演場地，最適合夏天來欣賞演唱會。中場休息時，我們在附近散步了一下。當我們走回座位時，瑪莉安．威廉森（Marianne Williamson）就站在我們的面前。我真的很開心她過來跟我們打招呼；但表演即將開始，我們只簡單講幾句「演唱會真棒」之類的話，並互相擁抱寒暄了一下子。

有趣的是，三天前的國會議員初選我們才投票給瑪莉安．威廉森，因為她剛好在我們的選區。雖然這次她沒有贏得選舉，但我覺得她出來參選還是很值得的。這次她以獨立候選人的身分參選；但我認為她如果是民主黨候選人的話，勝算可能會更大。不過這是她自己的決定，況且人生還有比輸贏更重要的事。

那一天晚上跟偶爾的情形一樣，辛蒂自己先回房睡。我本來就是夜貓子，她比較習慣正常的作息。當時我正坐在電視機前的椅子上打瞌睡；才一睜開眼睛，我就驚訝地看見阿頓和白莎坐在沙發上，儼然一副已準備要談話的樣子。此時通往寢室的門是關著的，白莎開始說話了。

白莎：嗨，我們的愛樂者，今晚的演唱會聽得開心嗎？

葛瑞：當然囉，辛蒂愛死了。但是等等，我們這樣不會吵醒她嗎？她可能會走過來，第一次親眼看見你們！

白莎：不會的。我們已在心靈的層次與她結合，暗示她進入沉睡並作個好夢。就算她真的聽到什麼，也會認為那是電視機的聲音。

葛瑞：哇，這是第一次我跟你們談話還有其他人在屋子裡呢，感覺很不一樣。

白莎：如果時機成熟，我們也會在辛蒂面前現身。不過你知道的，這也得要看她自己。因為我們是**聖靈**化為人形來與人交流，我們知道人們是否準備好接受適當的神祕體驗。有些人現在不需要神祕體驗；有些人則需要神祕體驗來鼓勵他們。

阿頓：你可知道早在八〇年代後期及九〇年代初期，有時候你在靜坐時，我們就現身在你旁邊？我們會坐在那裡。但是當你一張開眼睛，我們就會消失不讓你看見。因為我們會評估你是否準備好，並等待最適當的時機，直到在緬因州的那一天。

葛瑞：聖多瑪斯節！

白莎：對呀，世上沒有一件事是巧合的。但如果你早一點準備好，我們也會提前現身。不過在那之前，我們也現身過幾次，只是你都沒發覺。

葛瑞：不會吧？不過知道你們在我身邊，還是讓我感覺很窩心。謝謝你們的耐心陪伴。

白莎：反正我們也沒事幹。哈，開玩笑的啦。

葛瑞：可是，這樣會不會與「劇本早已寫定」和「一切都注定好」的觀念互相矛盾？

阿頓：不會。根據《課程》的說法，困在世界的你仍有一種能力，還記得吧？

葛瑞：嗯，我記得。是抉擇的能力。我可以選擇**聖靈**；我能下定決心正確地看待世界。換句話說，我仍看著這部我習慣當真的人生電影，但我選擇聽從**聖靈**對它的詮釋，而不再聽小我編造故事。如此一來，我的人生體驗也就變得完全不同。你們剛才就是要表達，是我自己的進步讓你們知道我已準備好接受不同的體驗。儘管是同一部電影，但我已準備好要聆聽正確的詮釋。

阿頓：是的。你不再相信自己的詮釋，而是聽從**聖靈的指引**。人們必須願意不再以自己為師，因為如同《課程》說的，它們的教學成效不彰。但這需要具備某種程度的謙遜。

葛瑞：所以我至少做對了**某些**事。

白莎：其實你做對了很多事。當然，你會犯錯。不過那些錯誤全都可以忽略。我們一開始就告訴過你，我們永遠不會評判你。你想聽我們今晚要告訴你的事嗎？

葛瑞：不知道耶，我現在有點累了。你們能不能把要說的內容直接植入我的心靈，就像你們對辛蒂做的那樣？

白莎：我們接下來要談的是佛陀，以及一位跟他非常親近的人。

葛瑞：我猜，你們說的那個人就是J兄？

白莎：很高興你有注意聽。佛陀真正的名字是悉達多（Siddhartha），許多包括西方人在內的靈性修習者都聽說過他的故事，而佛教徒更是耳熟能詳。但它畢竟只是故事，就像J兄的故事一樣有真有假，其中有一部分甚至是宗教的神話。但我們要說的佛陀故事不是神話。

阿頓：大約在J兄前的四百五十年，悉達多誕生在東印度的王族，他的父親是淨飯王（Suddhodana）。他是由姨母摩訶波闍波提（Mahaprajapati）撫養長大的。他從小就與外面的世界隔絕，不知人間疾苦。由於有廣闊的花園林池，可以遊玩的地方很多，因此悉達多在巨大的王宮內一點都不覺得自己受到限制。摩訶波闍波提對他寵愛有加，淨飯王也給他最好的教育。所以他也知道當時外面的世界是什麼樣子，只是不被允許出宮親眼目睹實況。

十九歲時，摩訶波闍波提按照淨飯王的意思，介紹一位美麗的女子給悉達多認識，並且在一年後成為他的妻子，她的名字叫耶輸陀羅（Yasodhara）。他們兩人彼此一見鍾情，因此這樁婚姻沒有任何的強迫感；他們對這樣的安排也感到很歡喜。他們前幾年的婚姻生活，就像童話故事般幸福快樂。淨飯王希望早一點抱孫子。可是幾年過去了，這對夫妻還是沒能生下孩子。不僅淨飯王感到失望，連他們夫妻倆也覺得十分沮喪。

隨著歲月流逝，悉達多在王宮裡越來越待不住。儘管他深愛著美麗又聰慧的妻子，但他開始越來越渴望去看看父王禁止他目睹的世界。耶輸陀羅深愛著悉達多，她可以看出丈夫眼中想要出宮的渴望，於是想盡辦法勸阻他留在王宮中。

悉達多開始出現一些夢和顯境（visions），告訴他該出去遊歷探訪諸多修行人，他的解脫正在王宮的花園和牆壁外等待著他。這對悉達多來說是個困難的決定，因為他知道這樣做其他人會很受傷。他是個溫柔又善良的人，不想要任何人因他而受苦。

但悉達多自己卻非常痛苦。他感覺自己好像失落了什麼，必須出宮把它找回來。他的夢和顯境也讓他看見自己前世的靈性追求，並且會有一個神祕的陌生人幫助他找到他所要尋找的。經過多年的懷疑和猶豫不決，悉達多覺得自己不得不採取行動了。儘管心如刀割，他還是在某個夜晚趁大家都熟睡時，從一個祕密出口離開王宮。這祕密出口是他小時候就發現的，只是一直都沒勇氣使用它。

耶輸陀羅心都碎了。她告訴自己，只要悉達多滿足了他對外面世界的好奇心就會回來。這是她的祈禱。但是緊接著，她另一個幾乎早已忘記的祈禱竟然應驗了。原來耶輸陀羅發現自己懷孕了。她既開心又難過，因她沒能及時告訴悉達多這天大的好消息。

佛陀有兒子，但知道的人並不多。他的兒子叫羅睺羅（Rahula）。這部分的故事並不是所有佛教徒都能接受。因為佛教很多元化，關於佛陀的兒子有許多不同的說法。總之，悉達多不知道自己已經有了孩子，前幾年的時間都在東印度地區尋師問道。從某方面來說，他的尋道之旅只是在重複他前世的經歷，就像是一種複習。但這一世有點不太一樣。他在王宮享盡了人間的榮華富貴，於是與其他事物形成一種強烈的對比。最後，他選擇了苦行。經過數年的苦修後，悉達多得到他在中國那一世的相同結論：禁欲苦行是不必要的。但他若不曾有過榮華富貴的生活，就不可能澈底領悟到這一點。因為王宮的富足生活使他體悟到，擁有物質和感官的快樂並不能真正滿足他。而現在他了解，即使放棄這些事物及其他所謂的美好生活，也仍無法使他感到滿足。

葛瑞：所以他最後採取中道？

阿頓：是的。但對悉達多來說，這時期他有了另一個重大突破。他成為靜坐的大師，並領悟到靜坐本身無法使人開悟，因為它無法化解小我。然而要達到開悟，化解小我是百分之百必要的。不過話說回來，勤加練習靜坐，確實能讓心靈變得平靜又有力量；如此一來，要修行或訓練心靈也就變得更為容易。當心靈處於靜心狀態時，操練某個思想體系就會更有效果。你自己在緬因州時也發現了這一點。

葛瑞：是呀，當時我每天都靜坐。我現在也會靜坐。這些年來，我做了各種不同的靜心；剛開始我只是隨著直覺的引導去做，後來我才明白原來這是**聖靈**的指引。我從來沒研究或學習過靜坐，但我好像自然而然就想起該怎麼做了。後來我開始操練《課程》，我發現練習靜坐能使我更容易觀察自己一整天的心靈運作。此外我也注意到，練習手冊中有好幾課與靜坐的關係密切，雖然它們跟傳統的靜坐不完全一樣。因為它們會牽涉到某些特定的思維，除非你練習的那一課要求你把所有的念頭都靜止下來。另外，〈學員練習手冊〉後面的幾課也牽涉到邁向上主的實際方法。總之，我確實認為靜坐幫助我更有效地操練《課程》。但人們只要做好〈學員練習手冊〉的練習，同樣也能開始獲得靜坐的一些好處。

阿頓：沒錯。悉達多因為靜坐而喚起更多前世的記憶和學習過的東西，並且也憶起他的朋友J兄在每一世的樣貌。悉達多知道J兄就是他要找的那位能幫助他開悟的人。雖然他不曉得J兄這一世長什麼樣子，也不知道他會是誰，但他還是想把他找出來。

他以前在夢幻的人生所學的一切都回想起來了。你也知道的，你所學的一切永遠不會消失，但你必須憶起它們，而靜坐對此大有幫助。

悉達多捨棄極端的修行方法，過著中道及禪修的生活。他修苦行時有幾位追隨者，但後來大部分都離開他了。不過，許多人開始來聆聽他的教導及分享他的智慧。他開始成為眾所周知的上師，儘管他對此一點都不在乎。他的中道思想也適用於他對人們的態度。

葛瑞：這讓我想起一句話：「凡事都要適度，包括適度也要適度。」

阿頓：沒錯。這就是為什麼肯恩以前經常告訴學員說：「別忘記怎樣當個正常人。」

（註：我們在第七章會談到更多關於肯恩·霍布尼克這位前輩。）

白莎：我們的朋友悉達多相信，重要的不是你做什麼，而是你到底是怎麼想的。當然，你的行為舉止是你的想法的結果；但悉達多現在把顛倒的因果糾正回來，把馬匹放回馬車的前面。他在王宮學習過吠陀經典和奧義書，因此非常了解梵與世界之間的差別。如同《薄伽梵歌》所說的：「凡是真實的，永遠存在；凡是不真實的，未曾存在過。」但到目前為止，悉達多還沒真正體驗到它，因此他決定找方法來活出它。他設定的目標是，隨時隨地都能真正體驗到這個真理。這是相當困難的目標，但他的心意已決。

他進行清明夢（lucid dreaming）的修練，他曾在老子時代那一世做過這種實驗。最後，連他的弟子也開始進行清明夢的修練。因為他們認為，如果能在夢中自主決定自己的選擇，那麼在死亡的中陰狀態就有能力選擇不再輪迴。不過這是行不通的，因為唯有完全化解小我才有辦法真正終止輪迴。但清明夢的修練還是有幫助的，因為它能讓你在這看似清醒的時刻，知道自己其實是在作一場人生大夢。

雖然這一世的悉達多沒有太多的痛苦，但他非常想念耶輸陀羅。他甚至曾短暫地考慮過回家探望。不過，他隨後又有不同的看法。他領悟到，想念家人並因此想做點什麼，其實就是一種痛苦、一種受世間捆綁的羈絆。一旦你遭受捆綁，你就必須依賴它而成為奴隸。悉達多想要解脫；他想從世界及各種形式的痛苦中解脫。印度人稱「苦」為dukkha（後來佛教徒也這樣稱呼痛苦）。此時，他又有重大的領悟：痛苦是由欲望產生的。倘若你什麼都不需要呢？那麼即使你沒有某樣東西，也不會感受到任何的痛苦。問題是，既然世間的一切都不是真實的，你為什麼需要它呢？一旦你不需要從別人身上獲取什麼，你便能與他人建立起真正的關係。要做到這一點，你並不需要禁欲苦行，或在物質上捨棄這個世界。這件事可以、也應該在心靈上完成。

葛瑞：但是《課程》會說，導致痛苦和匱乏之感的不是欲望，而是那看似與上主分裂的感覺。事實上，欲望只是匱乏的一種徵狀；其解決之道就是去化解你與**終極源頭**分裂的感覺。

阿頓：是的，葛瑞。但欲望能使這分裂之感變得更為真實。現在我們先著重在悉達多的體悟上，稍後我們再來探討他的法門所欠缺的一樣東西。他歸納所有的體悟後，得出一個最重要的結論：要化解那造出一切幻相的小我是可能的。印度教不僅對小我知之甚詳，而且知道小我只有一個，或他們所謂的「那顯現為萬象的一」。這世界的形形色色或你所見到的一切，都是小我妄造出來的。一旦找到化解小我的方法，你便找到化解幻相之因的方法！

悉達多就是在這階段發現了思想與信念的協同作用。我們必須清楚了解的是，雖然當時**印度教**是多神的信仰，但悉達多並沒有將這種信仰具體化，因為他們信仰的對象莫衷一是。許多印度教徒會從眾神中挑選一個，例如**濕婆**（Shiva）或**毗濕奴**（Vishnu），然後終生只專注於禮拜這位神。一神論出現於世是遲早的事，而且在悉達多的時代，當今三大一神論宗教之一的猶太教已經出現。但悉達多在心理上並沒有獻身於某位神祇，而是選擇專注於他所謂梵——亦即實相——的「**高我**」上。信念的力量就是要展現在這個地方。關於信念的力量，你聽過些什麼？

葛瑞：這簡單。**你終究會受到你選擇相信之物的影響。**

白莎：說得好。你選擇相信的東西，就是你認為真實的東西，因此你就會得到那樣的體驗。明白這一點後，悉達多將自己的信念從這世界撤回。經過數年的修行，他不再相信這世界；相反的，他把信念放到他認為最正確的地方，亦即相信梵或實相。

不僅如此而已。當悉達多不再相信這世界，這世界對他就越沒影響力，於是他開始真正體驗到人生越來越像一場夢。雖然他還沒完全找到解脫痛苦的方法，但他已經有很大的進步。悉達多繼續在東印度遊歷，教導他的智慧並化解他的小我。他沒有在物質上否定這世界，而是在心理上否定它；他拒絕相信它、忽略它，並將信心放在他所能感受到、在幻相面紗背後的實相上。

他離開王宮時是二十七歲。二十年後的某一天，悉達多正在教導弟子離苦得樂之道時，有一個人站在席地而坐的眾弟子後面，表情驚訝地看著這位大師。由於悉達多從小就與外面的世界隔絕，只有在王宮裡工作的人才認得他。群眾中的這個人認為大師應該就是悉達多。於是在眾人散去後，他走到前面看個仔細，並詢問大師是否記得他。他說他叫瓦德梅（Vadmer），曾在王宮的花園工作，還說王宮裡的人得知王子離開後，大家都很傷心。

悉達多既驚訝又好奇。他問瓦德梅多久以前離開王宮，瓦德梅回答大約兩年前。悉達多繼續問他耶輸陀羅的近況。瓦德梅鞠躬說，耶輸陀羅已於三年前發高燒病逝了。悉達多的眼裡開始出現淚光。他原以為自己不再受這世界的果相影響，但顯然尚未完全做到。不過他的眼淚並沒有持續太久，因為他聽到了後面這段話。

瓦德梅問悉達多，他的兒子是否有找到他？悉達多不敢相信自己的耳朵。他竟然有兒子！他既震驚又高興。妻子過世的傷心與得知有子的喜悅，這悲歡交錯的二元性使他不知所措。他問瓦德梅，他的兒子叫什麼名字？瓦德梅回答說，他的名字叫羅睺羅；他在母親病逝大約一年後，就離開王宮尋找他的父親悉達多。

這改變了悉達多的一切。從那一刻起，他只想做一件事：找到羅睺羅。他從瓦德梅口中得知兒子的詳細相貌。隔天，他開始往王宮的方向走去，並沿途問人是否看見一位二十歲左右的高瘦黑髮青年說要尋找父親。

葛瑞：哇，所以悉達多當時還沒完全悟道，只是他的學習和體驗已經很接近了。但他後來跑去找他的兒子。

阿頓：沒人會說他想找兒子有什麼不對。我們只是要提醒你，現在他在尋找那看似在他之外的某個東西。只要有某個東西是在你之外，就表示你把它當真了；於是你就不是處於一體的狀態，而是分裂的狀態。事情的演變再次喚起悉達多的欲求：想找到自己的兒子的渴望。欲望會導致痛苦，這是一種循環。

白莎：所以說，極少人準備好接受這絕不妥協的原則：**你把某人當成真實的那一刻，你就是在操練分裂**。

葛瑞：太好了，以後我演講可以用這句話當開場白。哈，開玩笑的。我懂你所說的。這讓我想起J兄對海倫個人說的一句話，但她後來把它分享出來。這是關於海倫無法對他人的請求說「不」的問題。J兄告訴她，如果她無法對他人的請求說「不」，就表示她尚未克服以小我為中心的習性。

白莎：是的，葛瑞。如果你無法說「不」，就表示你把它當真了。也就是說，你認為有一個真實的人，你必須做某件真實的事，來幫助他解決真實的問題。不過，我們的意思並不是說你不能答應幫助別人，而只是說你沒有**非得一定要**。

葛瑞：我明白了。反正只要養成跟**聖靈**一起做事的習慣，自然就會得到該怎麼做的**引導**。噢，天啊，我想到一件事。你們說悉達多在找一個能幫助他的人，而且他們有一天會找到彼此，那個人該不會就是他兒子吧？

白莎：沒錯。

葛瑞： J兄在那一世是他兒子？

白莎： 是的。

葛瑞： 你們的意思是說，後來人們稱之為「耶穌」的那個人是佛陀的兒子？

白莎： 完全正確。

葛瑞： 不會吧！不過，我得承認這是說得通的。畢竟這兩個人一路好幾世都相遇在一起。

阿頓： 但那一世他們還沒憶起彼此，因為他們尚未見到面。這是悉達多這麼久以來，第一次開始感覺痛苦，因為他非常想念自己的兒子。他帶著心中的渴望，經過一個村莊又一個村莊，用一年的時間橫跨整個國家，還是沒能找到彼此。

幸好，晚間休息及反省的時刻，悉達多平時訓練有素的心靈又逐漸恢復正念。很快的，他的內心又充滿了平靜。要記得，你學過的東西會一直與你同在。就算你暫時忘失所學，總有一天你還是會回想起來。開悟就是這個樣子。你會忘記真相，然後又憶起真相，直到有一天你再也忘不了。

白莎： 這一世的羅睺羅也對各種靈修法門知之甚詳，同時也憶起前世所學的許多東西。

悉達多和羅睺羅都有堅持不懈的個性。你知道的，這是走在靈性道途上的人最重要的特質。當時羅睺羅已經尋找父親三年了，但他們父子仍堅決要找到彼此。然後有一天，在一個小水塘邊，羅睺羅忽然有一種莫名的興奮感，好像認出某種非常熟悉的東西。他轉身一看，悉達多就站在他的面前。他們立刻就認出彼此。他們沒有擁抱，也沒有興奮的雀躍。因為當時這些行為被認為是不莊重的。他們只是彼此鞠了一個躬，悉達多的眼睛出現了喜悅的淚水。

他們找了一個地方促膝長談。他們有好幾小時的時間，都在談論他們這一生的故事；但同時他們也知道，那也就只是故事而已。接下來的幾週，他們回憶起前世的事和所學的一切，並且知道累世以來彼此曾經是對方的什麼人。於是他們作了決定：他們要一起度過餘生，學習尚需學習的東西，並將所學應用在人生夢境中發生的一切。他們將一起得到救贖。

他們的學習突飛猛進，不僅明白悟道所必須了解的一切，並且還能加以實際應用。他們知道自己必須澈底化解小我，於是努力練習不把夢境當真。悉達多的痛苦很快就療癒了。最後，他們找到重要的一塊拼圖：既然夢境不是真的，就沒必要渴望它；沒有了渴望，也就不會有痛苦。他們甚至把佛教的這個教理更推進一步。既然身體只是夢境的一部分，身體就不是真實的；那麼你所感受到的痛苦，也不是真實的。換句話說，你不是感受到真實的痛苦，而只是作了痛苦的夢。由於夢境只存在於你的心靈，因此你可以改變你的心靈對於夢境的看法。

你晚上躺在床上作夢時，你的肉身並沒有真正在夢裡，只有你的心靈。同樣的，你稱之為「人生」的這場大夢，以及你所謂的清醒時刻也是如此。你的肉身並不是真的在這裡；它不過是同其他任何事物一樣，都只是一種投射。

悉達多和羅睺羅寬恕了他們的人生。他們寬恕自己在王宮中感受到與世隔絕的疏離感；他們放下想念耶輸陀羅的傷痛。但這不代表他們忘記這些東西。有些人錯誤地以為，當你完全寬恕某樣東西，這東西就澈底從你的心靈消失，然後你再也不會想到它。但事實並非如此。其實差別只在於，當你再次想起過去的傷心事，它已無法對你造成任何的影響。它變成中性的，再也不會令人感到傷痛。從這一點也可以看得出來，你到底有沒有真正寬恕。當時悉達多和羅睺羅並不是用寬恕來想這件事；他們只是認為這是一場夢，不必把它當真。事實上，這是寬恕最重要的領悟。不過，他們還遺漏掉一步。他們自然而然也發現了這一點，因為他們的覺知已經大幅擴展。而這一步也成為他們最後一世最重要的焦點。

葛瑞：很久以前我研究佛教時，得知佛教有所謂的四聖諦。他們當時也宣揚它嗎？

白莎：他們當然了解這些東西，包括八正道。但是別忘了，佛教是後來才成為宗教的。身為佛陀的悉達多並不是佛教徒，佛教是他的追隨者後來才成立的。沒錯，悉達多在那一世的晚期有再收一些弟子；但這些弟子跟現今大多數人一樣，很難持續堅持一體論。然而綜觀這一切，佛教確實包含許多偉大的真理，能夠幫助人們保持正念。

我們那兩位朋友持續精進修行，直到他們的心靈能告訴身體該感受什麼，而不是身體告訴心靈該感受什麼。他們已抵達全然的本因之地而不再處於枝末的果境；換句話說，現在他們是世界的源頭。他們已達到梵的狀態；他們已成為非二元的生命體。

悉達多活到八十二歲，羅睺羅只活到五十二歲。但這並不重要。因為他們待在一起三十年，並且已能自主這個世界。現在，只剩下一件事還沒完成。有一天，羅睺羅告訴悉達多：「我想你知道，我們還漏掉了一件事。」悉達多回答：「是呀。我們一起走到這境地，我希望我們能一起在那與我們彼此**一體**無別的**上主**裡覺醒。」接著，他又幽默地補充說道：「下一次換你當師父。」

悉達多和羅睺羅知道他們還得再轉世一次；倒不是因為他們自己需要，而是其他的眾生需要他們。他們原本可以選擇在那一世完成自己的功課；但他們後來了解到劇本已經寫定，他們得在一個更大的計畫中扮演好各自的角色。有時為了幫助眾生指出正確的方向，就必須要有一位大師出現於世；這位大師甚至還得以身作則教導眾生一、二件看似重大的功課。他們兩人都知道，他們在人間的最後一世將體驗到他們的天命；當他們返回**終極源頭**的**一體性**時，上主將親自踏出最後的一步。

當羅睺羅染上同他母親一樣的疾病而離開這具身體時，他知道最有意思的一世即將展開。他非常的開心；他已準備好要繼續完成這項任務。如同《奇蹟課程》後來說的：「**他已經整裝待發了，又有許多強而有力的弟兄與他同行。**」[1]

下篇

公元後

6 耶穌與佛陀的最後時光

我問他：「主啊，人要如何看見異象（vision）？是用靈魂，還是靈性？」他回答說：「既不是用靈魂，也不是用靈性，而是用這兩者之間的心靈。」

——抹大拉馬利亞福音

我迫不及待地想聽J兄和佛陀最後一世的故事。根據我上師的說法，佛陀和J兄還要轉世一次；但不是為了他們自己，而是為了幫助其他眾生。我一直在猜，佛陀在這最後的如幻歲月會是哪一號人物。但後來我還是決定讓阿頓和白莎為我揭曉答案。

我對身為佛陀的悉達多和扮演他兒子羅睺羅的J兄深感興趣，也對佛教的義理深感著迷，雖說佛教是後來才發展出來的。事實上，佛教在印度從未真正大行其道，反倒是印度教一直都很興盛。公元二世紀時，佛教越過喜馬拉雅山流傳到西藏和中國。後來部分的佛教與道家融合演變成中國禪

（chan）。大約九百年前，中國禪又流傳到日本與J兄和佛陀重要的第一世所學的神道結合，並進而演變成日本禪（Zen）。日本禪帶進了「世界只是摩耶（Maya）或幻相」的概念。佛教禪宗非常重視靜坐，也有棒喝的傳統教學法，但不重視表面的信仰。我在EST訓練班也見識過這種棒喝的教學法。EST是融合東西方的訓練方法，同時也是我這輩子接觸靈性的開始。EST運用所謂的靜心步驟或引導靜心取代禪坐來讓人的心靜下來。

我這一生沒學過禪，但我四十多歲、當時還住在緬因州時，我就知道自己一定有一世是禪門弟子。那時候的我越來越專注於靜坐，而且非常得心應手，雖然我從未受過禪修訓練。原來這是我久遠以前的禪修記憶。我很快就能達到一念不生的絕對寧靜，心靈也因此獲得休息並充滿了平安。儘管靜坐本身並非《奇蹟課程》的一部分，但〈學員練習手冊〉後面的幾課頗有冥想的味道，並涉及邁向上主的方法。我發現，我的靜心能力對於《課程》的操練大有幫助。

我對耶穌或J兄的故事非常熟悉。我不只是在《聖經》上讀到他的故事，而且也透過一些在基督信仰崛起後，躲過被教會銷毀的劫數的非主流福音（alternative Gospels）來了解他，儘管我讀的並不是原始的文本。後來J兄在《奇蹟課程》中談到他自己的許多事，我的內在嚮導和直覺告訴我，這才是耶穌最真實的話語。

不過，我還是等不及要聽阿頓和白莎談論這兩位大師。當我的朋友——後來我才知道他們是聖靈化為阿頓和白莎的形象出現——再次現身時，他們二話不說就直接切入主題。

阿頓：我們要告訴你一個故事。有些內容是你熟悉的，有些是你沒聽說過的。我們不會告訴你整個故事的內容，因為那樣你得再寫一本書才行。但就本書的目的而言，我們告訴你這些就夠了。

白莎：大約兩千年前，有個叫拿撒勒（Nazareth）的城市。這城市現今還在，但已不是昔日的樣貌了。當今世界人口高速成長，很難想像當時被視為大城市的拿撒勒，其實人口只有五百人左右。那時候有幾個人在這座城市出生，並且後來結識成為莫逆之交。大約在同一時期，另外有幾個人在耶路撒冷出生，他們後來與拿撒勒的那群人有非常密切的關係。事實上，人們往往是集體在時空中旅行。此外，人們並非真的是人，只是看起來像是人罷了。

葛瑞：你們曾說過，有些人是走在彼此的軌道上。即使他們看似分離，但由於他們是走在彼此的軌道上，所以注定會再次相遇。

白莎：確實如此。你也可以把一群人想成是一群魚，他們會想在一起度過所謂的人生。當時拿撒勒城在數年內誕生了三個後來關係密切的人，他們的名字分別是約書亞（Y'shua）、馬利亞和納達夫（Nadav）。我們會一如往常，直接稱呼約書亞為J兄，也就是西方人家喻戶曉的耶穌。馬利亞指的是抹大拉的馬利亞，可別與J兄的母親瑪利亞搞混了。而納達夫就是我們之前說的佛陀或悉達多的轉世。J兄和馬利亞後來都成為檯面上的人物；相反的，納達夫則是退居幕後的高人。納達夫是J兄的門徒之一，也曾寫下福音，我們稍後會談一點關於這部福音的事。此外，納達夫也是相當沉默寡言的人。

他們三人是青梅竹馬，從小就玩在一起也一起長大，並成為一輩子的朋友。順帶說一句，馬利亞就是神道時期佐華和弘慈所愛慕的女子惠美的轉世。而在耶路撒冷城有四個年紀相差沒幾歲的人，後來也成為終生的好朋友，他們的名字分別是多瑪斯、達太、安德烈（Andrew）和司德文（Stephen）。多瑪斯和達太是在青少年時期認識的，後來彼此成為最要好的朋友。你也知道，當時的多瑪斯就是我，達太就是阿頓。達太是同性戀，他最重要的伴侶安德烈也是同性戀。大約在平均年齡二十歲左右，耶路撒冷的這四個人結識了拿撒勒的那三個人。

葛瑞：我記得當時同性戀是違反猶太教律法的，好像會被處死？

白莎：噢，是的，那古老的〈利未記〉（譯註：舊約《聖經．利未記》明言禁止男人之間發生性關係，並說其罪足以治死）。你引發我的鄉愁了。哈，開玩笑的。不過，你說的沒錯，達太和安德烈不能明目張膽透露他們的性傾向。他們怕的當然不是羅馬當局，羅馬人不過是愚蠢的野蠻人罷了；但同性戀違反我們當時的律法。

阿頓：J兄、馬利亞和納達夫從小就與眾不同，十歲時便能讀出對方的心思。他們經常開玩笑說：「哈，我知道你在想什麼！我知道你在想什麼！」他們確實有這種能力。由於前世的學習與修練，他們的小我化解得差不多了，因此沒有小我干擾他們與其他看似分裂的心靈連結。當然，心靈從未真正分裂過，因為心靈只有一個；但大多數人並沒有體認到這一真相。

到了青少年時期，他們已有能力預見未來。他們前世也有一些預見未來的能力，但這一世達到了巔峰。他們三人都憶起過去的一切，並想起所有該憶起的學習內容。事實上，沒有人能一下子就憶起一切。因為過多的資訊同時進來會導致系統超載，人是無法承受的，所以必須一點一滴地憶起。畢竟你得覺察眼前的一切，並且要有能力先處理好當下身邊的事物才對。這就是為什麼我們將你第二本書的其中一章命名為〈問題在這輩子，笨蛋！〉的原因。但當時我們這三位主角跟你現在不一樣，他們已經沒有東西要學的了。大師的最後一世往往不會有太曲折的學習歷程，因為他們已經知道悟道所必須了解的一切。那麼，他們為何還會在這裡呢？通常只是為了替眾生指出正確的方向。有時候總是需要有人為我們指出方向，而他們確實是極少數知道正確方向的人。事實上，聖靈也將這納入祂的救恩計畫中。

葛瑞：馬利亞為什麼進步這麼快？她在其他世也認識J兄和納達夫嗎？

白莎：噢，是的。她在不同的時期教導過他們，但她與他們的關係並沒有像J兄和納達夫在一起的那幾世那般親密。只有到了最後這一世，親密關係的體驗才保留給J兄和馬利亞。從這一點也看得出來，他們已經成功地學會不把身體當真了。倘若你能寬恕你在身體及心理上都很愛的人，並了解這一切只是一場夢，那麼你便已戰勝那將你捆綁在世間的束縛。馬利亞雖然沒學過像J兄和納達夫那樣的功課，但她有自己的個人經歷，也在其他世當過男人和女人，最後達到同J兄和納達夫一樣的覺醒境界。你還記得《多瑪斯福音》第二十二條語錄嗎？它其中有一段說：「**你若能把男的女的都視為同一個，那麼男的就不是男的，女的也不是女的了……那麼，你就能進入天國了。**」

在他們三人的眼裡，每個人都是聖靈，同他們的造物主一樣非男非女。當然，早在《多瑪斯福音》被埋藏在拿戈瑪第（Nag Hammadi）前，後人就將一些二元論的語錄添加在裡頭了。也因為這樣，我之前才會給你原版的《多瑪斯福音》——或至少是最貼近原意的英文版本。

（註：修正版的《多瑪斯福音》請參閱我第二本書《斷輪迴》〔*Your Immortal Reality*〕第七章〈白莎的多瑪斯福音〉。）

阿頓：還有，青少年時期的J兄、馬利亞和納達夫，他們會去埃及的亞歷山大圖書館。倒不是因為他們還需要學習什麼，畢竟他們已經知道所有重要的一切。他們其實是因為喜歡那地方，樂於徜徉在智慧的書海裡。他們會建議識字的朋友去那裡閱讀某部作品，因為他們知道哪些書對哪一類的人有幫助，並鼓勵人們精進學習。同樣的，這也是聖靈救恩計畫的一部分，我們稍後再來談論它。事實上，這救恩計畫是從時間的盡頭往回規劃的。

他們能引經據典，並且知道經典的哪一部分來自**聖靈**，哪一部分來自小我。隨著你的覺醒，你會看出這兩者的區別。他們會專注在來自**聖靈**的部分，並與其他人分享。

大衛的詩（the Psalm of David）是他們最喜歡的經文之一。有趣的是，〈詩篇〉第二十三篇談的不是死亡，卻經常被用在葬禮上：「**我雖然行過死蔭的幽谷也不怕遭害，因為你與我同在。**」它其實談的是無懼的生活方式，因為你知道**聖靈**一直在身邊看顧著你。

到了二十來歲時，我們那三位朋友知道他們應該外出遊歷，分享他們的所知給那些願意聽的人。他們以前常去耶路撒冷的神殿；但在外出遊歷前，他們又去了一次神殿。就是在這一次，他們與多瑪斯、達太、安德烈和司德文有了長時間的交談。這四位靈性高超的朋友雖然尚未達到三位大師的覺醒程度，但他們一見如故，彷彿是一群老朋友再次團聚，儘管這是他們那輩子第一次促膝長談。事實上，三位大師之前從拿撒勒到耶路撒冷時，就曾與他們簡短地照過面。而我們談過J兄和B兄的那幾次轉世，他們也都曾斷斷續續地相聚，成為彼此的父母、兄弟姊妹、戀人、朋友或甚至是敵人。但現在該是他們一起啟程去完成使命的時候了。

葛瑞：好酷喔，就像電影《福祿雙霸天》（*Blue Brothers*）中說的：「為上帝的使命出發！」

白莎：差不多就是那樣。

葛瑞：為什麼他們之前沒什麼交談？

白莎：那四個人可以感覺到三位大師已達到很高的覺知狀態，因此對他們懷有敬畏之心。但現在該是他們七個人結合在一起的時候了。

這段時期即是現今所謂J兄「失蹤成謎的歲月」的一部分。這失蹤的歲月從J兄十二歲時在神殿教導拉比的真實故事開始，一直到他與朋友遊歷世界回到耶路撒冷開始「正式」傳道為止。J兄這段時間並沒有失蹤，只是大部分人不曉得真正的事實而已。我記載了許多關於這段歲月的事，其中包括我從二十歲剛認識J兄，到我三十歲、他三十三歲被釘上十字架，他所曾說過的許多事情。但我記載的這些內容，後來幾乎全被教會銷毀了。

葛瑞：他們肯定是「出於好意」，這些討厭鬼。

白莎：別暗地裡不爽。

葛瑞：嘿，我這人就是這樣。

阿頓：我們花了大約七年的時間，與這三位悟道者到他們決定去的地方。其中有一站是埃及。我們四個人是第一次去亞歷山大圖書館，所以感到新奇又興奮。我們沿著尼羅河南下到盧克索神殿，北上到金字塔。不論到哪裡，我們四個耶路撒冷人就會安排時間地點讓J兄跟大眾說話。我們會大力宣傳，讓更多人來聽J兄講道。

葛瑞：你們是他的組織幹部？

阿頓：是的。大多數時候一切都很順利，來聽講的民眾也都很驚奇，因為J兄的教導有無可置疑的權威性。有些人志願當義工為我們事先張羅一切，並確保我們有的吃住的地方。那段時間其實是很有意思的，至少大多數的時候是如此。當然，我們有時候也會遇到不友善的人，不過都沒什麼大礙。納達夫和馬利亞偶爾也會跟J兄討論他的傳道內容，我們也會在一旁聆聽。他們毫不妥協地堅持，這世界是虛幻的，我們真實的生命與上主同在。納達夫會開玩笑說，他跟馬利亞一句話都不必講，讓J兄一個人當老師就好。但後來我們回到家鄉，馬利亞也開始講道。

J兄不會特別費心去見法老或國王，因為他認為眾生平等，每個人都一樣重要。我們的足跡遍及一部分的非洲和英國巨石陣，一路跨越歐洲到今日的土耳其和印度。有時候我們會加入沙漠的商隊尋求保護，因為當時割喉取財的盜匪橫行，很多人就這樣死了。J兄一點都不害怕；但他還是會做出合理的安排，以確保我們其他人的安全。我們每到一個地方，三位大師就會想起前世在當地的許多回憶。但他們會把焦點放在如何影響人們的人生方向，從而讓他們也能影響其他人的人生和心靈。

白莎：關於這三位大師還有一件神奇的事，那就是他們每到一個地方便能講當地的語言。由於當時大多數人都是文盲，我本來還因自己的讀寫能力而自詡為聰明人，但他們三位竟然會講所有的這些語言。這些年來，我只能寫下我聽到J兄用阿拉姆語（Aramaic）宣講的內容；但實際上，J兄已經把智慧傳授給三大洲的無數眾生。

眾所周知，大約在J兄被釘上十字架的二十年後，使徒保羅曾在雅典的巴特農神殿講道。但很少人知道，J兄在返回拿撒勒之前就曾在那裡講道，足足比保羅早了二十四年。當時人們對J兄的真誠和睿智都讚嘆不已。

葛瑞： 那裡有多少人？我一直很好奇當時會有多少人聽講。

阿頓： 大約四千人。最多的時候大概有五千人，但那是後來在耶路撒冷城外的講道。那次是因為四處有人謠傳說，J兄就是彌賽亞。當然，J兄自己從來沒說過這種話。但你知道的，人們總是語不驚人死不休。畢竟他們在身體和心靈上也渴望獲得救贖，不過這並不是重點。

事實上，當時有許多追隨J兄、並想了解他的教誨的人，就是現今那些《奇蹟課程》的學員。這也說明了這些學員為什麼這輩子會受到《課程》的**聲音**吸引。

葛瑞： 可是人們怎麼聽得見他說話？我的意思是說，他的嗓門怎麼可能大到連人群後面的人也聽得到？

阿頓： 這是個好問題。並不是每個人都聽得見他說話，但當時有專門的人會複誦演說者講的話。J兄會用他們的語言講一段話，接著每隔十五公尺左右，會指派一個人複誦他所講的內容給後面一群人聽，以此類推。儘管這會花一點時間，但每個人都可以聽見他所要傳達的訊息。這方法雖不完美，卻運作得相當好。

葛瑞： 真好玩。這讓我想到一件事。不是有人能背下整齣戲劇，然後到各個城鎮說書嗎？這些人就是靠說書維生的，對吧？

白莎：是的，你可以運用一些心理技巧來記憶東西。但我們還是言歸正傳吧。

阿頓：希臘之行結束後，我們啟程返回故鄉。因為J兄還有傳道及注定的使命要完成。至於納達夫，他同J兄和馬利亞一樣展現出大師的典範。他是個神奇的人，具有悟道者的特質。他跟J兄和馬利亞一樣無所畏懼，全然明白所謂人生不過是南柯一夢；除非你把夢中的事物當真，否則沒有任何東西能影響你。他的心境是，就算有人死了也沒什麼大不了，因為他們的心靈會繼續作夢下去，直到他們有一天從夢中醒來。一旦醒來，他們就回到家了。

納達夫還有幽默的特質，喜歡對所有的事物作出有趣的評論，尤其是對羅馬人。他沒有任何惡意，比較像是在嘲諷人們那種認為征服別人是很了不起的愚蠢想法。譬如他會說：「就讓凱撒擁有全世界吧！何必為了虛無如此大費周章？這世上的東西，有哪一樣是你大限來時帶得走的？我們最後都是不虧也不盈。你生不帶錢財來，死也不帶錢財去。對我們所有人來說，這只是個不賺不賠的遊戲。重點是，你從中學習到什麼？你寬恕了這一切嗎？」

我們回到拿撒勒後，J兄開始教導他自己家鄉的人。J兄這次是特地為那些準備好的人回來的，但許多尚未準備好的人也在某方面獲得受用。

J兄在當地的猶太會堂說話時，我們所有人都去了。大部分的鄉親都認為他只是來問候大家，他還是約瑟家那個謙遜的兒子。但是他走上台說：「今天，經典的預言應驗了。」J

兄要表達的是，不只他是彌賽亞，在上主的天心中，人人都是彌賽亞；我們都是**一體**的。但在場的人卻聽成J兄是在說，他就是經典中預言的彌賽亞。最後他們群情激憤，J兄能活著走出來算是走運了。

白莎：我們並沒有在拿撒勒這一帶停留太久。我們可以感覺到此地不宜久留，因為人們大聲威脅要用石頭活活打死我們。J兄知道，先知往往很難被家鄉的人接受。

葛瑞：他那句「在家鄉很難發財」，就是在那時候說的嗎（譯註：耶穌的原話是：「沒有先知在自己家鄉被人悅納。」〔〈路加福音〉第四章二十四節〕葛瑞故意把「先知」（prophet）唸成「發財」〔profit〕）？

白莎：看見他們三人的一無所懼，我們明白了一件事：他們已經不是人了。他們不再與那看似存在的身體認同；他們已經完全憶起上主；他們已經體驗到自己與上主的**一體性**和**圓滿性**。但他們並不覺得這有什麼了不起，只是如實就事論事罷了。達太、安德烈、司德文和我，都對他們生起敬畏之心。不過對他們來說，敬畏之心只適用於上主，不應該用在兄弟姊妹之間。

我們前往我們四人當初遇見他們三人的耶路撒冷。J兄的兄弟雅各（James）是耶路撒冷的首席拉比。雖然好幾年沒見到他，但我們知道他是非常傳統又保守的人，幾乎跟J兄完全相反。不過他是個好人，待人很和善。我們都被邀請到雅各家，大家輪番上陣告訴他我們在外的冒險經歷。他聽得很入神。但是當J兄試著向他解釋我們與上主的**一體性**，以及我們都是上主唯一的聖子時，雅各就變得興趣缺缺。他會禮貌性地聽一聽，然後說大家該上床睡覺了。

第二天，J兄決定離開耶路撒冷到郊區去。因為那裡的人比較沒機會去猶太神殿，或許會樂於聽見我們在上主內都是一體的真相。雖然J兄知道那裡也會有一些人不喜歡聽到這一真相，但他已為即將來臨的一切做好準備。當時達太和我並不知道，原來J兄、馬利亞和納達夫早就知道即將發生的一切。他們知道J兄在短短幾年內就會被釘上十字架；他選擇以這種方式來教導人們身體的毫無意義；身體與我們的本來面目、我們的真實所在完全無關。

我們走了幾個星期來到加利利海，並在那裡遇見那位捕不到魚的漁夫彼得。你們聽到關於J兄帶著彼得、我們和其他人出海捕魚的故事是真的，而且他確實有能力可以讓暴風雨停歇、海浪平息，因為他已經能夠主宰夢境。他並沒有用這能力為自己謀取什麼，而是儘量利用它來為當時的人們展示，我們所見的一切其實都是源自於自己的投射，因此我們可以主宰它。但大部分人還沒準備好要聽這一真相，所以J兄大多數時候會用寓言和故事來教導不同程度的人。

阿頓：彼得跟他的一些朋友決定加入我們追隨J兄。彼得是第一個承認自己不是世上最聰明的人，因為他有一段時間聽不懂J兄在講什麼。J兄被釘上十字架後，彼得、雅各和後來的保羅三人成立了新宗教。J兄雖然從沒打算要成立宗教，但他早已預見這件事的發生。不過這並不重要。因為J兄看每一個人都是平等的，在他心中沒有分裂這一回事。

我們七個早期跟隨J兄遊歷世界的人是最了解他的，但他並沒有對我們另眼相待，或將我們視為圈內人之類的。他只是會花一點時間與我們私下交談，因為他知道我們能懂他在講什麼。後來的一些門徒很嫉妒我們，尤其是嫉妒馬利亞。因為J兄會在公開場合親吻她，這在當時是不合時宜的。此時我們就會調侃他說：「喂，難道你不知道你不是一具身體嗎？」接著我們就哄堂大笑。

白莎：你知道的，我那一世是多瑪斯。那時候人們偶爾會叫我「多馬」（Didymus），意思是雙胞胎。我長得並不完全像J兄，但確實有幾分神似，人們經常認錯我們兩個。有一次我穿J兄的衣服假扮成是他，真的沒有人認得出來。但我一開口就露餡了。我真的無法和他相提並論。

記得剛認識J兄後不久，我決定送他一個禮物。我說過，當時大多數人是文盲，而我們兩個人都懂得讀寫。我送給他幾支羽毛筆和一些羊皮卷，他看起來非常開心。但他隨即又把它們交還給我。他說：「你就用這些紙筆來擔任我筆錄吧。將我說的話寫下來，我會感到很榮幸的。」

其實，我也感到很光榮。我用心地寫下J兄說的每一句話，以便流傳後世。

葛瑞：難道J兄不知道你寫的東西將來幾乎都會被銷毀嗎？

白莎：噢，他知道。如同我之前說的，他知道每一件事。但我不知道。我想，他當時會叫我擔任筆錄其實是為了我，因為他知道這樣能有助於我的學習。

葛瑞：這個我懂。以前在緬因州時，我有時候習慣一邊讀《課程》，同時一邊聽《課程》的錄音。可能是因為我的視覺和聽覺同時沉浸在《課程》的訊息裡，我感覺好像能了解得更深入。

白莎：這樣很好，也許現在會有更多人嘗試這個方法。總之，我不只寫下《多瑪斯福音》，同時我也是《師父的話》（*Words of the Master*）的作者，我們在首次造訪你時曾跟你談論過它，現今的學者則稱它為「Q福音」（Q Gospel）。它在被教會銷毀前，馬可、馬太和路加這三部福音都曾從中借用許多相同的語錄。這就是為什麼它們讀起來會如此神似，並被稱為「對觀福音」（synoptic Gospels）的原因。

葛瑞：哇！你怎麼不早點告訴我《師父的話》是你寫的？

白莎：因為當時你的資訊已經多到應付不來了，老弟。別忘了，《多瑪斯福音》、《Q福音》、《抹大拉馬利亞福音》（Gospel of Mary）和《腓力福音》（Gospel of Philip）都是在所謂的「主流福音」之前寫下的。今天你們在《聖經》上讀到的那些福音，其實都是它們的作者從我寫的那些內容擷取他們喜歡的或符合其神學的語錄，而捨棄他們所不認同的。他們相信的是保羅的神學。保羅的真名叫掃羅（Saul），他寫給早期教會的那些書信後來變成他們的福音書。沒錯，這些書信也有很優美的詞句，甚至有些內容也來自於**聖靈**；但它是一個大雜燴，不是純正的J兄教誨。基督信仰是建立在保羅的神學上，而不是建立在保羅冒昧地想要一味模仿的J兄的教誨上。

人們總以為他們了解這些大師的教導；但這些大師談的都是一體論，他們不會把幻相的世界當真。對J兄、馬利亞和納達夫來說，只有上主是真實的，其他都是虛妄的。但人們總是會把它曲解成二元論。如同納達夫說的：「看起來好像有兩個世界存在；一個是上主的世界，一個是人的世界。但只有完美**一體**的上主世界是真實的，其他的根本不存在。」只有一個世界存在，葛瑞，那就是上主的世界。這不是一體論，而是**純粹**一體論。因為它認定上主是**唯一的終極源頭**和**唯一的實相**。

你要記住，J兄、納達夫和馬利亞之前都學習過偉大的吠陀導師商羯羅的教導。他教導的是，絕對的**實相梵**完全與現象世界無關！這三位大師在最後一世相信，上主和祂的**天國**也與這如夢如幻的現象世界完全無關。如果你覺得我們太過於強調這一點，請務必記住，若不了解這一點的話，是**絕不可能**實踐J兄、馬利亞和納達夫他們在最後一世所實踐的寬恕的。

完成《多瑪斯福音》後，我花了數年時間在旅途中寫下《師父的話》。別忘了，最早期的福音，包括《多瑪斯福音》、《抹大拉馬利亞福音》和《腓利福音》，都只有條列式的語錄，而沒有詳細記載的故事。但在《師父的話》，我確實寫了一些故事進去。但它們卻被那些不在場的後人斷章取義，與其他的虛構故事混淆在一起。最後，《師父的話》也同所有非主流文獻的命運一樣，在公元四百年遭受教會銷毀。有一些躲過劫數的非主流福音在公元三二五年左右被埋藏起來，並於一九四五年重見天日。不過，《師父的話》並不包括在裡頭。

因為教會摧毀得最澈底的就是《師父的話》；不僅是因為它教導了一體不二的真相，而且它還把抹大拉的馬利亞視為等同於J兄的開悟大師。教會當然無法容忍這一點。

大家都知道，公元三二五年的尼西亞會議制訂了尼西亞信經（canonical Gospels）。但大多數人不曉得或忽略的是，公元三八一年的一場會議決議，凡是流通非正典福音者一律處死。那就是由羅馬皇帝狄奧多西（Theodosius）召開的第一次君士坦丁堡公會議。當時這位皇帝千方百計想挽回帝國的頹勢；他想到的其中一個辦法，就是成立基督信仰的宗教，因為那時候有廣大的群眾支持。不過大勢已去，羅馬帝國最後還是滅亡了；但宗教卻留了下來。

現在，我要告訴你另一件驚人的事。我們談的納達夫，我們用的是他真正的名字，他其實就是《聖經》中的門徒腓利（Philip）。《聖經》的翻譯並沒有使用門徒的真名。腓利因為經常陪伴在J兄身邊，所以成為著名的十二門徒之一。但實際上，他的開悟境界與J兄無二無別。大多數人之所以不曉得這件事，是因為他很少在公開場合發言。他是《腓力福音》的作者，同時也是除了J兄和馬利亞外，唯一不會再輪迴轉世的人。那一生已是他的最後一站。

葛瑞：噢，我快昏倒了。但我有個疑問。《課程》說J兄是第一個達到究竟圓滿的人。這意思是不是說，他比馬利亞和腓利——也就是納達夫、佛陀、悉達多等等——先悟道？

白莎：嚴格上來說，是的。但他們三人在這最後一世，還有一個最終的重要寬恕功課。那就是J兄被釘上十字架。這是J兄刻意選擇的課題，目的是為了教導其他人，而不是他真的還需要學習什麼。

J兄心中只有上主的愛，因為他的小我已經完全化解。一旦小我被澈底化解，你就只剩下純然的愛了。除非你完成所有的寬恕功課，從而讓聖靈澈底療癒你的心靈，否則你是無法教導愛的。你會在愛裡進進出出，時進時退。但只要小我一離開，愛自然就出現了。因為愛原是你的本來面目。J兄已經完成這項工作；馬利亞和納達夫雖然已經療癒，但他們還得再經歷一次考驗，以確認他們確實再也不受這世界的任何影響了。這考驗就是目睹他們摯愛的J兄被釘死在十字架上。

我們七個人、彼得、還有幾位在記載上著墨不多的人，一起追隨J兄大約三年的時光。這段期間，我們除了對J兄感到讚嘆外，J兄、馬利亞和納達夫也對我們及其他人充滿了慈愛，於是我們都很想成為像他們那樣的人。

那位在福音書中記載不多的司德文，他與J兄有許多相像的地方。不過，他的脾氣可不太好，可以說他是有稜有角的J兄。就在J兄被釘上十字架的數年後，他被人用石頭活活打死。這對當時的我們來說，算是一種職業災害吧。

J兄的親兄弟雅各，與彼得和保羅共同開創了基督信仰；但雅各其實並不希望基督信仰與猶太教分開。他曾試圖融合這兩者，最後還是發現行不通。雅各在第一次猶太人起義期間，被羅馬人從神殿頂端推下後殉道。但與我們不同的是，他至少還活到年老。

你知道那一世的我，多瑪斯，在印度發生了什麼事。我的妻子伊莎（Isaah）、馬利亞、達太和安德烈都親眼目睹我被斬首。伊莎傷心欲絕，幸好有馬利亞、達太和安德烈極力安慰她。最後他們都回到拿撒勒，後來又輾轉到法國去，並在那裡終老。馬利亞是運用神通出現在法國，其他人則是用雙腳走路過去的。有人說馬利亞和J兄生有子嗣，這並非事實。馬利亞視身體如蔽屣，明白沒有必要再妄造其他的身體。

但這並不是在評判選擇生兒育女的人。如果你選擇生孩子，馬利亞只會跟你說一件事：別忘記一切都是為了寬恕。寬恕的關係就是**神聖的**關係。只要你寬恕一切，一切就成為你的助力。

J兄被釘上十字架後，納達夫在拿撒勒待了幾年。他覺得自己已經旅行夠了。最後他來到庫姆蘭（Qumran）與厄色尼派（Essenes）的人待在一起，雖然他對他們的教義並不感興趣。厄色尼派的人對古經典的研究及古卷的保存有更大的熱情。納達夫寬恕了他們；當他們敞開心胸不再那麼拘謹時，納達夫也會與他們開開玩笑。他就是在這段期間，根據自己的回憶寫下《腓利福音》的。

關於J兄、馬利亞和納達夫，有三件事我希望你銘記在心。首先，寬恕一切，是他們永不妥協的原則。他們已經學會寬恕；但他們與眾不同的地方是，他們是真正活出寬恕來。他們對於指出別人的小我錯誤不感興趣；他們只會無視於這些錯誤，並且知道別人真正的身分及本來面目。他們會忽略那蒙蔽真相的面紗，直接看見我們所有人內在那圓滿又永恆的燦爛光明。

再者，是愛。他們的愛大到深不可測；就算我們有能力見賢思齊，恐怕也難望其項背。《聖經》和《課程》都說，完美的愛驅逐一切恐懼。他們已經一無所懼；他們的愛是完美的。他們沒有恐懼，是因為他們已經沒有小我。

最後，他們是喜樂的。他們不虛偽做作，快樂地生活著。不抱怨，也沒有任何怨尤。對他們來說，喜樂是常態，處處都可以看見喜悅。

只要你的心中有聖靈，你便能分辨出《聖經》中哪些話是出自於J兄，哪些話是出自於《聖經》作者的小我編造出J兄從未說過的話。J兄是前後一致的人。事實上，如果你去翻《課程》的〈教師指南〉，你就會發現「前後一致」正是《奇蹟課程》對於「真誠」的定義。

阿頓： J兄被釘上十字架的過程中，他絲毫沒有痛苦的樣子。那些羅馬士兵對此感到生氣又害怕。於是他們其中一人對他叫囂說：「你這個人怎麼都不痛苦？」J兄回答：「只要心中沒有罪咎，就不會有痛苦。」那名士兵聽完後，氣得用長矛刺向J兄的肋部，但J兄一點反應也沒有。那名士兵見狀變得更加害怕，最後竟然跑走了。

當J兄決定捨去這最後一次的身體時，他抬頭望著馬利亞，臉上泛起非常溫柔的笑容。馬利亞也用同樣的笑容看著他。就在這眼神的交流中，彼此都明白J兄已經戰勝了死亡。納達夫也看出來了。他們三人就這樣溫柔又微妙地在彼此之中證入實相。

由於J兄的死對他們一點影響也沒有，因此納達夫和馬利亞知道，他們再也不會回到這世界輪迴了。《聖經》和《課程》都認為：「**最後有待克服的大敵即是死亡。**」馬利亞和納達夫在J兄的葬禮上緊緊擁抱後，從此各奔東西。

史上前三位悟道者終於完成他們的使命。沒錯，早在他們之前就有人知曉開悟所必須知道的一切，甚至已經活出它來，例如商羯羅和老子。但他們還遺漏了一件事。如果你還沒完全承認上主，並認出**祂**才是**唯一**的實相，你就無法澈底化解你與上主的分裂。

同樣的，這就是為什麼《奇蹟課程》會說：「**只為上主及其天國而儆醒。**」[1]

葛瑞：謝謝你們，我想我懂了。

阿頓：朋友，要儆醒。我們還有很多東西要談，我們會再回來的。

白莎：祝你安好，老弟。

我知道兩千年前發生的許多事。但聽阿頓和白莎一講，好像又把我帶回以前的回憶，並且學習到更多的東西。那天晚上睡覺時，我對J兄、馬利亞和納達夫的一切心懷感激，並更加深我對他們的愛和感恩。儘管這三位眾師之師已歸於無相，但他們又再次助我一臂之力。

7 諾斯替教派

諸事本無好壞，全是想法使然。

——莎士比亞《哈姆雷特》

某個冬日的夜晚，就在我的上師開始進行本書談話的幾個月後，我在臉書、推特及一個專門討論我的著作和《課程》的雅虎討論群組，發表了以下的貼文。這則貼文訴說著我那天晚上的感受。不久，我也將它轉寄給電子郵件聯絡名單裡的人。

昨晚，我坐著觀賞網飛（Netflix）播放的電影時，辛蒂帶著嚴肅的表情走進來。她的臉經常是輕鬆愉快的，很少有這種嚴肅的表情。她說有一件令人難過的事要告訴我。我立刻就明白一定是我們摯愛的人過世了，只是不知道是誰。她告訴我，肯恩·霍布尼克回到天鄉了。我有點驚訝。但不是驚訝他走了，而是他走得太快了，我以為我們還有很多時間可以相聚。

我跟肯恩大概見過六、七次面，其中有幾次是私下的會面；另外還有二十次左右的書信往來，這些信件至今我仍保留著。我知道自己將會想念他很久，也想起一些往事，想在這裡跟大家分享。我想談一下我與他的第一次會面，因為從這件事就足以了解他是怎樣的一個人。阿頓和白莎曾經指示我，我應該跟肯恩見面並盡可能向他請教學習。雖然我不能說我的一切都得自於他的指點，但我確實從他那裡學到不少東西。一九九八年六月，我從緬因州開了十個小時的車到紐約的羅斯科（Roscoe）聽他的「時間與《奇蹟課程》」講座。整個週末肯恩大約花了十小時講述這個主題，他的智慧令我讚嘆不已。我提出請求希望能與他私下談話，他答應了。我告訴他，我正在寫一本書，希望他能允許我引用《課程》裡的諸多內容，我保證會在索引中正確地注明出處。當時我非常緊張，肯恩也看得出來。

我永遠忘不了他當時對我有多麼仁慈。後來肯恩也成為閱讀《告別娑婆》的第一人。然而更重要的是，這麼多年過去了，我仍不時地聽見他說：「要仁慈待人。」我從實際的接觸得知，肯恩不光是會講道理，他還是知行合一的人。事實上，他是我認識的人當中最仁慈的，也使我想見賢思齊，寬以待人。當然，關於這位被阿頓和白莎形容為「最偉大的奇蹟教師」還有說不完的故事。但現在最令我懷念的是，他是多麼美的一個人；還有他對我是多麼地仁慈，即使當時他根本不必如此。

我昨晚攜著辛蒂的手，向肯恩表達我對他的感激。我知道他現在一定很快樂，而我們這些人卻還在應付眼前的紅塵俗事。幸好，肯恩留下他的作品來繼續幫助我們。我愛您，肯恩。

阿頓和白莎曾經告訴我，任何的靈性教導最後產生不同的思想派別是很正常的事。這是因為真理雖然簡單，但小我可不簡單。而在不同的思想派別中，往往會有一支派別是真正了解教導的本義；其他的派別則可能有所曲解。舉例來說，真正了解吠陀一體論的是商羯羅；真正了解諾斯替教派教導核心的是華倫提努學派。該學派的創始人華倫提努（Valentinus）不但對諾斯替教派的教導本義瞭若指掌，也對J兄的許多言教有正確的理解。而真正了解《奇蹟課程》本義的，是霍布尼克學派或奇蹟課程基金會。以下兩段精彩的引文，是來自華倫提努學派的《真理福音》（the Gospel of Truth）。你會發現這部寫於公元一五〇年的福音與《課程》有驚人的相似之處。肯恩在教學中偶爾也會引用它們。

> 他憶起每個人的名字。像他這樣擁有真知的人，明白自己從何處來，也曉得往何處去。他知道，當人從宿醉中清醒過來，便能撥亂反正，糾正自己許多的錯誤。[1]
>
> 由於他們對無形的天父一無所知，因此他們就像睡覺作噩夢一樣，恐懼、混亂、不安、懷疑及分裂等諸多幻相紛紛出籠。在夢境中，他們要不是找地方逃命，就是對別人窮追猛打；要不是攻擊

別人，就是被人攻擊……有時候以為有人要殺他們，但其實連追趕他們的人也不存在；有時候則是夢見自己殺了鄰人，身上沾滿血跡。

經歷這一切的人一旦醒來，就會發現原來什麼也沒發生；夢中發生的那些混亂，不過是一場空無。捨棄無明妄想的人就像是從夢中醒來，他們不再將無明妄想看成是有價值的東西，也不再視它為真實之物，而是將它拋諸腦後宛如昨夢。2

我對諾斯替教派了解並不多，但我很想跟我的上師談一點關於諾斯替教派的事；況且在之前的對談中，他們也曾向我推薦《腓利福音》和《抹大拉馬利亞福音》，儘管我還沒拜讀過它們。我知道《多瑪斯福音》不是出自諾斯替教派之手，而是最早期的基督信仰者寫下來的。附帶一提，最早期的基督信仰跟現今所謂的天主教和基督教是不一樣的。當代有些《聖經》學者認為，《多瑪斯福音》可以追溯至公元五〇年，比任何的福音書都還更早。不過阿頓和白莎會說，時間甚至還可以再往前推。

在洛杉磯一個相對涼爽的午後，阿頓和白莎突然現身在我眼前。阿頓隨即開口說話了。

阿頓：嗨，老弟。上次你聽到的內容都消化了嗎？

葛瑞：有一些吧，東西太多了。

阿頓：是啊，自從這次回塞勒姆（Salem），你要思考的東西就更多了。

（註：二〇一四年七月下旬，我帶辛蒂回到我的出生地麻州的塞勒姆鎮，讓她看一下遍滿我足跡的北岸，特別是我以前最常待的塞勒姆和貝弗利〔Beverly〕。我們就住在霍桑飯店〔Hawthorne Hotel〕，那是我二十二歲時駐唱的地方。當時我是自彈自唱，後來又加入流行樂團Hush樂隊擔任吉他手。飯店位於塞勒姆大眾公園旁，對街即是塞勒姆女巫博物館。我們還進去博物館參觀，並聽人解說一六九二年至一六九三年發生在塞勒姆鎮那一發不可收拾的審判女巫事件。我聽了實在很難過，人們竟然能將自己潛意識的罪咎投射到無辜的人身上，並將他們處以絞刑。但我還是必須藉此操練寬恕。

諷刺的是，「塞勒姆」這個鎮名是「平安」的意思。這也使我更加體會到投射的強大力量，以及這三百多年來人類的狀態其實並沒有太大的改變。

除了這件悲傷的歷史，我們整個旅程都相當愉快。儘管現今的塞勒姆在盡其所能靠女巫事件大發利市；但在這美麗又涼爽的小鎮，我還是可以感受到八〇年代那種靈性的氛圍。）

白莎：我們希望你在這本書引用一段話，它出自於《抹大拉馬利亞福音》：我問他：「主啊，人要如何看見異象？是用靈魂，還是靈性？」他回答說：「既不是用靈魂，也不是用靈性，而是用這兩者之間的心靈。」

這是我們跟馬利亞在一起的那段日子，她記錄下來的語錄。現在我們來解釋它的意思。

首先，這段翻譯自拿戈瑪第文獻的引文問說：「人要如何看見異象（see a vision）？」事實上，這句話是在問：「人要如何用慧見來看（see with vision）？」這是馬利亞為了利益在場的聽眾而問J兄的，她自己其實知道答案。大部分人都以為靈魂是非常具有靈性的；但其實靈魂是出自於分裂之念，因為它是一種個體性或個人存在的概念。每個人都認為自己有一個獨立的靈魂。然而不論這個體性的概念有沒有牽涉到身體，分裂就是分裂。

此外，這句話不必特定指「個別的靈性」（the spirit），而只要用「靈性」（spirit）就可以了。因為靈性即是一切存在，它是一體的。所以你看，光是這句話就可以有兩種截然不同的概念：分裂之念和一體之念。J兄之所以會說：「既不是用靈魂，也不是用靈性，而是用這兩者之間的心靈。」是因為心靈有選擇的功能。你可以用心靈來選擇分裂之念，亦即《課程》常說的身體，或是人的靈體，例如個體靈魂；你也可以用心靈來選擇**靈性**，亦即完美的一體性。不論你已經習慣選擇哪一個，對你而言它都是真實的；它會變成你深信不疑的東西，從而對你產生影響。你會發現，J兄二千年前教導的東西，與他今天透過《奇蹟課程》教導的內容是完全一致的。事實上，J兄在《課程》中是這樣說的：「**心靈這一詞，代表著靈性的運作主體，心靈為靈性提供了創造力。**」[3] 換句話說，你是透過心靈的選擇來活化靈性。懂了嗎？

葛瑞：我懂了。當然，兩千年前他不可能用現今《課程》的說法來告訴當時的人，否則一定沒人聽懂他在說什麼。況且懂他的人本來就不多。我想，這就是他當時大部分都是用寓言來表達的原因？

白莎： 是的，他用諺語和寓言來教導大眾。在早期的《多瑪斯福音》、《抹大拉馬利亞福音》和《腓利福音》，以及你現今在《聖經》中看到的那些經常遭人變造的福音出現之後，諾斯替教派流行了起來。今天，由於基督信仰的關係，《多瑪斯福音》、《抹大拉馬利亞福音》和《腓利福音》都被曲解為諾斯替教派的福音。其中《腓利福音》甚至被認為是出自於華倫提努學派之手，但這並非事實。《腓利福音》的原始版本早在基督信仰和諾斯替教派出現之前就已存在。不過，如同我們曾經透過你的心靈告訴你的，華倫提努是諾斯替教派中最了解J兄的。華倫提努出生在亞歷山卓（Alexandria），他跟J兄和J兄那群朋友一樣經常去亞歷山大圖書館。

葛瑞： 那座圖書館後來不是焚毀了嗎？

白莎： 是的。它發生過好幾次火災，各造成不同程度的損害。它其實在塞拉皮恩神廟（Serapeum）還有一個子圖書館，直到公元三九一年左右都還存在。華倫提努大約在公元一五〇年於亞歷山卓和羅馬創建了屬於諾斯替「敘利亞—埃及學派」的學院，並在那裡寫下驚人的《真理福音》。華倫提努當時受到一位名叫巴西利德（Basilides）的老師影響很大，此人也創建過幾座知名的學院。另外還有幾位諾斯替教派的老師，不過他們並不是很了解J兄的教導。在公元四世紀末以前，華倫提努的教導是諾斯替教派中最具影響力的。後來，如同我們之前說過的，除了主流福音書外，其餘的文獻皆被視為非法而被抹除掉了。

我們之所以提起這些事，是因為諾斯替教派與J兄原義新詮的《奇蹟課程》有極相似之處。有些人天生具有領悟教誨真義的夙慧。你知道的，就諾斯替教派來說，領悟真義的夙慧者就是華倫提努。他的學生深受他的吸引，因為他們能從他的教導中認出真理。他們投入華倫提努的門下不是因為他的個人特質，而是他們能看見華倫提努是一體無別的人，隨而與他產生共鳴。就《奇蹟課程》來說，領悟真義的夙慧者就是肯恩．霍布尼克。現今，奇蹟學員深受肯恩的著作吸引不是因為他的個人特質，而是他們能認出他生前漫長又多產的教學生涯中所教導的真理。《課程》是一體無別的，肯恩的著作也是。你的著作也不例外，因為你一開始就有我們的協助；況且當初你也聽從我們的建議，向肯恩虛心學習。

當初肯恩會跟海倫、比爾和茱麗他們聚在一起，絕對不是出於偶然。他是注定要教導《課程》的人，最有智慧的學員都會求教於他。有些人認為自己可以把《課程》教得更好，但其實不然。他們認為肯恩只不過是把《課程》的道理自己詮釋出一套理論罷了。但這不是理論。《課程》只有一種正確的解釋，它的真實義只有一個。而肯恩正是把這真實義講授得最好的人。

葛瑞：我一直很想問你們，肯恩開悟了嗎？

白莎：是的，他已經開悟了。肯恩離開這個幻相是因為他的時候到了。每個人離開人世的時間和地點早已指定好，就算開悟也無法改變它。因為劇本早已寫定。如果你開悟了，就能捨去這最後一世的身體。肯恩看似在夢境中死亡，這其實並不重要；他如何看待死亡，才是真正的重點。肯恩臨終前說：「我並沒有死去。」因為他知道這具被別人認定為是他的身體和人格，根本就不是他。如同J兄一樣，身體對肯恩來說已經毫無意義了。

《課程》的共同筆錄者比爾的情形也是如此。你也從茱蒂那裡得知，他已經開悟了。

（註：我與當初出版《奇蹟課程》的心靈平安基金會會長茱麗是好朋友。如同白莎指出的，她是《課程》的元老之一。茱麗曾告訴我，她認為比爾是《課程》的第一位畢業生。看過比爾在一九八〇年代的演說錄影後，我不得不相信她說的話。）

葛瑞：真是太好了。至少《課程》的四大元老，其中有兩位已經開悟了。在我看來，茱麗肯定也開悟了。我知道海倫雖然通達《課程》的義理，但她很難實際應用出來。肯恩則是解行並重。

阿頓：確實如此。我們也很開心，你同樣也越來越漸入佳境了。

白莎：既然我們一直這麼強調一體論，你要不要簡單複習一下，通往純粹一體論的四個階段？

葛瑞：當然。首先，是二元論。它就是牛頓物理所表達的主體與客體的對立。事物看起來好像是在你之外，於是就產生了意識。宇宙其實是一種投射，你自己卻渾然不覺。意識要存在，就得要有意識的對象，這就是分裂。這就是為什麼《課程》是用覺性（awareness）來描述靈性，而不是用意識（consciousness）。覺性與意識是不同的東西。靈性是一體的；它沒有主體與客體的分別，而只有圓滿的完整性。但不管二元論是你個人的體驗或靈性的話題，它只會得出兩個真假難辨的世界：人的世界和神的世界。兩者看起來都像是真實的。

再者，是半二元論。在這種心境下，你會開始懷疑二元對立可能不是真的。你可以把半二元論想成是比較善良、溫和的二元論。舉例來說，你會看見處在半二元狀態的虔誠信徒開始出現不同的態度。他們可能會開始接受「上主是愛」的觀念。不過，他們隨即又會出現更重要的疑問，譬如：如果上主是愛，祂怎麼可能同時又是恨？倘若上主如《聖經》所說是完美的愛，祂怎麼可能會有不完美的想法？此時，靈性修習者會開始產生疑問，覺性也會慢慢在他們的心中喚起。所以他們可能不會像那些處在二元狀態的人那樣感覺孤立。對了，在爬這悟道之梯的過程中，你隨時都可能在兩個狀態之間起起落落；這段過程有時可能波濤洶湧，有時可能風平浪靜。

接下來，是一體論。一體論說，沒有分裂這一回事；任何看似分裂的一切，都不是真的。投射在你的心中化解了。你從「果境」移到了「本因」；你不再是夢境，而是夢者。你的人生不是別人作出來的夢，因為根本沒有所謂的「別人」。一體，就是不二。存在的只有一體性，實相只有一個。所以那兩個真假難辨的幻相世界和實相世界，其中只有實相世界是真實的，而任何看似有形有相之物都不是真的。

最後，我們來到純粹一體論。它之所以稱為「純粹」，是因為它承認上主是唯一的源頭及唯一的實相。沒錯，**看起來好像**有兩個不同的世界，神的世界和人的世界；但**只有神的世界是真實的，其他的一切都是虛幻的**。人很難承認及接受這一點，因為它意謂著從此了斷任何形式的個人身分，不論是個人的身體或個人的靈魂。你知道自己很快就會消失在上主內，而成為更高的**靈性**生命。你將擁有圓滿一體的覺性，而不是意識。這覺性的體驗即使只有短暫的驚鴻一瞥，也足以使意識的體驗相形見絀。這將使夢幻的世界徹底變得毫無意義；除了它可以用來借假修真，轉為回歸上主實相的途徑。

白莎：謝謝你，葛瑞。真是言簡意賅。現在講個笑話給我們聽吧。

葛瑞：好，就講一個最短的：耶穌進去飯店走到櫃檯，將那四根老舊的大釘子重重一拍放在桌上，對櫃檯的人員說：「今晚可以把我釘上十字架嗎？」（譯註：put me up for the night意謂「讓我住一晚」，但put me up也有「把我放上去」的意思。）

白莎：這夠無厘頭，納達夫會喜歡的。

阿頓：回到我們談的一體論。諾斯替教派所謂的「靈知」與《課程》的「真知」有異曲同工之妙。兩者說的都不是頭腦的知識或訊息的傳授，而是指擁有你與上主圓滿一體的真實體驗。你體驗過《課程》所謂的啟示，對吧？

葛瑞：是的，那確實是啟示。《課程》所謂的啟示，並不是指揭露特別的訊息給你，而是一種妙不可言、無法言喻的體驗。那種圓滿一體的覺性體驗，世上沒有任何事物能與它相提並論。它讓你嘗到真理的滋味；那是一種恆常的狀態，而不是夢境的變化無常。所以你們的意思是說，諾斯替教派的某些人同樣也體驗到那虛幻娑婆的面紗之外的實相？

阿頓：沒錯。事實上，一直不斷有人體驗到這實相，它隨時都可能發生在任何人身上。你不必在靈性上修持到多高的境界才能讓它給你驚喜。我說「驚喜」，是因為它通常發生在你對它沒有任何期待的時候。所以本書的讀者可以不必浪費時間苦苦企求它的發生。此外，就算它發生了，也不會使你變得比較特別。在某些情形下，**聖靈**幫助你擁有這種體驗是為了鼓勵你、想幫助你繼續精進。有些修持境界非常高的學員這輩子從來沒有這種體驗，但何以見得他們不是在其他世就已體驗過了呢？所以沒必要去想，為什麼有些人體驗得到，有些人體驗不到？你只要明白它會在某個時間發生在每一個心靈即可。它就好比是一種預告，讓你淺嘗一下你的實相最終在時間之外會是什麼況味。

葛瑞：還有，那種極樂的感受也是妙不可言。我們在人間營造的性關係，不過是為了取代我們以為失去的與上主的關係。但相較於體驗實相的極樂，人間的性高潮簡直味同嚼蠟。這是因為唯有心靈才能恆久的結合，而身體無論我們怎麼努力都無法真正結合。然而與上主合一是透過心靈來達成，如同你們說的，要藉由心靈的選擇來活化**靈性**。

白莎：《課程》形容說，你與上主的關係是極其個人的，這是事實。諾斯替教派非常重視靈知的體驗；而要達成這一點，他們得努力記得這世界只是一場夢，就如同你在《真理福音》中讀到的。對他們來說，這世界不是上主創造的，而是假神（Demiurge）妄造的；這位假神大致上等同於《課程》所謂的**小我**。他們想努力超越這世界而回歸實相，亦即某些諾斯替傳統所說的**豐盛之境**（pleroma）。然而問題是，當真知的體驗沒發生在自己身上時，他們往往會感到氣餒沮喪。換句話說，他們把真知的體驗當成虛妄的偶像；一旦這體驗沒發生，他們就感到失望，這實在一點好處也沒有。當然，他們許多人也犯了多數人同樣的錯誤，不但將這世界當成真實的，還把真相帶進了幻相，於是就停滯在二元的狀態中，如同現今許多奇蹟學員的情形一樣。

他們犯的另一個錯誤是，他們認同了自己的投射。現今有許多靈性修習者被教導說，要看著世間的事物說：「我就是它。」事實上，你根本不是它。你在娑婆世界中所看到的一切，都只是一個**象徵**。它是一種投射、一種立體投影，象徵著那隱藏在你潛意識心靈裡的東西。儘管其中有一些是整體的象徵，但大多數還是以分裂的象徵為主。沒錯，它代表隱藏在你心靈內的東西；但它並不是你。你不會想要與它認同；你會想寬恕它，尤其是當它對你產生負面影響的時候。在還沒憶起宇宙根本不存在的真相之前，你可能會認為跟宇宙一體似乎是很神聖的事。但你其實只想與上主一體，因為祂才是唯一真實的存在。

阿頓：毫無例外地，諾斯替教派及其教導後來也成了大雜燴。有些弟子對上主很嚮往，有些則是不想與上主有任何瓜葛。雖然華倫提努是不世出的天才，但諾斯替教派的體系並沒有發展得很完善。如同老子一樣，儘管他自己活出一體性，但他的弟子卻無法跟上他的腳步。不過，這些弟子現在又轉世回來學習《課程》，準備好朝他們悟道的靈性道途大步邁進。因為《課程》已為他們提供悟道所需的完整畫面。如果你仔細觀察的話，如同我們這最後幾次造訪即將討論的，你會發現《課程》不會留給你一大堆沒回答的問題。它告訴你上主在時間開始之前就已賜給你的東西；你如何看似流浪到娑婆世界；你在娑婆世界可以做什麼；你將回歸到哪裡以及如何回歸。當然，天堂不是一個地方；它是你必須重新喚醒的覺性。而**聖靈**的救恩計畫保證人人都能回歸天堂。

葛瑞：我想人們會感到很沮喪。因為**聖靈**了解整個救恩計畫及它開展的方式；**聖靈**能看見那看似發生或未來將發生的一切。《課程》也談到寬恕的交互關聯性，我的寬恕與其他所有人的寬恕是連結在一起的。**聖靈**看得見它，可是我卻看不見。那麼，當時的J兄、馬利亞和納達夫也可以看得見嗎？

白莎：當然可以。當你寬恕了一切，你的心靈就被**聖靈**完全治癒，那些限制你心靈力量的所有障礙也自然隨之化解。接著，你便能像《課程》所說的，超越戰場之上而俯瞰整個大畫面。到時候，即使你看似還在一具身體裡，你也會把焦點集中於自己在救恩計畫中的角色，並且對**聖靈**有百分之百的信心。別忘了，連J兄都是追隨**聖靈**，而不是**聖靈**追隨他。

葛瑞：我一直很想問你們一些別人提出的問題。你們曾提到說，將來核彈可能在某個大城市引爆。這件事仍可能發生嗎？能不能說一下細節？還有，你們初次造訪時提到那位可能使用核武對付我們的伊朗人，他好像已經沒什麼影響力了。你們是不是搞錯了？

白莎：我沒搞錯。是阿頓說錯了，不是我。哈，開玩笑的。你務必記住《課程》教導說，你在世上看到的一切，都是你內心狀態的外在表相。因此只要你改變內心的狀態，外在的表相也會隨之改變。這是因果關係。好消息是，由於《奇蹟課程》的宣揚，累積了足夠的寬恕使心靈獲得療癒，於是伊朗的前總統就不傷害你們了。而你在《課程》的宣揚上也盡了一份力量。

葛瑞：好吧。那麼壞消息呢？

白莎：壞消息是，人類還無法普遍覺醒。目前人類的心靈還處在衝突的狀態，因此會在夢境中投射出象徵衝突的種種事件。所以核彈未來在某個大城市引爆不僅是可能，而且是避免不了的事。別忘了，小我的假神想要更嚴重、更嚇人的事件來製造恐懼，因為恐懼能使你眼之所見顯得更為真實，而你的評判則使小我珍視的投射得以保全。

葛瑞：我想，你們不會告訴我這將在何時何地發生？

白莎：這並非明智之舉。況且政府也不會因為你的一句話，就撤離整座城市居民。因此告訴你時間和地點非但沒有任何好處，而且還會為你帶來各種無謂的麻煩和困擾。相反的，你要繼續堅持做好自己寬恕的本分。如同我們談論九一一事件時所說的：如果連奇蹟學員都不寬恕，那還有誰會寬恕呢？

葛瑞：我很快地再問一個上本書提到的健康問題就好。我要問的是關於攝取百分之三十五濃度食品等級的過氧化氫（HP）的事。你們告訴我，要利用它為細胞補充氧氣來預防或治療各種疾病。例如你們說，癌細胞無法在有氧的環境裡存活。我知道使用過氧化氫是一種怪力亂神；但我同時也知道，利用它來幫助身體讓心靈療癒身體是沒什麼壞處的。所以我就按照你們建議的那本小書《一分鐘療法》（*The One-Minute Cure*）的指示去進行整個療程。但很多人告訴我，他們喝不下肚；他們無法服用那麼多滴的過氧化氫。你們可有什麼建議？

阿頓：好的。就算你一天只在蒸餾水裡添加九滴、十滴過氧化氫，喝下去還是對身體健康大有幫助。譬如說，五滴的過氧化氫加在六至八盎司的水裡，一天喝兩次。請務必要使用蒸餾水。因為大多數的水都含有雜質，而過氧化氫無法在含雜質的水中均勻混合。此外，過氧化氫必須儲存在冰箱裡，以確保不會變質或失去效用；使用的蒸餾水也要是冰的，這會讓過氧化氫的口感好一點。務必要確定使用的過氧化氫是百分之三十五濃度的食品等級。只要每天這樣子喝，就會開始出現各種的好處。按照這個方法去做，不用多久他們就能適應了。

葛瑞：謝謝你。對了，你們之前說過，這世界是一場騙局。我讀到一篇文章談到我很喜歡的一位影評人羅傑．伊伯特（Roger Ebert）的事，但他在幾年前過世了。這是湯姆．拉普薩斯（Tom Rapsas）撰寫刊登在《佩西歐斯報刊》（*Patheos Press*）的文章。文中他引述了羅傑的妻子雀姿（Chaz）說的話。羅傑並不是特別有靈性的人，這使得他的妻子所描述的內容顯得更有意思。我把文章中的那段話唸給你們聽：

但最令我感到奇妙的，是羅傑過世前幾天發生的事。他的妻子雀姿．伊伯特告訴我們，她的丈夫「不知道是否應該相信上帝，因為他還是心存懷疑。但最後，有趣的事發生了。」她繼續說道：

羅傑過世前一週我去探望他時，他告訴我關於他看見「另一個地方」的事。我以為是醫院給他太多的藥物導致他產生幻覺。但他在過世的前一天，寫了一張紙條給我說：「**這一切只是一場精心策劃的騙局。**」

根據雀姿的說法，她當時問羅傑：「你說的騙局是什麼？」她想要釐清他的意思。他後來很明確地跟雀姿說，他說的是這地方，這個世界。「他說這一切都是幻相。我以為他糊塗了，但他神志清醒得很。」

雀姿繼續說，羅傑形容這「另一個地方」是「大到無法想像」。因此我認為，即使沒深入靈修的人也能了解這世界真正的本質，並發現在人間之外還有一個更廣大又真實的東西。

阿頓：我想，這張紙條會是我們這次談話的完美句點。接下來的三次造訪，我們會討論一些我們深信能夠鼓舞學員的內容，讓他們能更了解、堅持及運用一體不二的不可思議力量。如同《奇蹟課程》談到資深學員說的：

至此，他才能體會出自己所學的理念具有無往不利的實用價值。面對那驚人的潛能，上主之師終於更上一層樓，能在其中看出自己整個人生的出路。4

白莎：我們愛你，老弟。請替我們給辛蒂一個大大的擁抱。

話一說完，他們就瞬間消失了。留下我一個人獨自思考，目前為止他們兩位和J兄的《課程》教給我的一切，其實用價值是多麼難以估量。

8 J兄一九六五年至一九七七年的傳訊：這次真理不會被埋沒

你會在原先只有鎖鏈與鐵閘之處，重獲自由之恩。但你必須改變你對世界之目的的看法，才可能找到這個出路。

——《奇蹟課程》1

我真的很期待再次跟我的高靈朋友對談。他們一直待我不薄，對我循循善誘。我很滿意他們教導的內容，但我想再深入一點。我想儘快完成學習；這樣一來，即使我得再次轉世回來幫助其他人，就不必經過「曲折的學習過程」，而能具足悟道必須學會的一切。

我已經學習並應用《課程》的教導二十三年了。隨著歲月的累積，我變得越來越得心應手。一路走來，我深刻體會到光是理論上的了解是不夠的。《課程》的譯者們應該比其他人都更了解《課程》，但肯恩．霍布尼克曾經對這些譯者說過以下的話：「你們以為自己很了解《課程》；但除非你們將它付諸實踐，否則你們還談不上了解它。」

身為職業樂手，我喜歡用一個人想成為出色的鋼琴家作為比喻。你可以學習一堆關於音樂鑑賞或音樂理論的東西；但如果你想成為出色的鋼琴家，除了每天坐在鋼琴前勤加練習外，再也沒有其他的方法。

靈性的修持也是如此。難道我們真以為自己可以不用操練就能達到像J兄、馬利亞和納達夫同樣的境界？我遇過許多認為自己無須操練的奇蹟學員，他們認為自己可以直接跳到究竟的圓滿之境，彷彿他們真的相信只要自己喊一聲：「我悟道了！」就可以直接開悟證果。天底下沒這麼便宜的事。當《課程》說救恩就是化解時，可不是說著玩的。我們得先化解小我，並從小我的夢境中醒來。而要做到這兩件事，**聖靈**教給我們最強大的工具就是寬恕。除非一個人很想成為偉大的鋼琴家，否則絕不會勤加練習彈琴；同樣的，除非一個人很想開悟覺醒，否則絕不會去操練那達成開悟必不可少的寬恕。

由於這些年來的操練寬恕，我的人生體驗變得不一樣了。這些日子我的體重多了九公斤，身體卻變得更加輕盈；我的身體變得比較像是夢裡的一個影像，而不是必須到處拖著走的沉重負擔。事實上，身體確實只是人生夢境裡的一個影像而已。我的身體變得更有彈性，也更不容易感覺疼痛。我有幾次發生小意外傷到自己，卻感受不到原本應有的疼痛。

同樣的情形也發生在心理的狀況。本來會令我感到煩惱的事，譬如在陌生的環境演講，或是討厭的人走了進來，我發現這些事再也不會使我煩惱了。雖然這些改變是經過一段漫長的過程，但每個人的情況不盡相同，有些人可能會比其他人更快達到操練《課程》的效果。這是因為真理雖然簡單，但小我可不簡單。小我非常錯綜複雜，而且必須在個人的層面上化解；雖然說所謂的個人，其實也只是個幻相。然而**聖靈**會在我們所在之處與我們共同攜手，在覺醒的道路上助我們一臂之力。而覺醒的內容之一，就是明白你正在作夢。剛開始，你只是在理論上了解。但隨著你越來越精進操練《課程》的那種寬恕——從本因下手而不是在果境上修飾——你就越能體會到人生確實是一場夢。

《課程》明確地指出我們正在作夢的事實。它說：「聖靈的智慧一向非常務實，祂會接受你的夢境，只是把它轉為幫你覺醒的工具而已。」[2] 它同時又說：「你只是在夢中流浪，其實你安居家中。」[3] 每次我搭飛機時，就會努力想起這句話。另外，我們早上醒來以為自己是清醒的，其實我們還在人生的大夢裡。「你一生的光陰都耗在夢中。睡時的夢也好，醒時的夢也罷，不同的只是形式而已，內涵則毫無差別。」[4] 再者，你的人生不是別人作出來的夢。「如果是世界在為他作夢，他就不可能由這個夢中清醒過來。他變成了別人夢境的一部分。他無法從一個不是自己的夢裡醒來。」[5] 倘若我們真的是在作夢，那麼，我們究竟是在哪裡呢？「你正安居於上主的家園，只是在作一個放逐之夢而已；你隨時可以覺醒於真相的。」[6] 我們可以選擇接受自己真正的任務，亦即認清自己正在作夢，並跟隨**聖靈**回家。即使遭遇最艱難的狀況也不例外，例如我們摯愛的人看似與我們緣分已盡時：

> 上主教師的真正任務便是認清自己在作夢。他們看著夢中的角色來來去去，千變萬化，受盡病苦而死。卻絲毫不受眼前的景象所蒙蔽。他們已經認清，不論把夢中人看成分裂且病態的，或把他看成健康而美麗的，都同樣的虛幻。**7**

但這並不表示說，我們對一切就失去了愛與慈悲。相反的，如同我們討論寬恕的技巧時將會了解的，只要你按照《課程》的方式操練，你的愛會自然而然地流露。如同J兄在《課程》的導言中說的：

> 本課程的宗旨並非教你愛的真諦，因為那是無法傳授的。它旨在清除使你感受不到愛的那些障礙；而愛是你與生俱來的稟賦。**8**

《奇蹟課程》的教導非常博大精深。當《課程》談到你與生俱來的稟賦時，其實談的就是**天國**。**天堂**是上主賜給你的禮物，你無須付出任何代價。因為有人送你禮物，難道你必須受苦、犧牲才能得到它嗎？覺察到愛的禮物，即是覺察到**天堂**就在此時此地。雖說你無須付出任何代價，但你也必須覺察到它的存在。

你可以在《多瑪斯福音》中看到，兩千年前我們這些門徒問J兄說：「**天國**何時會降臨？」他回答說：「**天國**不是用眼睛找的。它不是以『你看，在這裡！』或『你看，在那裡！』那樣的方式到來。相反的，**天父**的**國度**遍滿一切處，只是人們沒看見。」

天國不是不在這裡，只是人們沒覺察它的存在。所謂的化解小我，就是指移除那些使你覺察不到**天國**的障礙。當你在心靈的層次用寬恕化解小我時，那些障礙就會被移除，你的夢境也會逐漸被**天國**的實相所取代。這就是《奇蹟課程》所採取的方法。

以下兩段文字，那「**喚醒者**」（the Voice）指的就是**聖靈**。你會看見**聖靈**與你的合作是多麼的密切：

> 「你」，才是世界大夢的夢者。除你以外，世界沒有其他的起因，而且永遠都不會有。你那無聊的夢把上主之子嚇得六神無主，以為自己失去了純潔無罪，害他不只否定了天父，還與自己交戰不已。這夢如此的可怕，看起來又如此真實，你此刻喚醒他，他一定會受到驚嚇，冷汗涔涔。你應在喚醒他之前將他領到比較溫柔的夢中，安撫一下他的心靈，他才可能心無畏懼地迎向愛的呼喚。他需要一個溫柔之夢，與弟兄重歸於好，如此才能療癒他的痛苦。上主願他安詳喜悅地甦醒過來，

故給了他一條無需恐懼的覺醒途徑。9

放下自己的舊夢，接納祂賜你的夢境吧！一旦認清了夢者是誰，你就不難轉變自己的夢境了。安息於聖靈吧！讓祂溫柔的夢取代你那恐怖的死亡之夢。在祂給你的寬恕之夢中，再也沒有誰是兇手或誰是受害者的問題。在祂賜你的夢裡，既沒有謀殺，也沒有死亡。雖然你仍閉著雙眼，但罪咎之夢已逐漸由你眼前消逝。微笑開始在你沉睡的臉龐綻放。你終於能夠安心入眠了，此後，你只會作幸福的夢。10

許多人會很納悶，《課程》的文體為什麼要採用莎士比亞的無韻詩，或所謂的五步抑揚格。撇開文體的格律之美、以及《課程》本來就是真實的藝術不談，我還發現了另一個原因。有一次，我到倫敦的博物館參觀，看見展示櫃裡有五百多年前的文獻手稿。我能看懂其中的一些內容，但大部分讀起來就像是在胡言亂語。語言和文字會隨著時代改變，但莎士比亞的經典語言形式不會改變。今日用白話寫的書，五百年後的人可能會看不懂，除非再經過改寫。但莎士比亞的作品不必經過改寫，未來的人還是看得懂。這讓我想到，《課程》採用這種文體可以讓五百年乃至一千年後的人仍能讀懂它。不過，這並不表示《課程》很容易懂。因為即使是現代人要讀懂它也不容易！但它會是可行的。也許J兄會這麼做，背後有他的理由。

我很想跟我的上師討論《課程》的許多觀念，因為我們有好幾年沒深談這些話題。某一天下午，他們又回來了。

阿頓：嗨，我們看得出來你想談談《課程》。畢竟除了巡迴世界講授《課程》外，你還做了許多事。這次你想談什麼？

葛瑞：太多了。《課程》說：「**奇蹟幫你看清是你在作這個夢，而且夢中情景都不是真的。**」[11] 但許多奇蹟學員似乎很難接受這一點。我的意思是說，我會告訴這些學員，根據《課程》的說法，絕對的真理就是：「上主永恆存在（God is）。」這句話對他們來說似乎沒什麼太大的問題。但如果你接著告訴他們：「**其他的一切根本不存在**（*nothing else is*）。」你就會看見他們大多數人都面有難色。他們能接受上主的真相，但無法接受這世界及他們的人生其實是一場空。

阿頓：是的，《課程》可以說是史上最澈底不同的教導。但這同時也是大部分講授《課程》的人根本不是在教《課程》的原因。即使其中有極少數人真正了解《課程》，他們也很難跟別人解釋為什麼他們自始至終從未存在過。事實上，他們的人生只是一場騙局；他們真實的存在是在上主之內。這物質世界——包括他們的身體、個人身分，更甭說他們認識的所有人——從來就不是真實的。噢，對了，包括他們的孩子也是幻相。

葛瑞：對呀，我都儘量避免一開始就這樣直言不諱。但J兄不會讓你懸在那裡無所適從。他不會跟你說小我不是真的、這世界是幻相，然後人就跑了。因為光是教導這些一點用處也沒有，只是徒然使人意志消沉罷了。《課程》的作法是，以**聖靈**的思想體系來完全取代小我的思想體系。自從接觸EST訓練以來，我一直密切注意靈性的思想體系接近四十年，還沒發現其他像《課程》這種作法的思想體系。大多數的靈性教導都很擅長指出問題，許多專家和知名心理學家對小我及世界的各種問題也談得頭頭是道；但他們頂多只能給你一個方法，讓你感覺舒服一點而已。這都只是暫時的慰藉，根本無法化解小我。因為那種作法通常只是藉由掩飾問題來安小我的心罷了。相反的，《課程》會給你一條真正的出路。它會給你整個人類存在問題的解答，並一路帶你回到**天堂**的家。事實上，你從未離開過**天堂**；你只是在妄想中誤以為自己離開天堂了。《課程》會用真實的體驗來取代虛妄的體驗。此外，化解小我其實是需要花時間及下功夫的，但許多人卻期待在參加工作坊的那個週末就會開悟。

白莎：你做的是跟J兄一樣的事。你向人們說明該怎麼做，並為他們指出正確的方向。當我們說《課程》是史上最徹底不同的教導時，你務必要記住，幾乎有史以來的一切教導都是建立在所謂的古老智慧和普世真理的基礎上。但這些真理和智慧並不是真實的，而《課程》也與它們不同。怎麼說呢？因為它們全都是建立在「宇宙是真實的」的前提上。甚至連一體論的教導也被世人利用來將錯誤變成真實。這就是為什麼《課程》描述這世界時會這樣說：「只要你肯讓真相去評判，任何錯誤都會當下獲得修正。但錯誤一旦篡奪了真相的寶座，它還能往

何處接受修正？」¹²

葛瑞：那是另一件事。人們一輩子都被教導說，是上主創造了這世界。我現在完全能接受「上主並沒有創造這世界」的觀念。事實上，上主與這世界一點關係也沒有。對我來說，這可說是如釋重負。因為我真的搞不懂上主怎麼可能讓悲慘的事情發生在善良的人身上？原來這一切並不是出自上主之手，而是我們自己搞出來的：一個小我透過分裂之念顯化為萬象。這一切都是我們的投射，而**天堂**仍是完美無瑕的。然而有些人還是深信不疑，這世界是上主的美麗造物，即使他們看見世間的一切盡是生老病死。而且前提是，你還得夠幸運能活到看出這一切事物的成住壞空。

還記得我在麻州一個瑜伽中心舉辦的週末工作坊嗎？當時有幾個工作坊在同一時間進行。在星期六的晚間，他們讓所有的工作坊老師在不同的教室進行兩小時的講座，參加其他工作坊的學員可以隨意自由聽講，有點像是讓每位老師推廣自己的課程。由於那個地方是瑜伽中心，所以有一大堆對身體深感興趣的年輕學員四處走動；換句話說，整個地方都飄散著賀爾蒙。他們以為瑜伽是非常靈性的，但他們崇拜的其實是身體。所以那個週六晚上，大約有一百人來聽我的講座，而且大部分是二十來歲的年輕人。我真的不知道該對他們講什麼內容才好。一如往常，我開口前先做簡短的靜心與**聖靈**連結。順帶一提，對我來說，你們和J兄都是**聖靈**，因為在靈性的層次上是沒有任何區別的。我尋求**聖靈**的指引，想知道我應該對這些年輕人說什麼。我應該告訴他們真相嗎？還是要有所保留？我知道你們一定還記得我當時得到的答覆：「看看他們有幾個人會離開？換句話說，你不必有所保留，坦白跟他們說真相吧。」我照做了。其實我本來就想這樣做，只是有聖靈的再確認更好。

在這兩小時的講座中，大約有二十個人離席。當我告訴他們一些更澈底不同的教導時，許多人的臉上都出現「真的假的？真的是那樣嗎？」的表情。他們都是第一次聽到這樣直白的一體論。他們已經非常習慣把這世界和身體當真，完全沒想到還有另一種澈底不同的看待事物的方式。而這種看待事物的方式仍可以讓他們過著正常的生活，因為我沒說他們必須放棄任何東西。我只是告訴他們，有另一種詮釋世界的方式可以為他們省下大量的時間。

白莎：就人們對一體論的潛在抗拒而言，你已經表現得相當好了。畢竟這種訊息對小我來說，無異是它的末日。況且你要說的還是純粹一體論！只有上主是真實的，其餘的一切都不是真的。那些迷戀於身體的年輕人，有誰會想要聽這些言論呢？但你還是引起他們某些人的興趣。因為每個人的心靈裡都埋藏著有待發掘的真相，而他們感覺到了。甚至出乎你意料的，有些人聽你講課是因為他們從中認出了真相。你應該記得《課程》說的：

你好似活在其中的世界，並不是你真正的家。你的心冥冥中知道這一事實。家的記憶始終縈繞於你心裡，好似有個地方一直在喚你回去，即使你認不出那個聲音，也不清楚那聲音究竟在提醒你什麼。你一直感到自己是個異鄉人，來自某個不知名之處。雖然沒有任何證據足以讓你肯定自己是被放逐到這裡來的。那只是一種揮之不去的感覺，有時僅是一陣輕微的悸動，有時連想都想不起來；你刻意要忘掉它，但它遲早還是會回到你心中來的。[13]

葛瑞：噢，對，我記得那種感覺。甚至在我小時候就感覺到了。我會覺得有一部分的我並不屬於這世界。當然，很多人都有過這種感覺。事實的真相是，他們真的不屬於這世界。好消息是，我們有正確的道路可以離開這世界回家。自殺是行不通的，它只會讓你不斷回來娑婆世界再次經歷那些狗屁倒灶的事。所以，何不善加利用這看似存在的一生，好好地精進修行？如此一來，就算你再次回來這世間，由於你已經學會許多人生功課，你的下一世可能會過著更有趣又更精彩的人生。

我覺得，如果沒有《課程》，我的人生可能會過得有點悲哀。我在靈性的道途上整整走了十五年才找到《課程》；或者應該說，是你們找到了我。在那之前，我總是感覺悵然若失，因為我真的有某種東西失落了。對了，我有對你們的到訪表達過感謝嗎？

白莎：沒關係，反正我們當時也沒事做。

阿頓：你應該有注意到，當你化解小我——它就像剝洋蔥一樣——你的心中就會開始出現越來越多來自**聖靈**的正見。

葛瑞：沒錯！如同前幾個星期，我在洛杉磯國際機場準備前往馬德里。但出發之前有太多事要處理，我連睡覺的時間都沒有。當時是清晨五點，我真的感覺很疲累。接著，我心裡就想：

「你並沒有疲累，你只是作了一個疲累的夢而已。」我頓時豁然開朗。除了身體外，還有什麼東西會感覺疲累呢？可是我並不是一具身體。我只是夢見自己在一具疲累的身體裡，它跟真實的我一點關係也沒有。我的心靈其實可以選擇靈性來取代身體。這樣一轉念，我的感覺立刻好很多。事實上，每當我憶起真相，我的感受都會有所改善。現在，我在任何狀況下都能隨時憶起真相，況且還有**聖靈**助我一臂之力。

白莎：很好。當然，你身體感覺疼痛時也是如此。舉例來說，有人膝蓋疼痛。但他們其實不是真的疼痛，只是作了疼痛的夢而已，就如同你夢見身體疲累一樣。他們在夢中可能認為自己罹患關節炎之類的。他們首先會覺得疼痛是在膝蓋，但其實不是的。我們已經教過你，疼痛是一種心理過程，而不是生理過程。換句話說，疼痛是在心靈內。說得更深入些，它是罪咎的作用；他們的潛意識心靈因分裂而認為自己有罪。當然，他們是清白無罪的。因為分裂從來沒有發生過。它不過是一場從未真正發生的分裂之夢。只要他們能跟**聖靈**一起思維正見，並且銘記不忘，疼痛就可能會消失。

阿頓：由於我們即將談到的心靈運作方式，他們必須把「娑婆世界是一場夢」的觀念，應用在他們覺察到對自己有任何負面影響的一切事物：每個人、每件事、每個狀況，甚至包括他們自己。你可能會想到J兄在《課程》中問過幾個非常重要的問題：

如果你認清了這世界只是一個錯覺妄想，你會如何？如果你終於了解這世界是你自己一手打

造的，你會如何？如果你真正明白了，在世上來來去去的那些會犯罪、死亡、攻擊、謀害，最後一死了之的芸芸眾生，都不是真的，你又將如何？14

葛瑞：哇，這令我想起救恩的祕訣。讓我找一下。既然J兄要告訴我救恩的祕訣，我就得仔細聆聽。好的，我找到了：

救恩的祕訣即在於此：你所做的一切全都是對你自己做的。不論你以何種形式發動攻擊，此言不虛。不論什麼表面原因使你飽受痛苦，此言不虛。你若知道自己在作夢，自然不會跟著夢中角色起舞。你一旦認清了那原是你自己作的夢，不論夢中角色顯得何等可恨或何等兇暴，都再也影響不到你了。15

阿頓：J兄不是說得很清楚了嗎？現在，你可以問任何問題，包括工作坊中學員提出的疑問，這樣我們的討論範圍可以大一些。

葛瑞：好的。有人問我一本與《課程》相關的新書，它就跟其他許多與《課程》扯上邊的書一樣，似乎都在大談特談你應該在人間如何行動。該書作者舉一位朋友的例子：有個小偷闖進他家。但他不是以恐懼應對，而用愛來與小偷斡旋。他告訴小偷，他能諒解他為什麼要闖空門。小偷聽了之後非常驚訝。於是他們開始像朋友一樣交談起來，最後以美好的結局收場。

你們對這種作法有什麼意見？

阿頓：這個嘛，有時候這種狀況很容易就會被對方殺害了。萬一闖空門的那個人有精神疾病、嗑藥、想謀財害命或是暴力犯，那麼在形相的層次可能就十分危險。當然，我不是在鼓勵大家要以恐懼來行動。但明智的作法是立刻離開現場，而不是讓生命陷入危險來顯示自己的作法很靈性。說到這兒，就不得不提到《課程》一項非常重要的特質：務實。換句話說，要運用常識。《課程》的教導是應用在心靈層次，而不是應用在物質層次。別忘了，這是一部強調「因」而不強調「果」的課程。

葛瑞：這個我懂。把工夫用在改變心念與**聖靈**一起思考，就是在處理「本因」而不是「果境」。只要「因」對了，「果」自然不用你操心。因為你已經把馬匹擺在馬車前面了。但如果我們這樣做，難道那個闖空門的小偷不會自動改變嗎？

阿頓：可能會，也可能不會。在幻相的世界，事物有時候是逐漸改變的，而不是如你所想的瞬間改變。無論如何，《課程》強調的是你的心理狀態、你的內在平安和力量，而不是你夢中那些看似來來去去的事物。不過，這並不表示**聖靈**不知道你的需求。我們稍後再來談如何接受指引來達到豐盛富足。但在人世間，你無須逞強當英雄，而是當個正常人。若你硬要證明自己很行，你可能還沒學完此生的功課就掛了。

白莎：《課程》不是一種成功學，雖然很多人都這麼看待它。世人都想改善自己的人生賺大錢，《課程》並不反對這一點。因為如果《課程》反對的話，就等於是把它當真了。但你永遠要記住：一旦你把焦點放在果境而不是心靈上，你就把果境當真了；換句話說，你把根本不存在的東西當成真實的存在。如同J兄說的：「你若企圖將真相帶入幻相，表示你存心把幻相弄假成真，幻相便得以假借你對它的信心而理直氣壯地存在下去。你若能把幻相交到真相手中，就等於給真相一個機會教你認出幻相的虛假，這樣，你才有擺脫幻相的機會。」16

《奇蹟課程》說什麼就是什麼，完全沒有妥協的餘地。所以它只可能有一種解釋而已。這一點再怎麼強調也不為過。唯有上主是真實的，其餘的一切都不是真的。這世界根本不存在。有些學員想要**聖靈**在這世界裡幫他們一把，但這是不可能的。因為**聖靈**是在心靈裡，而不在世界內。《課程》說，這世界根本不存在！所以，他們要**聖靈**在哪個世界裡幫他們一把呢？

葛瑞： 說得真好。但《課程》要如何避免重蹈過去其他一元論教導的覆轍呢？沒錯，《課程》與美化這世界無關，也與維繫任何形式的個人身分無關。但你們也知道，現在已經出現一堆奇蹟學員渴望將世界靈性化來把它當真，並將個人的存在神聖化來維繫自己的個體性。此外，他們還會說別的東西有效，卻不曉得這些東西只是幫助他們暫時感覺舒服一點而已，它們根本無法化解他們的小我。有以上這些種種的障礙，《課程》這一次能逃過一劫嗎？

白莎： 這是個好問題，我們也有好答案。但首先，你還記得多瑪斯寫的福音第二十三條語錄嗎？

葛瑞： 誰？

白莎： 它記載J兄說：「**我選擇了你們，由千人選其一，由萬人選其二，被選者最後成了一個。**」

你看，《課程》的真實義並不需要大眾馬上接受。畢竟有些人準備好接受它，有些人則否。重要的是，要有一個完整的真理圖像，隨時提供給那些準備好的人去發現。《課程》揭示完整的真相，而不是只有部分的真相。這是前所未有的。更棒的是，它還設計成自修的課程。當然，有人也會開始打著《課程》的旗號建立教會或成立宗教，但他們再也無法阻止人們自己去尋找真理。人們也會去讀書會，那是聽到許多錯誤訊息的地方；但只要《課程》還在，它們就無法阻止任何人自修及受教於少數真正教導《課程》真義的奇蹟教師。這就是為什麼這次真理將不再被埋沒。只要人們還有言論及出版的自由，《課程》就會永遠存在。因為你無法埋沒數百萬本的《奇蹟課程》。沒錯，人們會把《課程》變造成他們喜歡的樣子，但真正的《奇蹟課程》會永遠都在。

葛瑞：真是太好了。《課程》曾經幫助我度過一些原本會令我抓狂的情況。

白莎：巴塞隆納發生的事就是個好例子。

（註：有一次在西班牙巴塞隆納的週末工作坊結束後，我搭飛機返國。基於某種原因，主辦單位堅持要支付我美元現金，而不想透過銀行匯款。我以前從未收過現金酬勞，而且還傻傻地把現金放在託運的行李箱，而不是隨身攜帶的行李。回到洛杉磯後，我一如往常打開行李箱檢查，確認一下東西有沒有損壞。我才一打開，就發現一萬三千元美金全部不翼而飛。我當場就報了警。但警方表示他們恐怕無能為力，因為錢可能是在巴塞隆納當地被偷的，這超出他

們的管轄權。對了，他們還叫我以後別把現金放在託運的行李箱。後來，我試著尋求美國航空公司的協助，結果也是徒勞無功。這整件事就成為我寬恕的機會。

我平常遇到事情都可以馬上寬恕，只有這件事耗掉我一些時間才放下。四處求助無門的事實令人更加沮喪，等於一次要面對好幾個人生功課。但不論看似發生什麼事，寬恕的運作模式都是一樣的。）

白莎：你要不要為我們說明一下？

葛瑞：嗯。我剛開始很苦惱，於是我就知道自己是在跟小我一起思考和感覺。你的感受其實是你某些時候的思維結果。小我最喜歡給人措手不及的麻煩事，因為這樣對你的衝擊最大。這種出其不意的狀況，會觸動你潛意識心靈的想法和感受，讓它們一一浮出檯面。一旦有任何東西擾亂你心靈的平安，此時你就得提高警覺了。你必須覺察自己與小我一起思考的事實。因為小我會透過評判而把事件當真，巧妙地讓你掉進它的陷阱裡。因此一旦你發現了，就得立刻**阻止**自己。你必須停止與小我一起思考，而這是需要練習與訓練的。事實上，這第一步驟可能是最困難的。

接下來是轉換到**聖靈**的思維模式。你不可能同時與小我和**聖靈**一起思考，永遠只能選擇其中的一個。既然如此，不如學習選擇**聖靈**。當你選擇以**聖靈**為師而不是聽命於小我，此時就是《課程》所說的「**神聖一刻**」；也就是《課程》所謂重新選擇的一刻。**聖靈**會賜給你正見。祂會告訴你，這不是真的；它只是你作的夢，沒必要受它影響。如同J兄說的：「**沒有一物傷害得了你，除非你賦予它這個能力**。」**17** 所以我否認有任何不屬於上主的東西能夠影響我。對了，我通常是在心裡跟J兄說話。如同我說過的，J兄對我來說與**聖靈**毫無差別，他們兩者並非競爭的關係。因此他們其中一位會告訴你，你是在回應根本不存在的東西；你可以寬恕這個人、這件事或這個情境。但不是因為這件事真的發生，或這個人真的對你做了什麼，而是它們根本什麼也沒做。所以沒有什麼事真正發生，他們其實是清白無罪的。對了，這也會為你自己的潛意識心靈帶來一個訊息：你其實並沒有真正做過什麼，因此你是清白無罪的。這就是你們之前說要談的心靈運作方式。

做到這一點後，就可以進入第三步驟。一旦你決定與**聖靈**一起看事情，這就成為**聖靈**的責任，而不是你的。**聖靈**接管後，你只要專注在《課程》所謂的**慧見**上即可；有時候，你們會稱它為**靈性之見**。每當你與**聖靈**一起思考而不是聽命於小我，《課程》也會用**正知正見**來形容它。**聖靈**會逐漸接管你的心靈，最後你將時時具足**慧見**。那時候，你就會像J兄一樣。想要跟J兄一樣，你就必須像他那樣想。你得效法他，讓**聖靈**的思想體系成為自己的。

J兄眼中的一切都是純潔無罪的。他不會被表相蒙蔽；他會無視於身體，並將每個看似獨立的個體視為一體。他放眼望去無一不是他自己，沒有任何的例外。因為只要有例外，就不是完整的一體了。所以在這第三步驟，不管偷我錢的人是誰，我都一反世人的看法，視對方為清白無罪的。我會視對方為與上主無別的完美靈性，永遠清淨圓滿，而這本是他們的真實面目。如此一來，一切只剩下真相。

我認為真正的訣竅在於「記得」。一旦你知道如何做，並且記得做，它就會成為一種習慣。這就是心靈的鍛鍊。我必須承認，這裡頭有一點無私的自私成分。因為我從《課程》中得知，我怎樣看待他們，就會體驗到怎樣的自己。或許不是當下那一刻發生，但它會有日積月累的效果。因為我們的寬恕永遠會促成某種療癒之效。而這三個步驟是最基本的。

阿頓：不賴嘛，我們會告訴J兄你進步了。

葛瑞：我們在中國時，某些學員似乎認為你應該寬恕一切，而不是只有寬恕負面的事物。例如你也要寬恕美麗的夕陽、性、美好的時光……等等。真的是這樣子嗎？

阿頓：不是的。當你感覺沒有平安時，才需要寬恕。你可能覺得心煩、不爽快或甚至憤怒，這是因為某些潛意識的罪咎在你的心裡被觸動了。這罪咎潛藏得如此之深，你甚至覺察不到它的存在。《課程》說：「**憤怒是毫無道理的事。**」[18]因為你其實是在對自己憤怒。你的人生不是別人作出來的夢，還記得吧？所以《課程》的重點在於寬恕你自己潛意識中的小我恐懼思想體系。而所有的負面情緒都可以歸結於同一個範疇之下：恐懼。只要是對你沒產生什麼負面影響的，你就可以不必擔心它。事實上《課程》說，當你與人在一起而沒什麼好寬恕時，你就應該好好地慶祝一番！

葛瑞：這讓我想到一個笑話。有一位僧侶在修道院的地窖裡閱讀古老的經典。忽然間，他有了重大發現，興奮地跳了起來。他從地窖飛奔上去，對著其他僧侶大聲喊：「你們看！你們看！經典說的不是禁欲（celibate），而是慶祝（celebrate）！」

阿頓：好吧，我們言歸正傳。當你與人在一起而沒什麼好寬恕時，你放心，遲早還是會有東西冒出來讓你寬恕的。好好地享受這段風平浪靜的時光吧。在幻相中享受美好的事物，這並沒有什麼不對。看電影時，你也知道它們不是真實的，但這並不妨礙你欣賞這些電影，不是嗎？所以在人生的夢境中，你還是可以繼續欣賞音樂或藝術之類的事物，只要記得在必要時寬恕即可。關於美好的事物也要寬恕的問題，告訴你的中國朋友以及所有人，這是沒有必要的。事實上，隨著你持續操練寬恕，你會覺得這世界越來越像是一場夢，其中也包括你喜愛的那些事物。所以要記住，體驗美好的夢境是沒什麼大礙的。

葛瑞：我能問在工作坊中經常被問到的一些關於未來的問題嗎？

白莎：當然。如果我們不想回答的話，我們會瞪著你。

葛瑞：好的。你們在九〇年代告訴過我，道瓊工業指數會在二十一世紀中期的二〇五〇年超過十萬點。如今，它大約是兩萬一千點左右。但現在距離二〇五〇年只有三十三年，你們還支持這個預測嗎？

阿頓：是的，但是要到二〇二二年世界的經濟才會開始飛快地成長。我們仍支持這個預測。

葛瑞：酷喔。我的醫生說我有高血壓，要我服用藥物。但我覺得這個藥一吃，可能一輩子都要依賴藥物了。有沒有什麼其他治療的方法，或是我只要運用心靈的力量就可以了？

阿頓：你以為我是愛德加．凱西（Edgar Cayce）嗎？我們之前給過你健康方面的建議，讓你明白：只要你知道所有的疾病和療癒其實都是來自於心靈，那麼去使用怪力亂神的東西是沒什麼大礙的。除非你達到J兄那樣的境界，否則借用一些輔助是沒有關係的。你可以試試一天服用三百毫克的鉀，一般的健康食品店都買得到。通常一顆是九十九毫克，你一天吃三顆就可以了。另外，你每天還要服用五百至六百毫克的鎂。記得這兩個都要吃，但是別過量。這樣你就不必吃藥，也不會有副作用。

說到你的夢幻世界，富蘭克林和愛默生都說過：「健康是首要的財富。」未來人們會越來越重視營養補給品和自然療法，並逐漸遠離種種藥物。倒不是因為某些藥物對某些人沒有實質的幫助而消失，而是大多數的藥物其實都是為了讓大藥廠賺飽荷包而存在。還有，適度地為細胞補充氧氣能預防及治療疾病，這將成為普遍的知識，並大大改變人們的醫療觀念。現在至少有三位諾貝爾獎得主提出這個事實，但醫療產業卻竭盡所能隱瞞有效的療法，並且隱瞞得很成功。因為對他們來說，醫療是為了賺錢，而不是為了治好疾病。

（註：我去看醫生時，血壓是一五六與一〇二。我按照阿頓的指示服用鉀和鎂的兩個月後，我的血壓是一二八與

八十六。我還讀了專家新發表的健康準則說，高血壓不再是以一四〇與九〇為基準，而是一五〇與九〇。除非你有糖尿病或腎臟疾病，才維持以一四〇與九〇為基準（編按：二〇一七年美國心臟協會，重新定義血壓達一三〇／八〇毫米汞柱以上即為高血壓）。但不論以哪種基準來看，醫生都認為我的血壓偏高。順帶一提，我的建議是凡是醫療的問題都應該與醫生諮商。但在阿頓與白莎——我視他們為**聖靈**——的指引下，我個人選擇服用鉀和鎂，而不是吃藥。）

葛瑞：那麼全球暖化呢？情況會好轉嗎？

白莎：我敢說現在你已經知道，除非到了生死存亡的關頭，人們是不會採取任何行動的。那些否定全球暖化科學證據的人，其實只是為了金錢利益而睜眼說瞎話。地球在這個世紀會遭受嚴重的破壞，尤其是下半個世紀。許多城市會發生水災，上億人被迫棄守家園移居他處。儘管全球性的災難最後會得到控制，但嚴重的損害和苦難是避免不了的。此外，還會發生與氣候變遷無關的自然災害，其規模之大是世人在這一輪歷史中前所未見的。有些事件會非常可怕。不過很抱歉，我們不能透露細節。**不管發生什麼**，做好寬恕的準備就是了。不論是地震、海嘯、規模更大又更頻繁的暴風雨，或是狂人贏得選舉之類的，總之，寬恕就對了。

葛瑞：那麼水呢？我們之前談到水，未來全球的水況會如何？

白莎：不太好。如同我們剛才說的，人們總是不見棺材不掉淚。因為小我最喜歡危機及其帶來的恐懼感。舉例來說，目前已經有將海水淡化成乾淨飲用水的技術，但人們還是不會將它落實，除非是到了生死存亡的關頭，或是看見發財的機會。

對了，我要替你移居的加州說句公道話。大家都責怪加州消耗其他州大量的水資源，可是別忘了，它也是有所回饋的。加州產出的水果和蔬菜，比世上其他地方都來得多。我並不是因為把它當真才說這些話。我只是想指出，小我總是把自己潛意識的罪咎投射到別人身上，而許多美國人似乎就把罪咎投射給加州。

葛瑞：還有好萊塢。我以前總以為那裡是一堆小屁孩在游泳池邊閒晃嗑藥的地方。後來我搬來這裡觀察了幾天，才發現他們其實都很努力工作，似乎一天工作十六個小時。我也因此學會要對人多一點尊重，少一點評判。

說到好萊塢，我看了最新的《星際大戰》（*Star Wars*）。當然，它的電影特效一流，非常具有娛樂的效果。但我忽然發現，它的劇情其實跟早期的星際大戰電影沒什麼兩樣，都是兩方對立的人馬不斷發生戰爭，企圖想要「平衡原力」。

事實上，陰陽永遠互為消長。這就是二元性。陰陽要一直處於平衡是不可能的事。電影《星際大戰》有這麼多人觀看；因此我就在想，與其老是上演相同的衝突劇情——我們都知道那是心靈內在衝突的結果——何不來個全新的次要情節？也不必做得太過火，只要添加幾個新角色就行，例如出現幾位光明存在體（light beings）。他們不必立刻把整個電影系列的劇情全部改變，但他們可以安排這些光明存在體對其中幾位主角建議說：「一定另有出路。」

接著就可以逐漸帶進真寬恕，並說明宇宙只是一個全息影像。這會很合好萊塢的胃口，而且不會影響他們製作出極具娛樂性的電影。換句話說，電影其實可以用來表達很有趣的東西，而不是什麼東西都沒說。

白莎：你剛才在說什麼？

阿頓：這主意不錯。不過，這當中沒什麼有利可圖的誘因可以讓他們促成這樁美事。也許你應該把心思放在我們的電視影集上。

（註：我一直想把我的書拍成電視影集。我在工作之餘與我的編劇夥伴兼共同製作人艾麗西亞〔Elysia Skye〕一起籌備這計畫已有六年之久。我們的計畫持續在進行中。然而最後是否能成功，或只是成為另一個寬恕的機會，則還有待觀察。但不管怎樣，我很享受在這過程中所學到的一切。）

葛瑞：好的。我在工作坊中常被問到的另一個問題是，當我們功圓果滿回到上主天鄉時，我們該怎樣避免分裂再次發生？我想我知道該怎麼回答，但我想聽聽你們的答案。

阿頓：《課程》教導說，「與上主分裂」這件事從未發生過。你從未真正離開過上主，你只是作了夢。然而直接體驗上主，才是真正了解上主真相的唯一方法。當你體驗到那個實相——這是每個人都可以體驗到的，只是剛開始時間非常短暫——疑問根本就不存在，存在的只有答案。你不會有懷疑或恐懼。問題源自於懷疑；但**靈性**裡沒有懷疑存在。所以這一類問題唯一令人滿意的答案，就是去親自體驗你與上主的完美一體性。

一旦有了那種體驗，你就會知道在那體驗中只有答案，沒有疑問。你會看似又回來這裡。接著，過了一會兒，你會發現你有疑問。但如果你真正仔細觀察的話，你會發現，原來那些問題是你夢出來的！怎麼說呢？因為那些問題在**天國**裡根本不存在。事實上，那些問題只存在於分裂的狀態，而這狀態不過是一場從未真正發生的夢境。這是另一個覺察自己處在夢境裡的例子。你越是知道自己正在作夢，你對上主的疑問也就越少。上主的體驗使你明白，你在人間體驗到的一切都不是真的。而這種真知或靈知，純屬個人的體驗。如同《課程》說的：「**真理只能體驗。那是無法描繪也無法解釋的。我只能幫你意識到真理的先決條件，至於經驗層面，則是上主的事。只要我們同心協力，便已具足了真理要求的條件，但最後讓你開竅的則是真理本身。**」19

既然分裂從未發生過，它就不可能有再次發生的問題。不過，《課程》還是為那些需要鼓勵的人，以隱喻的方式針對這個問題提供了答案：

聖靈就是「基督之心」，超越了人間知見而覺於真知之境。祂是繼天人分裂之後才進入世界的，一面善盡保護之責，一面啟示給人「救贖原則」。在那以前，心靈無須任何治療，因為沒有人會遭到任何不幸。聖靈之聲即是救贖之音，它呼喚心靈回歸原本的完整生命。心靈一旦完成了救贖，整個聖子奧體便獲得了療癒，回歸的呼喚便不復可聞。然而，上主創造的生命必是永恆的。聖靈永遠與上主的兒女同在，祝福他們創造的一切，且以喜悅之光護守著他們。**20**

葛瑞：所以它的意思是說——我知道這只是隱喻——當《課程》所謂小小的瘋狂一念又開始產生時，**聖靈**就會阻止它。祂會讓我們永遠處在喜悅的光明中。

阿頓：沒錯。

葛瑞：這令人感到安心多了。對了，《課程》所謂「我們的創造」是什麼意思？我一直搞不太清楚。

白莎：J兄在《課程》中使用「**創造**」一詞，他的用法跟人間的用法並不相同。在你的認知裡，這個詞可能是指一首歌、一本書、一幅畫，或你在人間製作完成的任何東西。但J兄指的是完全不同層次的東西。

當他說**聖靈**會祝福你的創造，他指的是你在天堂的創造。在天堂，你創造的方式與上主創造的方式完全相同，因為上主把你創造得像祂一樣。你與上主之間沒有任何區別或差異。沒錯，是祂創造了你，不是你創造了祂。但即使是這個區別，也會消失不見。你可以把它想成是「**整體的同時延伸**」，我們以前也用過這個詞彙形容它。人類的心靈其實無法真正理解它的本質與廣大，這詞彙只是給你一個籠統的概念。

我們的意思並不是說，你們在人間的那些創作有什麼不對；事實上，美麗的藝術作品也有可能是來自聖靈的靈感。但就《課程》來說，只有永恆的東西才是真的。你們都看過偉大的藝術作品；再過幾千年，它們幾乎都不復存在。但天堂裡的創造，將永遠存在。

葛瑞：好的。關於未來，我還得知道些什麼？

白莎：人類將超乎預期提早在火星上殖民。我們仍支持我們的預測，人類將有驚人的考古發現，證明火星確實曾經出現過智慧文明。接著，你們會再發現其他文明；但要經過一段很長的時間，你們才會承認其中一個其實是人類的文明。此外，外星人將首次與你們公開接觸，但不是由你們的政府開始。世上有某些政府極力在阻止人民發現外星人的存在，其實這些外星人造訪地球已經有好幾千年了。這些政府給的理由是，人民還沒準備好接受真相，一旦知道外星人的存在可能會驚嚇過度。當然事實上，人們早就準備好接受這個真相了。

這些政府不想讓人民知道它們私下與某些外星人接觸的真正原因是，它們與外星人有不可告人的祕密協議。外星人答應提供先進的科技給美國、英國、加拿大和俄羅斯等國家，以換取他們綁架地球人的合法許可。這段時間以來，已經有數十萬人被外星人綁架，而且目前還在持續發生中。他們綁架地球人的目的包括醫學實驗、異種交配、耐力測試、DNA變異及其他不堪入耳的目的。其中有些人現在已經在其他星球上了。這聽起來簡直是天方夜譚。沒錯，它聽起來確實像是遙不可及的事。可是別忘了，沒有一件事物是在你之外。

葛瑞：哇塞，我聽說紐約市每年有好幾千人失蹤，而這些人並不是自己走失的。

白莎：這種事已經持續超過六十年了，甚至在那之前也曾發生過。但自從第二次世界大戰及韓戰結束後，地球人遭綁架的情形開始增多。因為外星人在那段期間開始投入大量時間研究地球人。

葛瑞：他們一定會認為：「這些地球人真是腦筋有問題。」

白莎：是的。否則我們就不會在九〇年代稱呼這地方為「地球精神病院」了。不過，有些外星人的殘忍行徑也比人類好不到哪裡去。畢竟這是二元的娑婆世界，有大善人也有劊子手；有時候，劊子手也會變成大善人。外星人的情形也是如此；有好的外星人，也有壞的外星人。例如有高度靈性發展的昴宿星人，也有行事較為殘酷的小灰人。事實上，儘管不是全部，但大部分的綁架事件都是小灰人幹的。

葛瑞：這些事情在二十一世紀會全部揭發出來嗎？

白莎：有一些，但不是全部。它將會是個緊張刺激的狂野世紀。中國有句話說：「寧為太平犬，莫作亂世人。」這世紀必須面對的問題包羅萬象，包括區域的核武衝突、轉基因病毒等等的棘手問題。

阿頓：事實上，本世紀最大的問題之一，就是罪犯及各國政府主導的組織化駭客入侵。如果寬恕功夫做得不夠的話，這種入侵行為將導致網路大戰。你可能早上醒來，整個國家的電力系統完全中斷；所有的檔案紀錄全部消失；所有的金融市場全部停擺；你的信用卡和銀行帳戶不復存在；很快地連水和食物都無法供應，接著全面陷入一場大混亂。

葛瑞：人間總是永無寧日。

阿頓：接著，人類要面臨的是人工智慧的挑戰。終有一天，這些人工智慧將不再視自己為人造的，而開始認為它們擁有自我的身分。你知道的，小我的心靈就是一個生存機械。於是有些人工智慧會開始認為，人類是沒效率又不必要的累贅。別忘了，小我是最喜歡新問題的。因為它能使你把焦點放在投射上，把你擺在果境的位置。接著在你產生評判而將它當真的那一刻，小我就存活了。

葛瑞：後來的結局會如何？

阿頓：我們不想事先劇透，葛瑞。對了，你應該把那看似發生在你人生中的一切視為一場電影。你其實並不是葛瑞，而是在電影中扮演葛瑞這個角色的演員。這將有助於你遠離執著，同時又能快樂地扮演你的角色。

葛瑞：我喜歡這個想法，很有好萊塢的味道。莎士比亞說得對：「世界不過是個舞台，人間的男男女女都是演員。」

白莎：莎士比亞是外星人。哈，開玩笑的。但如同我們告訴過你的，他確實是開悟者。現在，我們要來談談妨礙眾多奇蹟學員進步的東西。事實上，它或許是奇蹟學員最大的障礙，因為他們經常會越俎代庖搞錯自己的任務，那就是：糾正弟兄的錯誤。修正錯誤是聖靈的任務，祂會善巧地引導弟兄回家。學員的任務不是去告訴弟兄該怎麼做，然後藉此展示自己的優越。別忘了，這是一個自修的課程，而不是有虛妄階級之分的宗教。請你幫我們唸一下《課程》中〈修正錯誤〉的那一節。

葛瑞：好的，我找一下。找到了。它大概有兩頁之多，要全部唸嗎？

白莎：是的。這一節至關重要，它將決定奇蹟學員進步的快慢。若不將它謹記在心，就會在原地打轉而無法進步。

葛瑞：好的。〈修正錯誤〉：

聖靈要你保持儆醒，不是要你的小我對其他小我的錯誤提高警覺。小我對於那些錯誤所代表的「意思」頗具戒心。他只對這類意思最為敏感，因為它只懂得這類意思。然而這些錯誤對聖靈而言，一點「意思」都沒有。

對小我而言，指出錯誤並且加以「修正」，是正當的，也是一樁好事。小我感到理所當然；問題是，小我並不了解那些錯誤究竟錯在何處，也不明白該從何修正才好。錯誤，全屬於小我層次；若要修正錯誤，只有根除小我一途。當你糾正一位弟兄時，無異於告訴他，他是錯的。他有時可能真的不可理喻，其實，只要是出自小我的話語，沒有一句是有道理的。然而，你的功課仍是告訴他，他是對的。如果他出言不遜或愚昧，你無須在口頭上公然認可。

他有待修正之處在另一層次，因為他的錯誤發生在另一層次。他仍是對的，因為他是上主之子。至於他的小我，不論說什麼或做什麼，必定是錯的。

如果你指出弟兄的小我所犯的錯誤，你只可能透過自己的小我才會看到，因為聖靈是看不見他的錯誤的。這是**千真萬確**的事，因為在聖靈與小我之間沒有交流的可能。小我是不可理喻的，聖靈也無意去了解小我的所作所為。祂既不了解，故而無可置評，因祂深知小我營造之物沒有一個具有任何意義。

只要你對任何錯誤有所反彈，表示你沒有聽從聖靈。祂對那些錯誤只會視而不見；你若在意它們，表示你沒有聆聽聖靈之聲。你若聽不見祂，表示你正在聽小我之音，你便會像那些在你眼中犯了錯的弟兄一樣不可理喻。這哪裡稱得上是修正！你不只害他錯過了修正的機會，同時也表示你放棄了修正自己的機會。

當弟兄表現得神智失常，唯一治癒之道就是幫助對方認出自己神智清明的那一部分心靈。如果你不只見到錯誤，還把它當真了，你也會把自己的錯誤當真。如果你有意把自己的錯誤交託給聖靈，你必須將他的錯誤也一併獻出。除非你能以這種方式處理一切錯誤，否則，你不可能明白所有的錯誤是如何澈底化解的。這跟我們先前說的「你教什麼，就會學到什麼」不是同一回事嗎？你的弟兄和你一樣都是對的，你若認為他錯了，等於同時定了自己的罪。

你無法修正自己的錯誤。你豈有修正別人的能力？反之，你是可能看出他的真實面目的，因為你能看出自己的真實面目。改變你的弟兄不是你的責任，你只能接受他的現狀。他的錯誤並非源自他內在的真相，而只有這一真相才是你的事。他的錯誤改變不了他的真相，也影響不到你的內在真相。你若在任何人身上看到錯誤，並且當真地回應的話，那些錯誤對你會變得真實無比。你便不得不為他的錯誤付出代價，你不會為此受到懲罰，只會因聽從了錯誤的嚮導而迷失了方向。

你弟兄的錯誤並不是他的，正如你的錯誤也並非你的。你若把他的錯誤當真，無異於自我打擊。如果你想找到自己的路而不再迷失的話，你必須只著眼於同行伙伴的真相。你內在的聖靈會寬恕你及弟兄內的一切。他的錯誤會與你的錯誤一併受到寬恕。救贖和愛一樣不容分裂。救贖不可能分裂，因為它源自於愛。你若企圖糾正弟兄，表示你相信自己能夠糾正別人，小我傲慢的嘴臉於此暴露無遺。修正是上主的事，祂對傲慢一無所知。

聖靈必會寬恕一切，因為一切出自上主的創造。請勿越俎代庖，否則你會忘卻自己的任務。只要你還活在時空世界裡，便只需接受療癒的任務，因為那正是時間存在的目的。上主已賜給你在永恆中創造的任務。那是不待學習的，但你亟需學習讓自己想要這一任務。所有的學習其實都是為了這個目的。唯有如此，聖靈才能把小我打造出來的一堆無用的本領發揮大用。將小我的本領交託給聖靈吧！你不懂如何善用這些能力的。只有祂能教你如何不以自責的眼光看待自己，同時學習不以定罪的眼光看待一切。於是，一切罪罰對你就不再真實，你的一切錯誤也一併得到了寬恕。21

白莎：謝謝你，葛瑞。所以說，修正錯誤不是你的事；你的任務是對弟兄的錯誤視而不見。別把錯誤當真；同時別忘了，要寬恕弟兄沒做過的事。然而，小我會有不一樣的想法，如同《課程》說的：「小我也會應你的要求而給你一套寬恕計畫，只是你找錯了老師。小我的計畫必然不可理喻，自然也不會有任何成效。聽從它的計畫，只會將你導入絕路，這一向是小我請君入甕的把戲。小我的策略是先讓你看清錯誤，然後要你假裝視而不見。問題是，你既已把錯誤當真了，還漠視得了它嗎？你既然已對錯誤秋毫畢察，而且弄假成真，你是不可能視而不見的。」22

葛瑞：我懂了。只要我把弟兄的錯誤當真，就無法真正寬恕它。所以我一開始的態度，就應該不把它當真。《課程》說的「準備就緒」就是在談這個。你們也知道，我偶爾會收到某些不滿的人寄來的電子郵件，或是在網路上發表粗魯的貼文批評我。憤怒的人實在太多了，網路成為他們投射自己的潛意識罪咎的最佳管道。他們會鉅細靡遺地說明我做錯了哪些事，說我是個多麼貪婪又糟糕的人。事實上，這些人根本不認識我，也從來沒見過我；但他們對於我的問題卻如數家珍般一清二楚。在數落我一番後，他們通常會在電子郵件或貼文的結尾說：「喔，不過我寬恕你。」

阿頓：沒錯。他們花這麼多時間把它當真，而且不曉得他們自己根本沒有寬恕你！這是典型的小我陷阱，小我最擅長搞這一套了。舉例來說，整個人類社會都是透過分析來將事物當真。許多職業都牽涉到分析，包括你的演奏工作及其他行業：工程師、醫生、律師、科學家、物理學家、股市交易員……等等。然而，分析會使心靈將一切事物牢牢地當真了。

當然，我的意思並不是說，你不應該在工作上分析事物。我要說的是，你必須覺察到這一點，才不會落入陷阱把它當真了。你要做的是，用真相的信念來取代幻相的信念。如你所知，「光明」一詞在《課程》中意謂著「真相」。事實上，**J兄會在某個時候問你：「分析黑暗能讓你得到光明嗎？心理治療師或神學家通常都是先認同了自身內的黑暗，再由遠處求取光明來驅逐黑暗，並再三強調光明遙不可及。」23**

白莎：顯然答案是否定的。這就是為什麼《課程》式的寬恕，如你之前簡單描述過的，就是對問題視而不見、不把它當真，然後用真相來取代它。當然，你也必須覺察自己在寬恕什麼。畢竟你是在小我的架構內運作著，而這正是需要療癒的地方。此外，只要你還狀似在人間，就會看見其他的身體，並且看起來好像你真的有問題要解決、真的有帳單要支付、真的有人際關係要寬恕。然而只要你寬恕它們，它們就再也無法使你感到焦慮、被遺棄、匱乏或其他任何負面的感受。

葛瑞：好的。以後我會更著重在只去覺察事物，並隨即寬恕它們，而不是去分析它們。坦白說，我確實有分析東西的習慣。幾個月前，我去好萊塢露天劇場聽老鷹合唱團的演唱。演唱會進行到一半時，我發現身為職業樂手的我一直在分析他們的演奏手法及唱歌方式。覺察到這件事後，我知道**聖靈**給了我一個建議：「你何不好好地享受音樂？」

有一次在工作坊中有人問我，寬恕時是否應該找出與眼前的寬恕機會相對應的潛意識罪咎，然後覺察它、寬恕它。你們會怎麼回答這個問題？

白莎：完全沒必要。你不必去揭發自己心靈裡的潛意識罪咎，因為那是**聖靈**的工作。人如果要自己去挖掘這些罪咎的話，恐怕得耗上幾十萬年。別忘了，《課程》是在幫你節省時間。**聖靈**能看見一切，包括埋藏在你心靈裡的所有東西。你只要寬恕眼前的事物就可以了。當你這樣做，**聖靈**便會療癒你心靈內與之對應的罪咎。這就是為什麼《課程》會形容說，你需要做的簡直微不足道，而**聖靈**所做的卻何其偉大！要記住，J兄與**聖靈**是無二無別的，他在《課程》的前面就說：「當你行奇蹟時，我會配合你的需要而重新調整時間與空間的。」[24]只要你做好自己的本分，**聖靈**會幫你照顧好其他一切的。

葛瑞：說到**聖靈**，我經常被問到要如何跟**聖靈**一起合作。尤其人們特別想知道，如何分辨自己聽到的是**聖靈**的聲音，還是小我的聲音？

白莎：那你怎麼回答？

葛瑞：我說：「什麼！你們以為我是萬事通嗎？」哈，開玩笑的。我其實是告訴他們，我早上一起來就請**聖靈**為我這一天作主。當然，他們可以請J兄、**聖靈**、佛陀、奎師那，或任何他們具足信心的聖者作主，重點在於你不再插手主導。如此一來，某種比你更廣大的東西就開始接手，這一天也就不再是你的責任了。但你並不是孤獨一人，因為你將被賜予智慧。接著，我會儘快與上主有一段靜處的時間；可能是二十分鐘，也可能只是一下子。如果時間非常匆忙，例如禮拜天的教會講道或時間來不及了，我可能會直接出門，只說一句：「嘿，J兄，你在我身邊吧？」這樣就夠了。因為與靈性連結只需要一瞬間。

但我幾乎都會找時間讓心靜下來，邁向上主。我會忘記這世界和我所有的問題與需求，只處於感恩的狀態。記得有一次我和辛蒂與茱麗在一起，當時辛蒂問了一個很好的問題。她問茱麗，操練《課程》四十多年後，他們夫婦是如何過生活的？茱麗毫不遲疑地回答：「感恩。」

我就是努力想成為那樣子。但我的意思不是感恩幻相裡的遭遇，而是感恩我有圓滿的天鄉可以回歸，並且知道回歸的方法。所以我心懷感激地邁向上主，並在一天中盡可能想到上主或**聖靈**。透過寬恕，我在心靈裡為**聖靈**創造出更多的空間；隨著小我的化解，我越來越能清楚聽見**聖靈**的指引。我已做好寬恕的準備。我知道《課程》所謂的奇蹟，指的就是寬恕。記得《課程》說：「**只有準備妥當的心靈才可能行奇蹟。**」[25]

阿頓：說得真好。現在，換我來談談如何知道你聽見的是**聖靈**的聲音，還是小我無意義的囈語？首先，你得要有聆聽的願心，如同J兄說的：「**被召叫者眾多，被選者卻少。**」[26]因此，如果人們想聽見**聖靈**之聲，就得問自己三個重要的問題：

第一：**我有在聽嗎？**你必須是敞開接納的。**聖靈**永遠與你同在，你絕不會是孤獨的。但你必須對靈性敞開。

第二：**我接收到的訊息本質是什麼？**訊息的**形式**不重要，重要的是**內涵**。這訊息可能以許多不同的形式來到你面前。最常見的是進入你心中的一個想法，但也可能是一種感覺、直覺、或真正聽得見的聲音。不過，後者的情形比較罕見。或者是透過某人說的話來傳達訊息給你，例如你可能會思考那個人說的話，然後心裡覺得：「**我應該聽這個人說的。**」因為真正重要的是訊息的本質，而不是它們出現的形式。這些訊息應該讓你感到平安。如果無法讓你感受到平安的，就很可能不是來自於**聖靈**。

只有一種情形例外。因為**聖靈**可能會引導你，不要去某個地方。接收到這種訊息時，你可能會感到忐忑不安，但無論如何你都應聆聽這種指示。不過，這種不平安的訊息並不常見。你自己也有過一些經驗。

（註：每當我受邀到世界的某個地方演講，我都會詢問**聖靈**我是否應該前往？通常答案都是肯定的。但過去十四年來，**聖靈**有兩次很明確地回答「不妥」。於是我就沒去那些地方了。儘管不知道去了究竟會發生什麼事，但我相信**聖靈**的判斷。這並不是那種盲目的宗教信心，而是**聖靈**的明智判斷早已贏得我的信任。）

阿頓（繼續說）**：**所以大多數的情形來說，如果訊息是充滿希望、令人歡欣鼓舞，尤其是使你感受到啟發的，那就是來自於**聖靈**。相反的，如果你聽到的訊息論調是將你眼前的事物當真、評判他人，或是你很想在夢中做某件事卻被潑冷水，那麼它就很可能是來自於小我。重點是要明白，居住在你正見之心的**聖靈**會提醒你寬恕；而小我則永遠會利用它的妄見來慫恿你去評判、將你的世界變得異常真實。隨著修學《課程》的進步，你的辨別能力會越來越強。你將能夠清楚分別這兩者的差異。

第三**：我有隨時請求指引嗎？**這將使你更為敞開。它就好比是對**聖靈**提出邀請；而即使只是小小的願心，**聖靈**也會全力以赴地回應你。《課程》教你要問**聖靈**：「**祢要我去哪裡？祢要我做什麼？**」並且要告訴**聖靈**：「**我一心追隨祢，並且堅信祢的指引必會帶給我平安。**」**27**

葛瑞：是的，我也經常詢問**聖靈**。此外，我也發現**聖靈**的指引在人生夢境中非常管用。祂不僅在我操練寬恕時賜給我正見；就連我在人生夢境中想做的事，祂也會給我非常有幫助的建議。不管是旅行、演講、股市交易，或只是決定想找什麼樂子，我都會有天外飛來一筆的靈感出現。

曾經有幾次，我問那些做出很棒的事情的人：「嘿，好酷呀！你是怎麼想出這些點子的？」你們知道他們怎麼回答嗎？「喔，就突然想到的。」就是像這樣子！這就是一種靈感的啟發。你會突然冒出某些想法，接著你覺得：「喔耶！這可能行得通喲。」然後你付諸實行，果然證實有用。從此以後，你就會欣然接受這種靈感的啟發。然而你必須記住，**聖靈**永遠都在你的心中。光靠你一個人單打獨鬥、追逐紅塵的事物，是不會成功的；就算你能獲得某些暫時的成果，它們也無法帶你回歸天鄉。

白莎：沒錯，老弟。如果你的目標是與**聖靈**一起建立的，那麼它將利益一切眾生；如果不是這樣，那麼你就是著眼在錯誤的地方了。《課程》說：「別往身外追尋了，那注定會落空的。每當偶像破碎一次，你就會哭一回。你無法在天堂不在之處找到天堂，而天堂之外絕無平安可言。」**28**

阿頓：此外，寬恕能清除你心靈中那些錯誤的潛意識罪咎，從而使你能更聽清楚**聖靈**的聲音。為了不讓大家以為都是我們在談寬恕，何不說說你在工作坊中談到《課程》關於寬恕的一些內容？

葛瑞：好的。我引用的大多是來自〈學員練習手冊〉。寬恕是救贖的工具。寬恕是我在世的唯一任務。我願寬恕臨幸於萬物，如此，我才會蒙受寬恕。寬恕是幸福的關鍵。恐懼束縛了世界，寬恕釋放了世界。身為世界之光的我，負有寬恕的任務。世界之光藉著我的寬恕，把平安帶給每個心靈。寬恕會給我想要的一切。寬恕幫助我了悟心靈的相通性。寬恕結束了所有的痛苦與失落。我唯一能給的禮物，只有寬恕。寬恕結束了衝突迭起的人生大夢。若非寬恕，我至今仍是盲目的。寬恕貫穿救恩的中心思想。還有，《課程》描述**聖靈**的救恩計畫時，也談到了環環相扣的寬恕。

此外，《課程》也說：「至於不寬恕的人，是不可能不評判的，因他必須為自己的無法寬恕加以辯解。」**29** 還有：「寬恕就是認清了，你以為弟兄做了對不起你的事，其實不曾發生過。寬恕不會因為原諒他人的罪而反倒把罪弄假成真。它在其中看不到任何罪過。而你自己所有的罪過就在這一眼光下一併寬恕了。」**30** 我可能會補充說，唯有在那種眼光下，你所有的罪過才一併獲得寬恕。這是因為《課程》明確揭示一個重要的心靈法則：「你如何看他，就會如何看自己。」**31** 這法則一定很重要，因為它繼續說道：「千萬不要忘了這一點，因為在他身上，你若不是找到自己，就是失落自己。」**32**

阿頓：說得真好。對了，唯有能看見一切的**聖靈**才能看到環環相扣的寬恕。除了你自己寬恕的部分外，其餘的你通常是看不到的。人們經常為此而感到沮喪，因為他們看不到這一切是如何連結起來的。你的寬恕連結到J兄的；其他人的寬恕連結到你的；他們的寬恕也連結到其他每個人的。終究，**聖靈**的救恩計畫會確保**聖子奧體**的全面覺醒。**聖子奧體**就是形成小我的那些看似分裂的心靈。當然，事實上，沒有任何人或事物可以被分開來。既然是一體，**聖子奧體**終將覺醒於它的自性實相。但由於你無法看見整個救恩計畫，所以你必須相信**聖靈**。而透過寬恕及寬恕帶來的結果，你將對**聖靈**產生無比的信心。

葛瑞：我遇過一些研讀《課程》五年或十年的人，竟然不曉得整部課程談的就是寬恕。當他們了解這一點後，從此他們放眼望去，果然發現《課程》沒有一處不是在談寬恕。

白莎：是的。由此可知，人們對《課程》的潛意識抗拒有多麼強烈。但如果你能堅持不懈，小我就奈何不了你。小我雖然詭計多端，但它有個弱點——它瘋了。反之，**聖靈**有很大的優勢，祂不但是圓滿的，而且還有完美的計畫。

你可能會問，如果這計畫真的如此完美，為什麼**聖子奧體**得花這麼長的時間才能覺醒？真相是，它只是看似花了這麼長的時間。《課程》教導說，世界已經結束了；那小小的瘋狂一念在一剎那間就立即被修正了。由於這是個分裂之夢，所以它會看似每個人在不同的時間點覺醒。但事實上，只有一個時間、一個剎那，甚至連這一剎那的時間都從未真正存在過。

阿頓：對了，說到評判和寬恕，《課程》也教導說，人們會疲倦是因為評判。事實上，人們的本來面目——靈性——是不可能疲倦的。但就像J兄說的：「**你本來是不可能疲倦的，但你挺有消耗自己心神的本事。不停地評判所給人的壓力確實不堪負荷。人們竟會如此珍視這種削弱自己的能力，真是匪夷所思。**」33 說到這兒，我們來點有趣的。你喜歡看電影，尤其特別愛看帶有靈性意涵的電影，對吧？

葛瑞：當然了。我甚至還列了「史上十大最佳靈性電影」清單呢！

阿頓：我就知道你會說這個。

葛瑞：哇，你一定會通靈。

阿頓：你不是偶爾會與人分享那張清單嗎？你何不也跟我們分享一下？

葛瑞：好吧。我清單上這些電影，並不是史上唯一的靈性電影鉅作，而只是我目前最喜歡的。我還可以說出其他上百部真的不錯又值得一看的好電影。雖然這些電影並沒有用到《奇蹟課程》的思想體系，但它們有非常棒、令人受益的概念。你可以從電影中獲得娛樂，同時又學習到許多東西。人們也經常分享他們喜歡的電影給我。我將從我心目中的第十名依次排到第一名：

第十名是《似曾相識》（*Somewhere In Time*）。這是克里斯多福．李維和珍．西摩兒主演的美麗愛情故事。對我來說，這部電影最迷人的地方是，它表達了一種心靈交流的概念；而且是比較強調跨越時間的交流，而不是跨越空間。影片的前面部分，甚至有一幕是一位教授在跟男主角討論心靈的交流。這真的很有意思，它碰觸到過去很少被提及的主題，尤其是在當時的年代。對了，這是一部不錯的約會電影喲。

第九名是提摩西．荷頓和凱莉．麥吉利斯主演的《天上人間》（*Made In Heaven*）。他們原是在天堂相識而結為連理的夫妻——我無法詳細說明過程，你們得自己去看——然後他們必須在下一世的人間尋找到彼此。這部片子拍得相當好，既感人又浪漫。當然，它也是一部很好的約會電影。

第八名是艾倫．瑞克曼和茱麗葉．史蒂芬森主演的《人鬼未了情》（*Truly Madly Deeply*）。男主角是大提琴家，死後成為一位天使。而他的天使任務之一，就是幫助還活在世上的女友繼續過她的人生，其中包括幫她物色新的男友。我原本不太看好這部電影，但它的一流品質及先進的觀念著實令我驚豔。

第七名是《太陽神父月亮修女》（*Brother Sun Sister Moon*）。這部由法蘭高．齊費里尼執導的電影，描述的就是聖方濟（格雷厄姆．福克納飾演）和聖佳蘭（茱迪．巴克飾演）的故事。方濟原本是一位紈褲子弟，參加十字軍東征後突然改頭換面，之前認識他的人都快認不出他來。大家以為他瘋了；只有佳蘭認為他以前才是瘋了。他脫胎換骨後，與佳蘭重建一座荒廢的教堂，接濟那些貧窮和不幸的人，甚至包括痲瘋病患者。但後來卻導致一場悲劇的發生，最後還戲劇化地與教宗（亞歷．堅尼斯爵士飾演）見面。聖方濟真誠地想效法耶穌，並且可能是真正最接近耶穌情操的教徒。這是一部走在道途上的人千萬不可錯過的電影。

第六名是一部瑞典電影，片名叫《就像在天堂》（*As It is In Heaven*）。其實這部影片不時會出現直接引用自《奇蹟課程》的話語，因為導演凱．波拉克本人就是資深的奇蹟學員。這部被奧斯卡金像獎提名為最佳外語片的電影配有大字幕，可以讓人一邊欣賞電影又能輕鬆地了解它的對白。該片講述一位享譽盛名的年輕指揮家，因心臟病被迫退休回到故鄉的小鎮。大家雖然知道他的名氣，卻不了解他這個人。後來他受邀帶領當地的教堂唱詩班，於是種種的誤解和寬恕功課開始如火如荼地展開。它的尾聲是我少數見過最棒的結局。這是一部很棒的電影，不過未必每個人都會同意；但奇蹟學員一定能認出其中的寬恕功課。

第五名是《駭客任務》（*Matrix*）。大家都曉得這是一部好片，但更重要的是，它改變了兩代人的思維。由於這部影片，年輕人已經開始習慣宇宙是個全息影像的觀念。我在工作坊中發現，這些年輕人比第一代的奇蹟學員更容易理解《課程》的形上理念。當然除了它之外，還有其他電影和電視影集也能幫助人理解（例如《星艦迷航記》的**全像甲板**），但這部影片的影響算是最深的。沒看過的人，建議可以找來看看。儘管這部電影還達不到《課程》的層次，但它有許多概念與《課程》是不相違背的。

第四名是《賓漢》（*Ben-Hur*）。這部電影近年來有重拍過，但最早的那一部才是最棒的，也獲得最多奧斯卡金像獎。除了它史詩般的偉大劇情外，我最喜歡的是它呈現耶穌的方式。片中那些與耶穌接觸的人，明顯地都受到他深刻的影響，但他從頭到尾都沒露過面！不過其實也沒必要。人們看見他、聽到他說的話後，從此他們的人生和思維就澈底轉變了。電影的尾聲，兩名痲瘋病人被治癒前，其中一位對另一個人說：「我再也不害怕了。」它不只是史詩般的電影，而且也深具啟發性。

第三名是《生死接觸》（*Hereafter*）。男主角麥特．戴蒙飾演一位不想擔任職業靈媒的通靈者，因為他認為自己的「天賦」是一種詛咒，而不是祝福。他不明白，他之所以認為這個天賦是一種詛咒，其實是因為他缺乏目標。當他找到目標後——顯然是得到聖靈的幫助，但這部分並沒有在電影中明顯表現出來——他的詛咒也就轉變成他的祝福。電影中有三個故事巧妙地交織在一起。這部由克林．伊斯威特（是的，這個人有他靈性的一面）執導，凱斯琳．甘迺迪和史蒂芬．史匹柏的強大團隊製作的電影，票房非常成功，是必看的DVD。

第二名是《靈異第六感》（*The Sixth Sense*）。它剛開始上映時，我其實不太想看，因為我以為它只是另一個鬼故事罷了。它的預告片看起來就像是那種典型精心製作的恐怖片，而且我還搞不懂它為什麼會那麼賣座。這部電影也是由凱斯琳．甘迺迪、法蘭克．馬歇爾和貝瑞．曼托共同監製，也是導演奈．沙馬蘭的經典之作。男主角布魯斯．威利飾演一名兒童心理學家，哈利．喬．奧斯蒙飾演一個經常被死去的人造訪、飽受驚嚇的小孩。最後，我在有線頻道上看到這部影片。電影一開始就很成功地吸引觀眾的注意力。如果結局是停留在母親和孩子在車子內，而母親終於了解她孩子的怪異舉止的這一幕，我想我會更喜歡這部電影。但它的結局卻是有史以來最出乎人意料的，我也終於了解《靈異第六感》會成功的原因。

我心目中第一名的靈性電影，是每個人都喜歡的《今天暫時停止》（*Groundhog Day*）。它之所以成為一部很棒的電影，是有許多因素的。片中的劇情講述你必須重複做同樣的事，直到你做對為止，很類似大家所熟知的輪迴概念。男主角比爾．莫瑞必須重複活同樣的一天，不斷從中學習成為更好的人，而他的改變與成長最後使他成為大家都喜愛的人。我喜歡每隔幾年就看一次這部影片，因為它能提醒我自己的進步。事實上，我已經幾乎快認不得年輕時的那個我了。我們都在夢幻的人生裡活過不同的一生。我從未想過自己能活到請領老人醫療保險，但我真的活到這把年紀了。不過，這依舊是一場夢。

阿頓：謝謝你，葛瑞。你應該去當影評家的。事實上，你年輕時不是很想當影評家嗎？

葛瑞：對呀，我曾經想過。要不是為了某個理由，我可能真的會去幹這一行。我自己身為音樂人或藝術家，實在無法接受自己去糟蹋別人的藝術創作，感覺會像出賣了自己一樣。我的意思是說，別人投入那麼多心血，有時耗費好幾年的光陰在一件藝術創作上；但一個搞不出名堂的批評家，只消兩分鐘就可以把別人嘔心瀝血的創作給毀了。這種事我實在做不來。畢竟，這只是他們的意見和看法。如同以前我們樂團裡常說的：意見就像屁眼，人人都有一個。

白莎：要不是你的用詞，我會很欣賞你的論點的。你剛提到「做同樣的事直到做對為止」的概念。我們要指出的是，《課程》談到上主之師的完美，指的是完美的寬恕，而不是完美的行為。千萬別認為自己應該把人生的一切做到盡善盡美，不犯任何錯誤。這是不可能的事。然而你卻可以把寬恕做到澈底極致，不但寬恕一切事物，並且毫無例外地，也包括寬恕你自己沒做好《課程》的功課。如同肯恩．霍布尼克說的：「一個能寬恕自己學不好《課程》的奇蹟學員，才是好的奇蹟學員。」如此一來，終有一天你會寬恕一切，包括寬恕你自己。如同我們之前說過的，只要澈底療癒這一世，就等於每一世都澈底療癒了。因為每一世的夢幻人生都在重複相同的課題，只是形式不同而已。形式雖然會變，但內涵不會改變。

這就是為什麼《課程》非常重視重複性的原因。有人說《奇蹟課程》的〈正文〉，其實只是以一百種不同的方式重複六頁的內容。這句話雖然不完全正確，但《課程》確實一再重複它的奇蹟理念，如同我們也一再重複操練寬恕一樣。因為唯有如此，《課程》才能毫不妥協地持續深入治療你那亟需療癒的潛意識心靈。

葛瑞：現在好像什麼事都變得越來越快，要寬恕的東西也越來越多。記得在八〇年代早期，我們的社會似乎文明多了。當時有所謂的公正原則、時間對等原則、新聞報導原則之類的東西，你不能沒有正反兩方的說法而胡亂爆料。但現在一切都變了。八〇年代出現林堡（Rush Limbaugh）這號人物，他在九〇年代指控柯林頓夫婦謀殺他們的新聞祕書福斯特（Vincent Foster），但福斯特其實是自殺的。這些人渣可以對人指控任何鳥事，被指控的對方只能啞巴吃黃連，就連要求對等時間的澄清機會都沒有，而這些指控的人卻不必為自己抹黑別人提出任何證據。這就意謂著，每個人將會有更多的寬恕功課。

白莎：別忘了，葛瑞。你如何看他，就會如何看自己。你剛才說自己是人渣。

葛瑞：我只知道在七〇年代，像林堡這種蠱惑人心的傢伙，不可能蓄意說謊又能全身而退的。但現在他可以。

白莎：一定還有更重要的事情要寬恕。但我們的意思不是說幻相有等級之分。

葛瑞：話是沒錯。可是你們看，現在處方止痛藥泛濫到什麼程度。這些藥物，例如Percocet和Oxy-Contin，就像製成藥丸的海洛因！大家只聽到諸如藝人「王子」等等名人死於止痛藥濫用，而不知道每天有多少平民老百姓像蒼蠅一樣死掉。

不管他們是怎麼死的，我真希望能認識像麥可．傑克森、希斯．萊傑（Heath Ledger）、菲利普．霍夫曼（Philip Seymour Hoffman）這樣的人。如果他們能知道真相，而不是世界餵養給他們的那一套，我想他們的命運應該會有所不同。我知道很多人都有睡眠障礙，但他們採取的是極端的方法或服用過多的藥物。如果他們能學習寬恕，並知道自然療法能改善他們的睡眠及上癮症狀，我敢說他們一定會作出最明智的選擇。不過上癮確實是很棘手的問題。

阿頓：沒錯。對了，我們也要稱讚你一下，你酒喝得越來越少了。不過，有一件事要提醒你，喝酒時要紳士一點。你應該慢慢地小酌，而不是像喝啤酒一樣地猛灌。

葛瑞：娘娘腔才慢慢喝。

白莎：提醒你一下。寬恕不能有矛盾，它必須一視同仁，沒有任何人例外。寬恕時，也不能只寬恕一部分。你必須澈底寬恕弟兄，不能只是寬恕半套。你懂我的意思嗎？

葛瑞：我懂。在基督自性中，他不可能是我的豬頭弟兄。

白莎：沒錯。在基督自性中，他是你的弟兄，就這樣，沒有「豬頭」兩個字。他是純潔無罪的。而他的純潔無罪，就是你的純潔無罪。

葛瑞：關於因果業力，我有個疑問。在人生夢境裡，真的有因果存在嗎？舉例來說，在巴塞隆納偷我錢的那個人，我在前世也偷過他的錢嗎？

阿頓：這是個好問題。答案是肯定的。一千多年前，你在中國的一世曾經偷過他等值的財物。

葛瑞：所以在幻相的架構裡，你對別人做的任何事，都會回到自己身上？

阿頓：是的。直到有一天，你能徹底寬恕自己未曾做過的事。在此之前，你都會心存罪咎；而只要有罪咎，就會有業力。但如果你能用寬恕化解罪咎，業力就被療癒了。

舉個悲劇性的例子，很抱歉，我知道你非常喜歡約翰·藍儂。但射殺約翰的兇手，正是前世曾遭受約翰殺害的人。因此如果你殺了某個人，後來你也會被那個人殺害。

葛瑞：即使你寬恕了一切，仍然會像J兄那樣被殺害嗎？

阿頓：是的。但是當J兄決定捨下最後一世的身體時，他是完全自願被殺的，目的是為了教導人們，真實的他不可能被殺死。事實上，如果他想要的話，他也可以不讓這件事發生；可是他並沒有選擇這樣做。所以J兄的死不是因為業力，他是刻意選擇被釘上十字架來教導眾生的。但當時只有極少數人了解這件事。不過，他知道將來會有更多人明白的。

葛瑞：所以即使在人們的眼中，J兄好像真的被殘忍殺害了，但對他本人而言卻非事實。人們只是想像自己在相同的情境下會有多痛苦，然後再將他們的痛苦投射到J兄身上。結果不知不覺地，J兄就成了為他們的罪而受苦犧牲的人。

阿頓：確實如此。還有，人們不知道自己在投射；如果他們知道的話，就不會這樣做了。所以別指望人們會認同你。倘若它確實是一場夢，而且你真的了解它是一場夢，那麼，你何必需要他們的認同呢？

葛瑞：我懂你的意思。說真的，你們認為要很聰明的人才能操練寬恕嗎？

阿頓：是的。一個人要有能力數到一才行。一體論的數學題非常簡單，不論怎麼算答案都是一。

白莎：別忘了，真理是個常數；真理就是上主。我們說的一體性不是在夢境裡，不是在人間，不是在時空的宇宙中，它甚至不是一個地方。它是一種覺性；一種覺察到永恆、不變、不受威脅乃至永無垢染的一體性的覺知。《課程》說：「**祂的天國浩瀚無際且永無止境，祂的一切皆是完美而永恆。這一切就是『你』，此外沒有其他的『你』。**」**34** 這就是純粹一體論。

葛瑞：這真的很與眾不同，不是嗎？我的意思是，幾乎放眼望去的一切，盡是那些企圖讓你在夢境裡感覺好一點的東西。而你們談到《課程》被扭曲成二元論，甚至某些知名的奇蹟教師其實也不是在教《課程》，而比較像是在輕拍學員身體的不同部位還發出聲響來，徒然平添人生夢境的真實性。沒錯，這能讓學員感覺舒服一些，但它能化解小我嗎？只要小我沒化解，他們就會永遠陷在娑婆世界不得解脫。也許他們很想在這人間多待一會兒。如果這真是他們想要的，那也沒關係，他們可以晚一點再醒來。但我知道自己要什麼。我只想火速寬恕一切，趕快離開這個鬼地方。

白莎：是的，這是你個人的選擇。在時間中，即使再過百千萬劫，**聖子奧體**中的最後一個也仍看似還沒完全覺醒。但奇蹟學員不必等待百千萬劫，他們可以隨時醒來而退出這場娑婆大夢。他們的覺醒既不影響夢境，也不受夢境影響。

雖然你會再轉世回來人間一次，但根據個人的經驗，我保證你會喜歡的。儘管有一些艱困的寬恕功課要做，但你人生的後期將會是非常優美的，並最終達成開悟。這是很值得回來的一次轉世。

阿頓：接下來，我們來談「無畏」。從現在開始，我要你懷著「一切無畏」的篤定認知行遍天下。當你走進演講會場時，我要你像是這場地的主人般走進去。我不是說你之前做得不好；事實上，你一直表現得不錯。但我希望你更上一層樓。如果有人對你叫囂，我要你直視對方的眼睛，然後溫柔而堅定地說：「你會那樣想，真的很不幸。」這句話是要讓他們對自己的感受負起責任。至於你的感受，你已經從原因之處掌握而自主了。當你看到不喜歡的新聞事件，我要你更快地展露笑容。要記住，如果你真的處於夢境之外，你便能對夢境的無明愚癡一笑置之；但不是那種奚落的嘲諷，那樣只會把夢境當真。而是真正看出它的虛妄不實而付之一笑。當人們問你問題，你在回答前要先記得他們的本來面目。只要一切無畏，你就會永遠記得真相。

別忘了，《課程》教導說：「幻相並不可怕，因為它們不是真的，這一單純的事實成了你得救的基礎。當你看不出幻相的底細時，它才顯得可怕無比；只要你心裡還有一絲想把幻相弄假成真的企圖，你便再也難以認出它的廬山真面目了。」35

你不必那麼累，因為你沒必要背負評判的重擔到處跑。此外，你不是一具身體，你是自由的。別為未來擔憂；但如果需要知道做什麼或去哪裡的建議，別忘記詢問**聖靈**。永遠要記得你真實的本來面目及真實的存在之處。在你憶起的那一刻，你將一無所懼。

白莎：聖靈永遠與你同在。只要你選擇與祂一起合作，不論是公開或私底下，你的身體都將成為祂用來交流的好工具。要記住，即使你不在眾人面前演說，你仍無時無刻在教導兩種思想體系中的其中一種，不論你喜不喜歡。所以務必記得，你想要教的是哪一種思想體系。若你想過半退休的生活，不打算再四處奔波或過多的演講，那就詢問**聖靈**。祂的答覆一定是：不論你做什麼，你都是純潔無罪的。你無須一直工作，也無須為了團體而犧牲自己。你沒必要成為夢中的英雄。若你想去夏威夷的話，就詢問**聖靈**吧。我想，祂的答覆一定是肯定的。

我們要走了，祝你安好。接下來的幾週，千萬別與二元論妥協。長久以來，這世界一直遲遲不肯接受真相。那麼，接受你在**覺醒**大業中自己的那一份覺醒吧！我們愛你，老弟。我們留給你來自我們的帶領人的一段話：

唯有看出罪本身的不真實，寬恕才會成為極其自然而且合情合理之事；寬恕的人會感到如釋

重負，被寬恕者則受到無聲的祝福。寬恕不會為那些幻相撐腰，它只是若無其事地把它們聚集在一起，輕輕地一笑而置於真相的腳下。幻相便會當下消失了蹤影

在幻相世界裡，寬恕是唯一能夠代表真相之物。它能看出幻相的虛無，一眼識破千變萬化的虛幻表相。它正視謊言，卻不受其欺騙。它不會聽信那些被內疚沖昏了頭的罪人自我控訴的哀鳴。它只會靜靜地看著他們，這樣說：「我的弟兄，你認為的那些事情，都不是真的。」原諒的力量出自它的誠實，因著它的真實無偽，故能視幻相為幻，而不至於指鹿為馬，以幻為真。正因如此，它才能面對謊言而不受蒙蔽，負起那單純真理的偉大復興力量。由於它能夠視而不見根本不存在之物，故能一掃內疚的夢魘，打開真理的道路。如今你能自由地踏上真寬恕為你開啟的路了。只要有一位弟兄接受了你這份禮物，大門就為你開啟了。

有一種極簡單的方法幫你找到真寬恕之門，而且看到它正向你伸出歡迎之手。當你感到想要責怪別人某種罪行時，不要讓自己的心念停留在你認為他所做的行為上，因為那只是自我欺騙而已。不妨反問自己一下：「我會為這種事情而定自己的罪嗎？」

如此，你就會看到另一種可能性，讓你作出更有意義的選擇，使你的心靈免於內疚與痛苦，這正是上主之所願，也是終極的真相。只有謊言才能定人之罪。一切在真理內都是純潔無罪的。寬恕立於幻相與真相之間，在你眼前世界與那超越世界之間，也在內疚之地獄與天堂的大門之間。**36**

接著，我的高靈朋友就看似消失了。但我卻因阿頓和白莎的精神與篤定，感覺整個人脫胎換骨。很明顯有某種東西改變了，我再也不擔憂將來會發生什麼。不管是什麼事，我都大到足以擺平它。因為我有足夠的智慧寬恕它。

我感覺比以往更有堅定的決心及毅力學習《奇蹟課程》。也許有朝一日，我會停止《課程》的教學，只專注於《課程》的實踐。但不論我選擇什麼，只要是與**聖靈**一起作選擇，我都會感到平安。

9 心靈的重要性

你有能力將自己的心靈結合於我的心內，齊放光明而把小我驅離，使你的所思所行洋溢著上主的大能。堅定你的心志，以此為你的唯一目標，絕不接受任何次要的目標。

——《奇蹟課程》1

是的，世界是個幻相。它是一場夢，並非真實的存在。然而，這並不表示你不能享受人生。說到這個世界，《課程》能帶給你額外的好處。當你操練《課程》那種不把世界當真的寬恕時，**聖靈**就會將你自己都沒發覺的潛意識罪咎從心靈裡移除。而隨著心靈的療癒及罪咎的消除，你也越能享受一切。

這讓我想到我最喜歡的夏威夷。辛蒂和我剛從我們一年一度在夏威夷帶領的靜修活動回來。今年的靜修營是在歐胡島（Oahu），過去幾年則是在夏威夷大島及茂宜島（Maui）。這次活動是在美麗的徘句花園（Haiku Gardens）舉辦，它同時也是我們七年前結婚的地方。徘句花園在歐胡島迎風的一側，附近就是美麗的凱魯亞（Kailua）小鎮。順帶一提，凱魯亞海灘是全夏威夷最棒的海灘之一。我們在那裡停留十二個夜晚；扣掉五天的靜修活動，我們有整整一星期的時間可以在歐胡島自由行。

自從十一歲看了貓王一九六二年主演的電影《藍色夏威夷》（*Blue Hawaii*）後，我就愛上了夏威夷。看完這場兩小時的電影後，夏威夷就在我的心裡揮之不去。不過，我是到了三十五歲才有足夠的錢到夏威夷玩。一九八六年我在歐胡島和茂宜島各待了一星期，而那兩星期也成為我人生最快樂的時光。十三年後的一九九九年，我終於有能力再次造訪夏威夷。我細細品味那裡的每一分每一秒，因為我不知道這輩子是否還有機會再回來。

後來，我的第一本書《告別娑婆》在二〇〇三年出版，我的人生也從此改變了。我終於擺脫經濟拮据的窘境，開始有了財務上的自由。過去十三年來，我總共去了夏威夷十四次左右。夏威夷的六個主要島嶼，我全都去過了。我對夏威夷的熱愛，並沒有因為越來越熟悉它而遞減；相反的，辛蒂和我都認真考慮在兩、三年內移居到夏威夷。目前在我第二喜歡的地方加州，我還有一些計畫在進行；但我可以預見不久的將來，我們就會大舉搬移到夏威夷。阿頓和白莎告訴過我，如果我詢問**聖靈**是否應該搬去夏威夷，祂的回答很可能是肯定的。但我也相信**聖靈**一定會提醒我，不論我看似在什麼地方，永遠都別停止操練《課程》的那種寬恕。

我喜歡夏威夷的每個島嶼。它們有各自的特色，但又同屬於夏威夷的風情。那麼，我要選擇住在哪個夢幻島嶼呢？對我來說，這問題連想都不用想，答案一定是：歐胡島。說到歐胡島，人們都會想到檀香山市和威基基（Waikiki）海灘，總以為這座島是非常商業化的。首先，威基基是很酷的地方！真的非常酷。不僅如此，整座歐胡島充滿不為人知的寶藏，說也說不完。若你要來歐胡島，我大力推薦你參加環島旅行，到時候你就知道為什麼我會那樣說了。

歐胡島能讓你看見兩個世界最美的風貌。如果你喜歡都市生活又愛找樂子，這裡不乏精彩的表演節目和美食餐廳，而且大部分的消費都比洛杉磯來得便宜；如果你喜歡其他島嶼的自然美景，這裡也有許多像茂宜島一樣美麗精緻的勝境。

現在我終於明白，世界雖然只是幻相，但這並不表示你不能享受生活。事實恰好相反，你可以好好地享受人生，並且不帶任何罪惡感地過生活！沒錯，你是清白無罪的；上主已將天堂賜給了你，你無須辛苦掙取。不過你確實得做好寬恕的功課才能化解小我，從而返回覺性中的實相。所以當寬恕的機會出現時，那就好好寬恕吧。但如同阿頓、白莎和我之前提到的，《課程》說當你沒什麼事需要寬恕時，就應該好好地慶祝一番。

《奇蹟課程》談的不是犧牲。事實上，《課程》還有一篇叫做〈結束犧牲〉的章節。如果你還認為自己必須放棄什麼，表示你的心靈已經將它當真，等於塑造出一個虛假的偶像。然而，你也可以走一條不把世界當真，並且更能享受人生的窄徑，亦即《課程》的寬恕之道。

這次辛蒂和我來到威基基，我們與我的前妻凱倫及她的新伴侶達夫第二次共進午餐。凱倫現在住在歐胡島，而我們四個人都是奇蹟學員。當我坐在威基基海灘的餐館，對面坐的是與我結褵二十五載的前妻，旁邊坐的是與我新婚七年的現任妻子，這一刻我真的由衷覺得：「真感謝有J兄和他的《課程》！」

我們四個人曾經在加州見過一次面，當時是做了許多寬恕功課才能四個人同桌共餐。而現在，我們四個人在這人間天堂快樂地共進午餐。因此我告訴自己，永遠都要記得寬恕，因為它能帶來意想不到的美好事物。同時也別忘了：能享受美好時光的時候，就好好地慶祝吧！

我在緬因州與阿頓和白莎一起完成了兩本書，現在則是與他們在加州進行來到此地後的第二本書。儘管我不曉得是否會有第五本書，但我不由得想：如果有第五本書，那會不會是在夏威夷完成的？

我注意到過去幾年來，奇蹟圈中有一小群人好像在搞某種小活動。某些學員——當然比例上不是多數，只是有一些人——似乎在貶低心靈的力量和心靈的重要性。自從一九七六年《奇蹟課程》出版，大家知道海倫·舒曼接收到耶穌的訊息後，每隔幾年市面上就會出現一本作者宣稱也是來自耶穌傳訊的書籍。追隨這些書籍的人，似乎毫不遲疑地就將它們看成是與《奇蹟課程》相同層次的書籍。但在這些書中，除了看不到像J兄在《課程》裡極具深度的優美文字外，而且根據我的上師這次造訪的說法，這些書的內容其實就是娑婆世界一直會對一體論做的事：將它們改造成二元論。

這些作者顯然認為，與其實際操練《課程》，還不如自己造一部課程來得容易多了。換句話說，他們根本不打算下定決心化解小我。但矛盾的是，小我會阻擋**聖靈**的訊息，而他們卻口口宣稱這些是來自**聖靈**的訊息。

我有時候會讀到某些自稱奇蹟學員的人發出驚人之語，例如有人說：「我們必須遠離心靈。因為小我的心靈是所有問題的罪魁禍首，我們不能在那裡尋找答案！」也有人說：「**聖靈**已經過時了。」另外也有人說：「感謝上主，我們終於再也不必操練《課程》了。」

此外，雖然廣大的奇蹟學員對海倫、比爾、肯恩和茱麗懷有極高的崇敬，但仍有一小群人似乎非常痛恨或嫉妒他們，並指控他們這些「初學者」竟敢擅自「大幅刪減《課程》最深的教導」。然而事實的真相是，《課程》的〈正文〉前五章更動的地方，都是耶穌指示海倫修改的，而肯恩只是擔任她的助手。肯恩的貢獻是從旁協助各章的標題與分段、大寫用字的統一和標點符號。況且〈正文〉不是只有五章，而是有三十一章！並且最深又最重要的教導都出現在〈正文〉後面的部分。這還不包括三百六十五課、對《課程》的原則有最清楚解釋的〈學員練習手冊〉，以及提供ACIM明確摘要的〈教師指南〉。事實上，光是後面這兩本書就占了《課程》內容的一半。

我最新發現一本模仿《課程》的書叫做《愛的課程》（*A Course of Love*）。它的內容其實是在誤導人們，教人別去實際操練《課程》。該書的出版社未經《課程》出版者的同意，就逕自宣傳它是「《奇蹟課程》續集」，並宣稱它是來自於與《課程》相同的「那個聲音」。而所謂的「續集」，便意謂著它是更進階、更高明的。該出版社還宣傳說：「不可思議，本書直接越過心靈。」讓你「進入心的真知」從而創造「新的人間天堂」。我見過作者本人，並親耳聽見她公開表示，她不相信這世界是個幻相。

聽到許多自稱資深奇蹟學員的人，對這本誤導人走向二元論的新書讚譽有加，我的下巴都快掉下來了。因此我很期待跟阿頓和白莎討論這件事。後來，我看到一篇關於《愛的課程》的書評，評論者是鮑伯．羅森索博士（Dr. Bob Rosenthal）。鮑伯是精神科醫師，也是最早期的奇蹟學員，同時也是《課程》的共同筆錄者比爾（威廉．賽佛博士）的知心好友，以及出版《課程》的心靈平安基金會的常任董事。我拜讀過他在賀氏書坊出版的精闢著作《從災殃到奇蹟》（*From Plaques to Miracles*），並且非常贊同他的論點。鮑伯的這篇書評完全道出我對《愛的課程》這本書的感受，我無法比他表達得更好了。令我訝異的是，他的看法與阿頓和白莎所說的一致，都指出這世界總是想把一體論的教導改造成二元論。徵得鮑伯的同意後，我將他的書評披載如下：

我猶豫了好幾個月，不知是否要寫這本書的書評。身為《奇蹟課程》（ACIM）的資深學員、《課程》共同筆錄者的好友、出版《課程》的基金會常任董事，以及用《課程》的眼光詮釋〈出埃及記〉的著作《從災殃到奇蹟》的作者，當我看見這本自稱為「《奇蹟課程》續集」的書時，不由得產生好奇心買來閱讀。

就書的本身來看，這本《愛的課程》（ACOL）算是一部能使讀者受益的佳作，寫作風格也與許多通靈書籍相似，而且寫得相當好（儘管我發現它的內容一點也不像是ACIM的「那個聲音」說的；不論是揭示真相的力道或文字的優美方面，都遠不及ACIM）。但問題是：ACOL不是自成一派的理論，它標榜自己是「《奇蹟課程》操練法門的續集」，這其實就是它的賣點。然而當我們將這兩種教導進行比較，你會發現ACOL非但不是ACIM理念的延伸，而且還是一種簡化與倒退。也許對那些對於ACIM的一體世界觀感到威脅、或對ACIM不感興趣的人來說，這或許是一本很好的入門讀物；但對《課程》的學員來說，它只是徒然增加困惑，而不是澄清觀念。坦白說，這本書會在奇蹟圈被某些學員接受，令我感到大惑不解。但也是基於這個原因，我才決定發表這一篇書評。我覺得初入門的學員分清楚這兩本靈性著作的根本差異是非常重要的，以下我將進行說明。

ACOL的前言說，本書「強調以不否定個人的自我或身體來『成為真實的你』」，它告訴你如何將人身轉化為『昇華的有相之我』(an elevated self of form)，以及如何透過關係與合一將幻相世界打造成『新的』神聖之境。」這並非ACIM一體論教導的延伸，而是退回到二元論。ACIM教導說，我們認同的那個住在身體裡、終究難逃一死的個體自我，只是一個分裂的夢境或幻相；而我們的任務是透過寬恕，以及無視於弟兄姊妹的身體、個體性或過去的經歷，而只看他們身後光明普照的一體性來治癒這夢境和幻相。真正存在的，只有愛（以及上主與**上主的造物**）的**一體性**。不論過去或未來，這是唯一的實相。它處於線性的時間之外，並且與身體及形相的小我幻相世界沒有任何關聯（但反映**真相**除外，因為幻相沒有本事完全消除或隱藏**真相**）。只要ACOL想辦法不「否定個人的自我或身體」，並將幻相世界打造成新的可愛之物，那麼不管它如何辯解，它都不會是一體論的思想體系。但這正是它吸引人的地方。人們會感覺比較舒服、較少威脅性，因為它無意要挑戰我們根深柢固的自我感。它讓我們可以帶著認為自己就是小我和身體的想法繼續過日子，並向我們擔保這樣子生活完全沒問題，並不妨礙我們找到救贖。但這個觀點與ACIM大相逕庭。因為ACIM認為自我的個體性乃是覺醒的一大障礙。

ACOL宣稱：「你內在的基督自性，兼具圓滿的人性及圓滿的神性……唯有結合人性與神性，才能讓愛流露……你的人生目的就是結合人性與神性（5.1.）。」這個觀點也與ACIM截然不同。我們雖然可以運用人性來教導心靈是唯一的實相、所有心靈都是一體的（例如心靈可以透過寬恕而結合），但要讓愛流露，我們必須做的是移除那阻止我們覺察到愛的障礙（亦即我們渴望成為特殊的而與其他人及上主分裂），而不是「結合人性與神性」（ACIM認為這是不可能的事）。

ACOL堅稱：「上主是合一」、「上主創造所有的關係（5.1.）」、「真正的實相就是關係（6.1.）。」它將關係與合一提升到上主的層次。ACIM並不支持這種看法。因為「真正的實相」是上主，而且也只有上主。畢竟，一體與合一是不一樣的，一體與關係也不相同。關係與合一兩者都意謂著分裂的個體互相關聯、連結在一起或完全結合。雖然關係可以作為達到一體的手段，但它不是一體本身；而且根據ACIM，上主並沒有創造它，因為上主只創造了圓滿性。

持平來說，ACOL也有許多與ACIM完全一致的地方，例如：「你的心靈不在你的身體裡，而是與上主一體，並與其他一切同類平等共享（6.2.）」或「評判是分裂的心靈賦予自己的任務（16:7）。」我懷疑這就是ACOL能吸引一些奇蹟學員的原因；但這同時也是我不推薦ACOL給奇蹟學員的理由。除非你已經研習及操練ACIM多年，否則ACOL很可能只是讓你的觀念更加混淆而已。**真相**與半**真相**混合在一起，不會等於更大的**真相**；相反的，它會稀釋及汙染教導，只剩下不再純粹、不再真實的東西。

ACOL企圖保留個體的自我和身體的價值，以及不想從分裂的夢境中醒來的目標，這正是犯了ACIM所謂「把**真相**帶入幻相」的錯誤。ACIM的目標與它截然相反，是要把「幻相帶入**真相**」，從而化解幻相。

ACIM說：「你無法竊取天堂的一部分，把它編入你的幻夢裡。你也無法把任何幻夢偷渡到天堂（T-22.II.8:1-2）。」我們的任務是學會認出，我們眼前的世界無法提供任何具有恆久價值的東西；這夢幻世界的每個面向都企圖傷害我們、阻止我們覺醒於我們真實的光明**自性**，而這**自性**是與上主和愛一體的。

《愛的課程》的書籍介紹還作出保證：「ACIM和ACOL是互補的課程，兩者同樣出自『那個聲音』；不過，這次更接地氣了，是同一個思想體系的擴大發揮。」但如果我們誠實地加以檢視，就會發現這完全不是事實。因為不論是它的「聲音」或思想體系，都無法真正反映出ACIM的「那個聲音」和思想體系。從另一方面來說，任何鼓勵我們用愛的眼光看世界、停止評判、重視關係勝過一己之私的教導，都值得我們研究與推廣。我只希望ACOL的作者和出版商可以了解，他們沒必要打著ACIM的旗號來推銷自己的著作。

感謝鮑伯的書評，希望它能鼓勵學員堅持《課程》的一體論真理。他很明確地指出，ACOL不是《課程》的續集，而是將純粹一體論倒退到二元論；ACOL使我們誤以為形相世界是上主的創造，而這是與ACIM互相牴觸的；ACOL所謂結合「人性與神性、個體與宇宙」的「昇華的有相之我」等概念，也與《課程》的法門大異其趣。關於這諸多的問題，我知道現在已經不用再問阿頓和白莎了。

很快地，我那絕不妥協的高靈上師又現身坐在我眼前。白莎先開口說話了。

白莎：你有看《愛的課程》？

葛瑞：你明知故問。關於這本書你們有什麼要說的嗎？

白莎：不多。簡而言之，「昇華的有相之我」還是一種自我、還是一種形相，它不是上主的一體性，而是主張個體性與分裂的二元觀念。你自己也注意到了，這本《愛的課程》正在重蹈歷史上世人對待一體論的覆轍；它將純粹一體論的教導改造成二元論的工具，以達到不操練《課程》而使小我繼續存活的目的。事實上，自從《課程》出版以來，那些模仿《課程》的通靈書籍幾乎都在做同樣的事。這些作者的立意都是良善的，但他們完全不懂《課程》到底在說什麼。堅持真理吧！對於小我，你唯一能做的，就是化解它。真正的救恩永遠來自於化解自我，而不是再造出一個自我來。

我們所謂「當個正常人」，指的是帶著《課程》的那種寬恕，以正常的方式過日子。J兄告訴你：「有一種方式能幫你活在狀似此世又非此世的世界。你不必改變外在的生活形態，只是臉上更常掛著微笑。你的面容安詳，眼神寧靜。與你同道的人間過客都會認出你是自家人。至於那些尚未找到人生方向的人，他們也會認出以前的你，並相信你和他們沒有兩樣。」2

阿頓：別忘了，實相是無相的，沒有任何的形體。因此沒有人間天堂這種東西存在。當一切終於覺醒之時，娑婆世界就消失了；如同你從夢中醒來，夢境就消失了一樣。這正是我們第一本書取名為《告別娑婆》的原因。而且你會發現，〈教師指南〉不談人間天堂，而是說這世界會結束。

葛瑞：謝謝，你說的對。《課程》並不是以創造更好的世界為目標。它說：「世界根本就不存在！」3 既然如此，人們還想在這世界擁有什麼？更好的「不存在的世界」嗎？

阿頓：沒錯。我們在此很快地引用J兄的《課程》裡頭幾個相關的說法：「寬恕是愛在人間的表達形式，愛在天上原是不具形式的」4、「光明不屬於這個世界」5、「世界無法看到你內在的光明。你也無法透過它的眼光看到這一光明的，因世界已蒙蔽了你的眼睛。」6聽起來是不是很像《多瑪斯福音》呢？還有，以下是我最喜歡的一段話：「分裂的觀念一旦改變為真寬恕之念，世界便會在截然不同的眼光下煥然一新；真寬恕之念一旦將人導向真理之境，世界便會轉眼而逝，一併帶走了它所引發的一切錯誤。」7

上主並沒有創造這個世界，祂跟這世界一點關係也沒有！上主知道你真實的存在之處，你正安居在家中。你正準備好覺醒於更高的生命形式，那才是你真正的生命。然而，如同上主一樣，你真正的生命是無相的。它是圓滿的一體性；那裡沒有邊際、障礙或任何局限，也沒有任何東西阻擋得了愛的優雅延伸。你愛過的每個人都在那裡，包括每個人和每種動物；但不是以身體的形式，而是完美的**一體性**。因此你會知道，沒有任何一人或一物是被遺漏在外的。由於你是一體而不是身體，你其實是比在這世間更接近他們的，因為身體無法真正的結合。《課程》教導說，真正的合一只存在於心靈的層次。

白莎：別被任何人誤導，以為你可以直接越過心靈。J兄在《課程》中告訴你，心靈的選擇能力是你在人間的真正力量之所在。那些想要直接越過心靈的人，等於是放棄他們唯一的力量！與聖靈一起以純粹一體論來思考，便能澈底翻轉世間的思維。《課程》的〈正文〉尾聲已詳細說明你應該作的選擇，而且這選擇永遠關乎你對其他人的看法：「重新選擇你希望他成為什麼樣的人吧！請記住，你所作的每個選擇同時決定了自己的身分，從此你不只會如此看待自己，而且深信不疑自己確實是這樣的人。」8

為何它會決定你自己的身分？因為這是心靈運作的方式。再次提醒，大多數人只能覺察到意識心，而那只是整個心靈的冰山一角而已。若你能深入到榮格所謂的集體潛意識，你就會發現只有一個心靈。因為真正存在的，只有一個你。事實上，一切萬象都只是一個小我顯現出來的。

葛瑞：印度教所謂梵幻化出森羅萬象的宇宙。

白莎：好孩子，你有認真在聽。所以不論你看到什麼，其實都只有一個你，一個心靈。但現在出現一個你看不到的問題。你眼前見到的時空宇宙投射是來自潛意識的心靈。投射者就藏匿在那裡，因此你的潛意識心靈是什麼都知道的。倘若你見到的一切都是來自於該處，那麼從本質上來說，你的心靈在某個層次是明白一切的。那裡甚至埋藏著等待被憶起的真相。既然潛意識心靈明白一切，它就知道其實只有一個你。這是個好消息，也是個壞消息。壞消息是：由於心靈知道一切，包括「只有一個你」這個事實，所以它就會把你對別人的任何想法或說法，不論多麼微細，都詮釋成是對你自己！它會決定你如何感受自己，甚至最終決定你相信自己是什麼。這就是為什麼《課程》會說，你作的選擇決定了你的身分，也決定了你會看見什麼及相信什麼。這就是為什麼《課程》強調，你怎麼看別人，就會怎麼看自己。這是千真萬確的。

葛瑞：所以人們現在如何感受自己，完全取決於他們怎樣看待別人。不論他們是快樂或沮喪、感覺罪咎或清白無罪、認為他們是身體或靈性，全都是以相同的方式決定的。

白莎：是的，這就是心靈的力量；或者說，抉擇的力量。好消息是，一旦了解這一點，你便能加以運用。你可以學習與**聖靈**一起合作，並運用抉擇的力量回歸天鄉。

葛瑞：真是太好了。對了，我以前問過你們一個重要的問題，但由於我已經做了許多寬恕功課，我很想知道事情是否變得不一樣了。這問題就是：我有沒有可能在這一世就澈底寬恕一切，並學完我所有的人生功課？我有沒有可能在這一世就覺醒過來，而不用看似再回來轉世一次成為你白莎？

白莎：答案是肯定的，葛瑞。你要在這一世完成這項任務是可能的。如同我們說過的，所有的夢幻人生，其人生功課的意義都一樣，只是形式不同而已。這一世，你還有時間完成你的人生功課！你一直表現得很不錯，而且我很欣賞你想更上一層樓的態度。你四處旅行講學本身已經很辛苦了，而且還必須面對奇蹟圈某些人士的攻訐、去見一大堆人、籌劃電視影集、承擔原本不需要你承擔的責任，但你仍能持續操練寬恕，而達到遠比在緬因州時所能達到的更高層次。別忘了：隨著你在心靈層次所作的抉擇，分別會有不同的時間和劇本。但**聖靈**永遠會根據你的抉擇，來幫你決定什麼才是對你最好的。

葛瑞：太好了。不過，等一等。如果我真的不必再轉世回來，那麼關於劇本早已寫定、本來應該見面的人、每個人原本要扮演的角色、本來應該發生的事，這些該怎麼辦呢？

阿頓：你落在線性的時間裡了。關於你最後一世成為白莎、而辛蒂成為我，你忘記了一件事：**那一世已經發生了**。每一件事都是同時發生的，而且根據《課程》的說法，每一件事都已經結束了。你只是在心理上重溫舊夢，還記得吧？這就好比是看電影一樣。現在，我們假設你跟其他五十人在戲院裡看同一部電影。然後你中途起身離開，電影不是照常播映嗎？其他人不是仍繼續看電影嗎？你不在戲院的事實，並不會對電影造成任何影響。這就像是蘋果和柳丁，是兩件不同的事。**對於那些還在戲院裡看電影的人**，電影還是繼續在播映。換句話說，你從夢中醒來，再也看不到夢中的電影，但這並不影響那些還在夢中看電影的人。他們必須醒來，才能停止觀看他們稱之為「人生」的這部電影，並看見他們真實的生命，亦即**上主的生命**。

葛瑞：可是，既然我都不在了，他們怎麼可能看得到我？

阿頓：他們要看見你，根本不需要你在那裡。因為你從來就不在那裡！他們看見的只是他們自己的投射。你之所以認為自己在那裡，是因為你還相信分裂，並將自己的投射當真了。除非你悟道了，否則你會認為自己是多瑪斯、葛瑞或白莎。事實上，你在何時何地悟道並不重要。一旦你悟道了，你是白莎或葛瑞都不會有任何差別。

葛瑞： 噢，天啊，我老是忘記這一切都是妄造出來的。我已經太習慣把它當真，所以即使過了這麼多歲月，我還是很難相信人間沒有任何東西是真實的。可是你們不也說過，像J兄這樣的大師，有時也必須在人間為眾生指出正確的方向？

白莎： 是的。但這並不違背我們告訴你的一切。節省時間是奇蹟志工的主要目標。由於《課程》這種節省時間的特性，**聖靈**將救恩計畫設計為人們可以選擇比《課程》所說的更早覺醒。接著，不論你何時悟道，你的身體或那看似你的身體的東西，就成為**聖靈**溝通交流的工具。當你善用抉擇的力量來選擇**聖靈**（這是你在人間唯一的自由意志）而提早悟道，你便能更快地成為眾生的榜樣，並為他們指出正確的方向，加快你所有弟兄姊妹的覺醒。

就算你這一世已經覺醒，對其他人來說，白莎還是看似出現在一百年後的芝加哥。因為他們還在看電影，在心理上重溫它的劇情。他們會認為他們真的在那裡，因為他們還沒醒過來。但你已走出戲院而成為**聖靈**了。所以不論是這一世或下一世，一旦你悟道了，你就不再是個人的你。你會返回你真正的本來面目。你還記得《課程》談到**聖靈**會如何善用我和阿頓之類的悟道者形象嗎？「他們深知人類所有的需要，也看得見他們所犯的一切錯誤，但他們卻能視而不見。上主之師遲早會了解其中道理的。在這之前，只要上主之師向他們求助，而且唯獨向他們的聖名呼求，他們必會傾囊相授，毫不保留。」9

阿頓：因此每個人都可以運用他們唯一的力量，選擇活化他們心靈中的**靈性**，從而加速覺醒的過程。**聖靈**絕不會阻止任何人加快**聖子奧體**的覺醒。沒錯，每個人的完全覺醒可能看似相當漫長，但它並不是非得要花這麼漫長的時間不可。總之，你無須等待。你不必等到下一世；你現在就可以選擇覺醒，辛蒂也一樣。對了，你可以把這句話告訴她，沒關係的。

葛瑞：我不用告訴她。因為我的書打字出來後，就由她進行校稿，她會比誰都先看到這本書的。我想，你們應該早就知道吧？

白莎：是呀，我們是為了教學目的才裝傻的。**聖靈**會在你所在的地方見你。

葛瑞：你們的意思是說，我是傻瓜？

白莎：不，你把它當真了才是傻瓜。

葛瑞：我被侮辱了嗎？

白莎：只是開開玩笑。別忘了，不當真是實踐真寬恕最快的捷徑。事實上，它才是最重要的重點。因為你根本無法寬恕任何被你當真的東西。一旦你把事情當真，那種寬恕就會成為《課程》所謂「**毀滅性的寬恕**」10，那是行不通的。

阿頓：此外，為了節省時間，就讓**聖靈**主導你的一天吧。這樣能有助於你記得在方便或有空時向**聖靈**尋求指引。你能經常想起**J**兄是很棒的事，因為你們之間會有所連結。當然，如果人們比較喜歡跟**聖靈**說話，那也很好；畢竟「詢問」才是重點之所在。

葛瑞：是的。如果可以的話，我早上會花五分鐘的時間跟**靈性**連結。我什麼話都不用說，只是忘掉這世界、忘掉我認為需要的東西而邁向**上主**。我消融在**上主**的愛裡而處於感恩的狀態中。它能使我的心靈更保持在**靈性**的狀態，並更敞開地接受靈感的啟發。而這一切只需要一個念頭即可。

我認為習慣與上主同在是最重要的事。大部分人在靜心時，並沒有把上主包含在裡頭。然而你會發現，〈學員練習手冊〉的後面幾課都涉及邁向上主的實際方法。到了某一個時間點，J兄甚至會要你呼求上主。如同你們教導過我的，如果你還沒承認上主，就無法澈底化解你與上主分裂的想法。到了某個時間點，你必須跟祂在一起。

阿頓：不錯喲，老弟。對了，我們很高興看見辛蒂成為名符其實的出色教師。當然了，任何下一世要成為我的人肯定會很優秀的。

葛瑞：喔，對呀。她很有自己的想法，我不必告訴她該做什麼。如果她想陪我旅行舉辦工作坊，她就會一起同行；如果她沒計畫要出門，她就哪兒也不去。雖然她幾年前才開始演說，但我會請她上台講課，而她的表現一點也不遜色。她也是忠於《課程》而毫不妥協的人；我從來沒見過有人像她那樣孜孜不倦地研讀《課程》，並且總是跟我討論它。有時候我思考《課程》的東西想到累了，還得跟她說：「拜託，辛蒂，可以讓我喘口氣嗎？」此外，她的音樂生涯也發展得不錯，並完成她的第三張獨唱CD。當然，現在很少人買CD，因為所有的東西都數位化了。但我常在家裡聽見她坐在鋼琴前寫自己的歌，頗有生活的趣味。

阿頓：你將來也會看見買書的人越來越少。當然，有些人還是喜歡以前那種一卷在手的感覺。但千禧世代的人都用他們的電子設備看東西，大多數都不看書了。不論好壞，這都是未來的潮流。

葛瑞：嘿，我覺得自己很幸運，我是在人們還看書的時代與你們合作！當然，將來的人還是可以在他們的電子設備上閱讀我們的東西。但對我來說，這兩者的感覺還是不太一樣。

白莎：至少他們還會去讀，這已經很了不起了。海倫作夢也沒想到，竟然有一天人們會用《星艦迷航記》裡的設備閱讀《奇蹟課程》。

葛瑞：我們都知道，她現在可是相當跟得上流行呢。

（註：好幾年前，我就知道《課程》的筆錄者海倫．舒曼女士已經轉世了。我也知道她這一世是誰，並且與那個人成為知心好友。那個人也知道自己是海倫的轉世，而且記得前世所有的事情。當然，我絕不會「透露」這個人是誰，除非當事人自己決定公開。就算這個人選擇不公開，我也會支持其決定。

聽阿頓和白莎在我的第三本書中描述他們的最後一世，我發現一件耐人尋味的事。這兩位高靈上師在他們的最後一世，都沒有公開教導過《課程》；而前世是佛陀的納達夫，他在最後一世也沒真正公開教導大眾。《課程》說：「教人，其實就是以身作則。」11 顯然，有時活出《課程》才是教導它的最好方法。）

阿頓：還有什麼問題嗎？

葛瑞：不知道耶。有些問題是沒有答案的。

阿頓：比如說？

葛瑞：例如，為什麼時代廣場是三角形的？

阿頓：這問題其實是有答案的。有好幾百年的時間，現在的百老匯是以前印第安人穿越曼哈頓的小徑。這條小徑呈對角線斜跨整座曼哈頓島，最後成為一條大馬路，後來又變成所謂的百老匯街。其他街道幾乎都是與曼哈頓島平行而鋪設的；它們鋪設得很直，但百老匯街還是斜的。所以當它們在時代廣場交會時，看起來就像是三角形。

葛瑞：喔。

白莎：在靈性的道途上，**聖靈**會扮演積極的角色，來影響人們去某個地方見特定的人，好讓他們學習對他們最有益的事物。這就好比**聖靈**輕輕地將你推往正確的方向一樣。而這個時候，你可能會出現某個單純的想法，認為自己應該讀某一本書、看某一部電影、聽某人說話或跟某人作朋友。你以為那是你自己的想法；但其實那是**聖靈**為了幫助你進步，而從你的正見之心將那些想法放進你的意識裡的。

你還記得一九七八年，當時你的人生過得很悲慘，但你的朋友丹恩（Dan）一直勸你參加EST訓練，後來你終於被說服與丹恩及他的女友夏琳（Charlene）一起去試聽EST課程的事嗎？

葛瑞：我當然記得。那裡的人真的很不一樣。他們看起來非常有力量，似乎能對自己的人生勇於承擔。我感到相當興奮，儘管我根本聽不懂他們在講什麼鬼東西。他們也有類似宗教的儀式，但不像是會要求你與他們住在叢林裡，然後叫你喝下酷愛（Kool-Aid）的那種。（譯註：一九七八年南美洲瓊斯鎮〔Jonestown〕發生宗教集體自殺事件。該宗教領袖將氰化物等劇毒摻在飲料中給信徒喝下，造成九百多人集體死亡。傳聞當時信徒喝的就是酷愛果汁飲料。後來「喝下酷愛」便成為被洗腦或迫於同儕壓力而盲目跟隨危險行為的俚語。）

白莎：還記得那一晚你本來不想報名，但忽然又強烈覺得應該要報名的事嗎？那其實是**聖靈**在引導你、溫柔地說服你。但那時候你還是不想報名，因為你身無分文。當時的學費是三百美元，相當於現在的一千美元。儘管預付三十美元訂金便可完成報名，但你當時一貧如洗，身上一毛錢也沒有。

葛瑞：是啊，那段日子可真是悽慘。

白莎：後來，**聖靈**給夏琳一個念頭：「**借他三十美元報名吧。**」她和丹恩都嚇了一跳，因為連她自己也付不起學費！三十美元已經是她身上所有的錢了。最後你完成報名，後來也還了她錢，儘管它花了你八個月找工作賺錢還債。但報名後兩個月，還有兩百七十美元的學費差額沒有著落。就在開課前一週，儘管你知道你母親無法負擔這筆學費，你還是向她開了口。如果你母親有多餘的錢，她一定會很樂於資助你；但她認為行不通，因為那幾乎是她所有額外的錢了。然而經過你一番說服後，她最後還是同意了。因為**聖靈**促使你母親產生一種感覺，認為你可能找到某種可以翻轉你人生的東西。於是她給你學費讓你如願參加EST訓練，而那正是你當時最需要的。就這樣，你開始往正確的方向展開你的旅程。

這些事情沒有一件是偶然的。因為**聖靈**知道什麼才是對你最好的，因此祂會一路上帶領著你，並指引其他人過來協助你。雖然當時你連想都不會去想**聖靈**，但這並不重要。因為**聖靈**會永遠在每個人身邊幫助他們。問題只是，他們願意聆聽嗎？對大部分人來說，答案是否定的，或者時機未到。不過**聖靈**永遠會做好祂自己的工作。但對某些人來說，答案是肯定的。例如你就有足夠的智慧來聆聽，即使當時看起來並不實際。

阿頓：每一天，全世界及整個宇宙，在每一個看似分裂的**聖子奧體**的心靈裡，**聖靈**都在賜予每個人正見之念（right-minded ideas）。人們有時候會聆聽，有時候則否。而奇蹟學員所領受的正見之念，會比一般多數人所領受到的更為高階，因為他們已經準備好了。倘若他們尚未準備好，他們一開始就不會去操練《課程》。

那些看似巧合的事，其實都不是巧合。正如同**聖靈**永遠在影響及引導人們去某個地方、見某個人，好讓他們能獲得實質的幫助。你的鄰居發現我們的第一本書，就是一個很好的例子。

葛瑞：對呀！我來講這個故事。有位名叫潔寧．瑞布曼（Jannine Rebman）的女士已在靈性的道途上走了二十五年，她與好友史蒂芬妮．史溫喬（Stephanie Swengel）都是在愛德加．凱西的門下展開她們的求道之旅。她們是在維吉尼亞州維吉尼亞海灘的大西洋大學上課認識而成為莫逆之交的，該所大學是愛德加．凱西集團旗下的啟蒙協會（A.R.E.）的教育機構。在靈性探索數年後的某一天，她們發現了《奇蹟課程》。儘管她們深受它的吸引，卻無法讀懂它到底在說什麼。「它就像天書一樣，」她們後來說道。經歷一番挫折後，她們最後放棄了《課程》。

接著，就在幾年前，潔寧的姊妹琳恩搬過來跟她一起住。琳恩也是靈性求道者；她寫了一本書正想辦法出版。某一天她出門散步，在一個紅綠燈旁遇到一位男士。也沒什麼特別原因，琳恩就跟這位男士攀談起來，並且告訴對方她想出版自己的書。那位男士立刻變得很感興趣，說道：「噢，我也是作家呢。」他告訴琳恩他的著作，並且給她一些建議，然後就各自分道揚鑣了。

琳恩回家後告訴潔寧，她在紅綠燈旁遇見一位好人，他也是作家呢。當琳恩提到那位作家的名字，潔寧覺得很耳熟，但就是想不起來。接著，潔寧突然想出門去查看一下公寓大樓的信箱。當她瞄到隔壁的信箱時，她看見了琳恩剛才提到的那位作家的名字。原來他就住在隔壁！

那位作家就是我。我是她的鄰居；但我經常外出旅行，彼此從來沒交談過。潔寧知道此事非比尋常。她在網路上查到我的著作《告別娑婆》，並且找來閱讀。她一口氣在兩天內將它讀完，然後告訴她長期的靈性道友史蒂芬妮說：「這本書將改變你的生命。」她們兩人就同其他許多曾經放棄《課程》的人一樣，看完《告別娑婆》後，回頭再去看《課程》就頓時豁然開朗了。後來她們成為熱衷於《課程》的奇蹟學員以及我的著作的忠實讀者，ACIM也成為她們選擇的修行法門。根據我的觀察，她們不僅是研讀《課程》，而且還活出它來。

潔寧和史蒂芬妮在我的姨子潔琪主持的影音播客節目〈第二十四小時〉（*The 24th Hour*）裡講述這個故事。如今，潔寧、史蒂芬妮、辛蒂和我、潔琪和馬克（我的連襟兄弟兼影音播客製作人）都成為至親好友。潔寧和史蒂芬妮還製作一個播客節目「《課程》最棒」（*The Course, of Course*），讓新朋友或老學員隨時都能一起學習《課程》。這一連串事件就是**聖靈**運作的實例，而且這種事每一刻都在發生。

阿頓：謝謝你，葛瑞。你知道為什麼琳恩剛好會在那時候出門散步，然後在紅綠燈旁遇見你，並且開口跟你說話？你認為那是巧合嗎？

葛瑞：你的意思是說，是**聖靈**輕輕地將她推往正確的方向？

阿頓：沒錯。所以我們說**聖靈**會扮演積極的角色，可不是說著玩的。但是要記住，**聖靈**並沒有在這世界製造這些事件，否則你又會把這世界當真了。因為**聖靈**不會去左右形相的層次，而只會透過你的心靈引導你。**聖靈**及《課程》所教導的一切，永遠都是在心靈的層次。凡是記住這一點的人，便可省下大量的時間；你現在也知道，這正是《課程》的主要目的。事實上，你無法在其他地方找到像《課程》這樣大大節省時間的法門了。從本因之地而不是從果境上來寬恕，這真的是一種奇蹟。

白莎：說到心靈的層次，接下來的幾個世紀，人類將繼續發展心靈的力量。

葛瑞：等等，你剛才說接下來的幾個世紀？所以，人類和地球還會繼續存活幾百年囉？這可是我這陣子聽到最振奮人心的消息了。

白莎：別高興得太早，事情沒那麼容易。人類只是在生死一線間僥倖生存下來而已。全球暖化改變了天氣和地貌，千百萬人被迫遷居，死亡的人數更甚於此；為了限制世界人口，使男人不育的計畫將悄悄進行；在不同的地方會出現核武恐攻及區域性核戰；瘋狂的白癡政客——我想不出更好的字眼了——將掌握政權。這不是在評判，而是邏輯推理小我思想體系得出的必然結果。別忘了《課程》談到小我時說：「**它已澈底瘋狂，澈底無情。**」**12**

人類即將展開一場歷險。在其他星球殖民將可確保人類的生存，使人類更難一次就毀滅掉自己。

葛瑞：未來應該也有好的一面吧？

白莎：是的，你這不切實際的樂天派。我剛才說了，接下來的幾個世紀，人類將繼續發展心靈的力量。你從《課程》中得知，當個體化解小我而得到更多心靈的力量，他們就會發展出連他們自己都感到驚奇的能力。隨著心靈的覺知擴大，腦容量的使用也會增加，因為它是心靈狀況的一種反映。

舉海豚為例，因為我們知道你喜歡海豚，牠們使用的腦容量是人類的兩倍：海豚用了百分之二十，而人類只用了百分之十。這是因為牠們有更高的覺知力。

葛瑞：夏威夷原住民一直都相信，海豚能讀出你的心思，並且知道你的意圖，甚至可以辨識出你是什麼樣的人。不論是野生或豢養的海豚，根據我與牠們一起游泳、玩耍的經驗，證實這一切都是真的。

阿頓：確實如此。海豚有牠們自己的語言，但人類即使運用電腦也無法理解它。因為牠們的交流方式是更為先進的。海豚是用心電感應的方式溝通，如同你剛才說的，牠們能讀出你的心思，並且知道你是處於寧靜詳和充滿內在衝突的狀態。除非是要拯救溺斃的人，否則牠們會避免接近那些內在衝突的人，因為牠們知道內在衝突會引發暴力。牠們會受到溫良的生物吸引，你也注意到了，牠們有多麼喜歡辛蒂。

葛瑞：對呀，辛蒂簡直是牠們的女神！我們在水邊時，牠們會直接朝她游過來。牠們也喜歡我，但主要是因為辛蒂的關係。她會跟牠們說話，而牠們會用愛回應她。牠們甚至會朝她的鼻子潑點水來向她打招呼。

上次在歐胡島，我們去卡哈拉飯店（Kahala Hotel）跟牠們打招呼。當時一個熱帶風暴正要來襲，風速大約每小時六十五公里，而且風勢越來越大，但我們還是去看海豚。除了每隔幾分鐘要呼吸外——因為海豚是哺乳動物——牠們的頭都沒有浮出海面。牠們直接游向我們；其中有一隻一直在我們附近的水面下，保持著頭下尾上的姿勢，彷彿是在靜心。這是我們從來沒看過的。總之，我們跟牠們待了很久的時間，而且很幸運地趕在風雨最強之前回到過夜的地方。雖然談不上是颶風，但那一天風雨還是相當大。

阿頓：地球上最聰明的生物是海豚，不是人類。牠們沒有手指頭，所以無法製造工具。但就算海豚能製造工具，牠們也不會製造武器。不過幾百年後，人類會發展出像海豚一樣的溝通能力，能用心電感應來進行交流。當然，外星人早有這樣的能力，但人類也會逐漸迎頭趕上的。

葛瑞：果真如此的話，那麼從本質上來看，你們的意思是說，隨著人類心靈的覺知成長，人們會變得越來越聰明進步，而整個人類也會變得越來越好？

白莎：從某方面來說是這樣。可是別忘了，你是生活在二元的娑婆世界。只要小我還看似存在，就免不了挫折和悲劇。任何事只要與小我沾上邊都會變得很不簡單，除非它是要誘騙你掉進志得意滿的陷阱裡。在你日常的夢幻世界，人類非得經歷一番奮鬥掙扎才能求得生存。

葛瑞：我才剛高興一下子，你們就一巴掌把我打醒。可真謝謝你們啊。

白莎：你知道哪裡才能找到真正的喜樂，老弟。何不說說《課程》中你最喜歡的關於喜樂的那一段話？

葛瑞：喔，好的。「**你如何在沒有喜樂的地方尋得喜樂？除非你明白自己不是真的活在那兒。**」[13]

阿頓：要記得你真正的幸福在哪裡。你正朝這幸福之境走去，葛瑞。你可以一路通往那裡。你這輩子就可以圓滿成就，辛蒂也一樣。倒不是因為你們非得一起成就不可，而是我感覺到你和辛蒂最近已下定決心，你們要在這一世成就，不想再等到下一世。我們也曾希望你在這一世成就；不是因為你必須而是我們很久以前問過你一個問題：你到底還想受苦多久？

葛瑞：我得承認，世上已經沒有多少事能影響我，但總統大選還會有一點影響。你知道這並不容易，畢竟我是看著政治長大的。我九歲住在麻州時，甘迺迪就是我心目中的英雄。我很早就在關注政治，對它也了解甚多。關於政治，至今我仍比一般人及許多政治人物知道的還多。我甚至差一點就從政去了。

今天，我很慶幸自己沒有從政。因為世風日下，政治人物再也不講求風度與正直。現今的總統大選無不充斥著仇恨與謊言，過去的政治人物至少還不至於那樣明目張膽。如今的政治好比精神病患在管理精神病院，華府成了大笑柄，完全無法治理這個國家。我真的很不喜歡那樣子。

幾個月前，辛蒂和我到華盛頓特區，因為我們在維吉尼亞州的馬納薩斯（Manassas）有一場工作坊。那地區曾經是南北戰爭初期的主要戰場，有很多地方令人流連忘返。我喜歡去國家廣場、林肯紀念堂、華盛頓紀念碑、國會山莊、馬丁·路德·金紀念堂和白宮。那真的是酷斃了！這些地方唯有親臨現場才能感受到它們的磅礴氣勢，而那是在電視或電影裡感受不到的。總之，我希望我們的政府能貫徹當初建國的初衷。我們的開國元老雖不完美，但他們都是非常有趣的人，其中有不少是共濟會成員（Masons）。如今，我再也無法用「有趣」這個字眼來形容華府大多數的政治人物了。

阿頓：我懂你的感受，葛瑞。畢竟我也當過人，對吧？但是永遠別忘記J兄在《課程》中說的：「只知哀悼世界，無濟於事。」**14** 現在你已經知道世間一切事物的目的。如果最能影響你的是政治，那麼政治便是你最需要寬恕的。只要盡最大的力量下定決心，你一定會成功的。

白莎：說到馬納薩斯，南北戰爭是小我運作最寫實的一個例子。首先，它是關於奴隸的問題，這就牽涉到小我把身體當真了。將身體分成不同的膚色，可謂正中小我的下懷。在那個時代，某些身體被視為比其他身體更有價值、擁有更多權利；有些人則將別人的身體視為他們自己的財產。小我最喜歡差異性，而且永遠會引誘人們利用這些差異性來評判和投射。

再者，這場內戰牽扯到州與州之間的權利。當時你是哪一州來的，遠比你是哪一國來的重要。那時候大多數人從未遠離家鄉，並且往往以自己是來自諸如俄亥俄州、麻薩諸塞州、緬因州、德克薩斯州或維吉尼亞州而引以為傲。但州的概念，不就是一種分裂之念嗎？國家的概念也是。他們全都是分裂之念。若你從外太空看地球，你會看到任何國界嗎？

葛瑞：不會。但那是因為上主以祂無窮的智慧，決定讓我們自行建立自己的邊界，然後再讓我們為保衛邊界而拚個你死我活，以測試我們在橄欖球場上的勇氣，並看看誰能勝出。否則我們怎麼會叫做**人類**（human *race*）呢？（譯註：英文的「人類」（human race）一詞，其中的race除了指人種外，亦有比賽或競爭的意思，葛瑞用來作雙關語。）

白莎：你沒睡飽嗎？你知道的，**上主**以祂無窮的智慧，仍安居家中享受美好的時光。但許多人以為他們是在這世間打這場南北戰爭，因為心靈的內在衝突在大聲尋求滿足。儘管林肯希望他所謂「我們本性中的善良天使」能夠獲勝，但終究還是失敗了。在你還沒搞清楚發生什麼事之前，你的國家已經走上自我毀滅之路了。

南北戰爭結束後，南北方士兵死亡總數幾乎高達七十五萬人；官方統計的數字比這個少，但這才是正確的數字。甚至有許多地方，四十歲以下的男人全死光了。這場戰爭死亡的美國人，超過第一次及第二次世界大戰中死亡的美國人總和。沒錯，第二次世界大戰是目前史上最具毀滅性的戰爭，因為參戰的國家有許多是世上人口最稠密的國家。但美國有史以來最慘烈的戰爭，則非南北戰爭莫屬。這場戰爭是小我最火紅的成就，簡直充滿了瘋狂。

葛瑞：你們會提起南北戰爭，一定是有原因的吧？

阿頓：是有幾個原因。例如說到種族歧視，美國並非像某些人所想的那樣有多大的改變。事實上，美國的種族歧視從未消失，只是轉到檯面下罷了。我要表達的重點是，儘管經歷這一切死亡和恐怖、透過戰爭營造出解決問題的假象、付出血汗爭取民權與人權，但小我依舊不動如山。雖然小我已經被某些求道者化解，但大多數人並沒有化解小我。你無法藉由努力修整世界來改變小我，那解決不了問題的。這就是為什麼一百五十年後的今天，種族歧視和偏見絲毫沒有減少。小我只是換了不同的形式，繼續玩著衝突、分裂及分化的骯髒遊戲，一如以往的可悲。

葛瑞：真的是這樣。歐巴馬當選總統時，我以為美國踏出偉大的一步，我們終於出現黑人總統了。但結果呢？那些瘋子開始紛紛出籠。「我們要美國回來！」他們說。事實上，他們是想回到那可以仇視與你膚色不同的人的五〇年代。「讓美國再次偉大起來」這句由某個重度精神障礙者喊出的競選口號，它的意思其實就是「讓美國再次恢復種族歧視」。他甚至質疑歐巴馬當選總統的合法性，宣稱歐巴馬是在肯亞出生的。還有什麼比這更歧視人的嗎？

阿頓：那麼，你有辦法不把它當真，並且寬恕他嗎？

葛瑞：當然。那不是他；他只是受到小我的心靈毒害。我難過的是，這國家竟然有那麼多人真的把票投給他！這是我最難寬恕的。我們的國家真的瘋了。

白莎：並沒有完全瘋。美國只是部分瘋掉、但正見尚未完全喪失的國家；這人間也只是部分瘋掉、但正見還存在的世界。人人隨時都可以選擇**聖靈**，並且最終都必須寬恕**整個**世界。因為只要你的內心還有衝突，你知道會導致什麼樣的後果。

阿頓：當然，道高一尺魔高一丈，小我會不斷把障礙越堆越高。網路可以用來實現美好的目的，也可以用來散播仇恨。而這些偏執者的仇恨，也不會僅僅針對不同的膚色而已。

你們的國家已經努力通過法案，明文禁止歧視同志文化圈的人（LBGT community），但仇恨依然存在。只要結合槍枝與仇恨，像奧蘭多市同志夜店槍擊事件造成四十九人死亡的慘劇，就會不斷地持續發生。事實上，美國已經嚴重受到小我的擺布，而右翼分子只會利用它來達成一己之私。

葛瑞：我知道，共和黨的州議員一直想通過那些歧視非白人共和黨員的法案，擺明就是不想讓黑人有投票權。光是想像通過這種法案，就令我感到火冒三丈。這些人晚上怎麼睡得著覺？他們還能自稱自己是美國人嗎？他們怎麼對得起當初那些為爭取民主及投票權而犧牲性命的先烈們？那些有投票權的人，怎麼可以支持本地這些精神上有嚴重問題的政治人物？

白莎：這是因為在形相的層次，偏執、貶抑女性及種族歧視還活躍在美國及世上其他地方。甚至今日的女性仍無法與男性同工同酬，在公司老闆的眼中她們仍被視為次等員工。只要你不是富有的白人男性，遲早都會被貶為次等公民。而現在入境移民的問題又完全浮出檯面，讓小我有更多人可以仇視。

阿頓：讓我給你一些建議，葛瑞。沒錯，這些問題在夢境中當然看似存在。但在夢境外也告訴你一個事實：這些問題根本無法靠政治解決。沒錯，它們最後會看似被政治解決了；不過很快的，白人在美國將不再是多數，拉丁美洲裔美國人才是最大的投票族群。不用想也知道美國政治會往哪個方向走，它不會往右翼靠攏。但這仍然無法真正解決問題。

要解決這些在世上看似存在的問題，就必須在問題真正所在之處下手——衝突的潛意識心靈。

葛瑞： 嗯，至少你們是始終如一的。這些年來，我們談了許許多多的事情；可是我發現，你們最後都會把我們的對話帶回到寬恕上，畢竟唯有寬恕才能化解小我。只要把「本因」顧好，「果境」自然會照顧好它自己。

阿頓： 是的。大致說來，你已經表現得相當好了。政治這件事，是你最後必須顧好的常態寬恕機會。我之所以說「常態」，是因為它是你們這世界的普遍問題，而你也已經寬恕其他許多的事物。此外還有非常態的寬恕功課，例如親人的死亡，你這一生也寬恕過這一類的事。當這些非常態的個人寬恕機會到來，你必須只為上主而儆醒。

如同我們說過的，而這件事值得再三提醒，就像整部《課程》也一再重複一樣：當一件事再也不會使你煩惱、再也無法影響你時，就表示你已經寬恕這件事了。所以，當你在電視上看見與你政治立場不同的人說出以前會令你火冒三丈的話，但你卻若無其事，並且內心感到平安，你就知道自己已經真正寬恕他了。

白莎：當那些還會影響你的事情發生，記得監督自己並應用你所知的那三步驟：（一）、注意自己被激起負面的情緒，這是小我在作怪。**停止與小我一起思考或感受，別把事情當真。**（二）、**開始與聖靈一起思考，這就是神聖的一刻。聖靈**會提醒你這不是真的，它只是一個夢；只要你不相信它，它就無法影響你。你不是受害者。因為這是你的夢，它無法傷害你分毫。（三）、一心專注在靈性之見。對方不是一具身體，而是完美的靈性；他們不是一部分完美而已，而是**全然**的完美：完全純淨無罪，與**上主**無二無別。你可還記得《課程》說到「釋放我的聖子」的那一段話？

葛瑞：當然，它就在最後一章：「**上主這樣請求你：『釋放我的聖子吧！』**你若明白祂要你釋放的其實是你自己，你還會充耳不聞嗎？這是本課程所要教你的唯一課題。也是你在世上有待學習的唯一功課。」**15**

阿頓：沒錯，就是這段話。現在我們來談另一個重要主題。你知道的，根據《課程》的說法，所有的痛苦都是潛意識的罪咎造成的。你可曾停下來想過，你的死亡體驗會不會因心靈中罪咎被寬恕療癒的多寡而有所不同？

葛瑞：從來沒想過。但我何必想這種事呢？哈，開玩笑的。我從沒想過寬恕是否會改變死亡體驗的問題，不過聽起來頗有道理。

阿頓：在大多數的情況下——我說大多數而不是說全部，是因為小我喜歡把事情搞得複雜——當你的肉體死亡，你就不再感受到任何痛苦。死亡的過程會有痛苦，但死後就沒有了。相反的，死亡通常是很美好的體驗；肉體的折磨解除了，那看似離開身體而獲得解脫，使人感到如釋重負。大多數的死亡體驗，一開始都是喜悅而平靜的。

葛瑞：你知道的，我最近也稍微想了一下這件事。記得我父母過世時，我哭得多麼傷心難過。在七〇年代，我們不把死亡說成「過渡到另一世界」，而是直接說他們死了。我父親是在工作時，直接倒地而死。我接到醫生的電話聽到這消息，簡直像是經歷一場噩夢。「**我可憐的老爸**，」當時我心裡這麼想，總覺得他一定死得非常痛苦又可怕。但現在回想起來，我了解到：首先，他走得很快。再者，他可能在死亡的那一剎那，就感覺不到任何痛苦了。痛苦可能當下就停止了，對吧？

阿頓：完全正確。事實上，你在那兒哭得要死要活時，你的父親正在別的地方逍遙自在呢。我向你保證，在你父母過渡到另一世界的那一刻，他們隨即就感受到妙不可言的體驗。不論死法看似多麼可怕，也都不例外。譬如有人頭部中彈而死，任何人看到或聽見這種事，尤其是死者最親近的人，一定都會非常震驚。然而他們不了解的是，死者在死亡的那一剎那就進入妙不可言的體驗中。如同〈頌禱〉所說：「**我們雖然稱之為死亡，其實這是真正的自由解脫。**」16

白莎：你母親的情形也一樣。沒錯，她確實在過渡到另一世界之前吃足了苦頭，因為醫生不該為她動刀的。她的血壓太低，但醫生還是笨拙地為她動了手術。後來她在加護病房引發心臟病，整件事變得越來越糟糕，而你也倍受煎熬。然而你哭得最多的，是在她看似死亡之後。可是你知道嗎？對你的母親來說，死亡其實是她最快樂的部分。當身體看似死亡而心靈繼續運作時，這是小我心靈所能擁有最美好的體驗之一。因此當你在整個喪禮過程及喪禮過後感到悲痛不已時，你死去的親人卻樂得逍遙自在。若你能曉得那有多麼快樂逍遙的話，你一定會感到嫉妒的。

然而，在你經歷過人們所謂瀕死經驗的所有心靈歷險——大多數人確實都會看似發生這種事，這同時也是阿頓所謂死亡體驗會因心靈的罪咎多寡而有所不同的地方——之後，你就會開始走向光明。現在，假設你在那一世已經悟道。如果你是悟道者，你就不會經歷人們所說的瀕死經驗，而只會如同《課程》說的，將最後一世的身體輕輕地放下，然後立刻回到上主的家。當然，你其實一直都安居在上主的家中，但我們現在說的是你的覺知。事實上，在你還在身體內而悟道的那一刻——悟道是在人身時發生，不是在中陰身——你就會覺察到，不論是過去、現在或未來，你永遠與上主是**一體的**。從悟道的那一刻起，你永遠會體驗這個事實。當你放下這具身體後，你那與上主圓滿**一體**的體驗將永遠持續下去，而永恆是沒有時間的。

葛瑞：嗯，我想要這個。另外有一個問題，我其實知道答案，但我想聽你親口說：如果沒悟道，那又會怎麼樣？

白莎：我們已經說過，所有的痛苦都是罪咎造成的，包括心理的痛苦與生理的痛苦。就算你沒悟道，但只要你操練寬恕使心靈獲得真實的療癒，那麼你的中陰狀態就會比沒有真實的療癒擁有更美好的體驗。《課程》是這樣描述心靈真正獲得療癒的死亡體驗：「**我們終於能夠安心地呼吸更自由的空氣，享受更平和的環境了；我們會在那兒看到自己曾經給出的禮物都完好如初地靜候著我們。**」[17] 因此就算你將再重溫另一世，只要你持續操練寬恕，你的死亡將會是非常美好的體驗。

即使人們不操練寬恕，那也不是一種罪過，只是他們的心靈還會有許多無意識的罪咎。而當他們走向那象徵上主的光明時，那些罪咎、痛苦和恐懼就會開始浮出檯面。他們會開始感受到心理的痛苦，並且想要逃離它；他們會想躲藏起來，而他們躲藏的地方便是這投射出來的娑婆世界。這是與上主分裂的再次重現。這夢幻的世界不過是他們的藏身之地，在此他們可以把恐懼和罪咎投射到外面去。現在，他們看似好像已經逃離了，因為一切的起因和責任看起來都是在別人身上。然而這只是一個虛假的機制，因為他們根本沒有逃離，罪咎仍在他們的心裡。小我雖然使出投射幻相的絕招，但《課程》說：「**觀念離不開它的源頭，縱然它引發的『果』與自身看似不相干。**」[18] 這是個壞消息，因為罪咎和恐懼其實仍在你的潛意識裡。不過好消息是：正因為觀念離不開它的源頭，所以你也從未真正離開過上主。

然而，對於那些相信分裂而尚未接受真相的人來說，這娑婆世界再次成為他們的家。J兄說：「罪咎要求懲罰，而它必會如願以償。但絕非在真相境界，而是在那奠基於罪且充斥著魅影的幻相世界裡。」19

葛瑞：所以我若在這一世悟道，你們也說這是可能的，我就不會再經歷瀕死經驗。而且在我還看似在娑婆世界時，就能體驗到我與上主圓滿一體，並且越來越少感覺到身體。我的覺性將與我的實相同在。然後，當我放下身體時，我就回家了。那麼，《課程》說上主會踏出最後的一步是什麼意思呢？它說……找到了！我唸出來給你們聽：

在天國裡，沒有寬恕這一回事，因為天國無此需要。但在這世界裡，寬恕是修正我們一切錯誤的必經過程。唯有先給出寬恕，我們才可能擁有寬恕，如此才符合了「給予等於接受」的天國之律。天國是上主為其神聖兒女所創造的本來境界，那是他們的永恆實相；縱使遭人遺忘，也不曾改變分毫。

唯有寬恕能幫我們憶起這一真相，也唯有寬恕能轉變我們對世界的看法。被寬恕的世界成了一扇上天之門，因著它的仁慈，我們才寬恕得了自己。只要我們不再用罪咎囚禁任何人，自己便會重見天日。我們若能在弟兄身上認出基督的臨在，必然也會在自己身上認出祂的臨在。放下所有的妄見吧！不受過去種種的羈絆，我們自會憶起上主。學習階段到此結束。當我們準備妥當，上主自會踏出最後的一步，引領我們回歸於祂的。20

葛瑞（繼續說）：這其實是《課程》相當棒的摘要，而且它就在〈序言〉裡！記得我第一次讀到它說「**上主自會踏出最後的一步，引領我們回歸於祂**」時，我還以為它的意思是上主會殺了我。

阿頓：噢，不會吧。別忘了，是上主創造了你，你沒有創造上主。這就是為什麼祂會踏出最後的一步。當然，這都只是比喻。你只是憶起自己當初以為離開的地方，而不是你真正曾經離開過。如同《課程》說的：「**你連天堂之歌的一個音符都不曾錯過。**」**21** 上主永遠都是你的創造者，接著你會像祂一樣地創造。完美之愛的無限延伸不是有限的心靈可以理解的，但你真正體驗它的時刻終究會來臨。

白莎：你剛才唸的〈序言〉提醒了我，我們希望人們務必要了解一件事：《奇蹟課程》共有〈正文〉三十一章、〈學員練習手冊〉、〈教師指南〉、〈詞彙解析〉、〈心理治療〉和〈頌禱〉──它們全都是海倫在一九六五年至一九七七年間的通靈訊息──從頭到尾，《課程》的理念都是前後一貫，始終如一，並且絕不妥協。然而一直以來，總是會出現一些奇蹟教師認為他們領悟了《課程》的真實義，但其實那只是他們自己的詮釋罷了。真相是，**《奇蹟課程》的真實義只有一種詮釋**。自從二十五年前我們現身在你面前以來，我們一直在教導你《課程》的真實義，而你在霍布尼克學派也聽到了這一真義的詮釋。我們不曾動搖過，而且我們很欣慰你也不曾動搖過。

葛瑞：是呀，可是你永遠阻止不了一些人，他們拚命對《課程》雞蛋裡挑骨頭。曾經有人叫我別相信《課程》，因為《課程》前五章的「**靈魂**」一詞原本是複數的，這意謂著上主確實創造了個體，但後來都被改掉了。

阿頓：有些人你確實阻止不了。複數的「**靈魂**」一詞，是《課程》早期為了海倫的緣故暫時使用的，因為當時她才剛開始適應再次通靈；如你所知，海倫在其他世也曾與J兄一起合作過。那個複數的靈魂只是在比喻**聖子奧體**那狀似分裂的心靈，而這些分裂的部分或靈魂只是一種幻覺。那個詞是在這個定義下使用的。

很快地，就在海倫排除通靈的障礙後，這個詞就不再使用了。這就是為什麼後來J兄會指示她把它改掉。那些吹毛求疵的人已經很會困惑自己了，為什麼還要困惑別人呢？事後證明他們確實也把自己搞糊塗了。不久，「**靈魂**」一詞就改用「**聖子奧體**」或「**上主之子**」取代。但不論何時，只要《課程》提到**上主之子**或任何複數的詞彙，都只是一種比喻用法。《課程》說得很清楚，實相中只有**一個上主之子**，亦即**基督自性**：與上主無二無別的圓滿**一體性**。但小我會使盡各種手段抓住個體性及分裂之念不放。

白莎：我要把一些東西整合在你之前談的一個觀念中。你說你在機場感到很疲累；但後來你發現，你並不是真的疲累，而只是作了一個疲累的夢。在實相中，你既然不是一具身體，就永遠不可能疲累。疲累，純粹只是心靈的想法罷了。

試著把這觀念應用在疾病和痛苦上。你從《課程》及我們的討論中得知，一切疾病和痛苦皆是出自於心靈，一切療癒也是出自於心靈。其實病患自己的心靈就是醫生。我要你把它與我們運用過的其他幾個《課程》觀念整合在一起：（一）、身體是你的身外之物，它其實無足輕重。這能讓你擺脫以為自己是在一具身體裡的想法。（二）、當你知道自己在作夢，你就不會對夢中的影像起任何反應。我要你把這個觀念應用在你**自己的**身體上。一旦你習慣認為，眼前見到的那些身體只是夢中的影像，沒必要受到它們的影響；那麼，你也會開始習慣地認為，你自己的身體只是夢中的影像，你也沒必要受到它的影響！你沒必要對身體起任何反應，就像你不會對夢中的影像起任何反應一樣。（三）、你真實的本來面目是全然純潔無罪的；你正安居在上主家中，永遠受到祂的照顧。所以當你下次感到疲累、生病或痛苦時，記得一起運用這三個觀念。

葛瑞：了解。我用自己的話再說一次：（一）、身體是我的身外之物，它其實無足輕重。身體跟我一點關係也沒有。（二）、當我知道自己在作夢，我就不會對夢中的影像起任何反應。既然身體不是我，我為什麼要對它起反應呢？我不在身體裡；身體只是夢中的一個影像。現在我知道自己在作夢，我沒必要讓它影響我。既然我不是在身體裡，我就不是真的感受到痛苦，而只是夢見我感受到痛苦，我沒必要把它當真。（三）、真正的我是完全純潔無罪的，上主愛我，並且永遠會照顧著我。

白莎：是的。試著觀想你是存在於身體之外的心靈，這樣做能使你的覺性不再受限於身體。心靈可以去任何地方，也可以成為任何地方；但身體沒辦法。

葛瑞：這我喜歡，我會照做的。對了，J兄是怎樣治好病人的？你們剛才說是病患自己的心靈治好疾病。那麼，J兄在其中是扮演什麼角色？

白莎：J兄其實已經在〈教師指南〉中回答你了，只是大多數人都沒注意到。因為他們想成為把手放在別人身上的偉大治療師，然後搏取眾多的掌聲。你翻開「上主之師的任務」那一節，為我們讀一下第二段和第三段的內容。

J兄知道病人因為認為自己有罪，所以在潛意識的層次選擇了生病。兩千年前他治療病人的方式與他在〈教師指南〉中所說的毫無二致，都是從心靈的層面下手。當然，我們必須知道，J兄的覺性是圓滿的，所以他能在很深的層次與病人相通；即使不用說話，病人也能臻至他的本源之境。接下來你要唸的內容，是J兄談到關於已經選擇生病的人。

葛瑞：好的。

上主的教師就是為這一類人而來的，他們代表了這些人早已遺忘的另一種可能性。上主之師的臨在本身只是一種提示而已。他的思維方式等於向病患信以為真的想法提出一種反問的權利。上主的教師們，不只是傳遞訊息的使者，他們成了救恩的一個象徵。他們請求病患因他自己的聖名之故而寬恕上主之子。他們代表另一種神聖的選擇。他們心中懷著上主聖言的祝福前來，不是為了治癒有病之人，只是提醒他們上主早已賜給他們的藥方。真正治療的，不是他們的手。講出上主聖言的，也不是他們的聲音。他們給出的不過是上主賜給他們的禮物。他們這樣溫柔地呼喚弟兄遠離死亡之途：「上主之子，請看永恆生命賜給你的禮物吧！你何苦選擇疾病，而不惜放棄這一恩賜？」

上主的資深教師絕不會被弟兄信以為真的種種疾病所蒙蔽。否則就表示他們忘卻了一個事實：所有的疾病都是為了同一個目的，因此它們實際上是同一回事。上主之師會努力在這位自欺到竟然相信上主之子可能受苦的弟兄心內找到上主的天音。他們會提醒這位弟兄，他不是自己造出來的這個生命，他絕對還是上主當初所創造的他。他們明白這類幻相改變不了任何事情。他們內心的真理會伸向弟兄內心的真理，使得幻相無法繼續逞能。就這樣，他們把幻相帶到真相前，而不是將真相帶入幻相內。就這樣，上主的旨意藉此合一之願（而非某個人的意願），驅除了所有的幻相。上主教師的任務不外於此——他們不再把他人之願視為與己無關的願望，也不會把自己的意願視為與上主旨意無關之願了。**22**

白莎：下次你去醫院或朋友家探病之前，先讀一下這兩段文字，它會提醒你資深的上主之師該有的心態。

葛瑞：我會的。我想我懂它在說什麼，我沒有太恍神。

白莎：相反的，你不要太入迷就好，千萬別想成為鼎鼎有名的治療大師。就算有人因為你的出現而康復，也別認為那是你的功勞，而只要把你剛才唸的〈教師指南〉那段話跟他們分享。

阿頓：你已經從《課程》中得知，你當下就是心靈，而且你有抉擇的能力。不論你選擇相信什麼，它都會影響你，並最終決定你相信自己是什麼。永遠別低估心靈的力量。因為藉由心靈的選擇，你可以決定繼續停留在與**終極源頭**分裂的體驗中，感覺自己只是眾多小我中的一個；也可以決定接受**聖靈**的指引，在光榮的**一體**狀態中回到**終極源頭**的家。你已經從《課程》中得知，**心靈**是靈性的運作主體，你可以善用心靈的每個選擇走往正確的方向。這樣一來，你便可以在這一世悟道了。

葛瑞：這對我來說沒問題。你知道的，大多數時候，我操練寬恕可說是越來越得心應手。這就像我以前彈吉他一樣：只要經常練習，就會不斷發現更好的彈奏方式。寬恕也是一樣；你越是經常操練，就會越得心應手。但令我困擾的是，縱使我已經操練寬恕很久了，但偶爾還是會出現難以寬恕的情形，有些東西還是會踩到我的地雷。而且我聽肯恩說，他有時候也會被惹毛。寬恕這種事會不會一直沒完沒了？

阿頓：寬恕當然會有結束的一天。肯恩就已完成他的寬恕。寬恕需要很深的投入及操練，並且會出現你剛才提到的那種令人沮喪的情形，你會懷疑自己是否真的有一天能不再受任何事物的影響。當這種狀況發生時，你要記住：你不能一直著眼於你寬恕的結果和治療的效果，也不要評斷你看不到的那部分。《課程》說：「**上主的教師們沒有評估自己的禮物會產生什麼效**

益的任務。他們的任務只是給出禮物，僅此而已。」23要有信心，終有一天，不論發生什麼事，你的心靈都能完全處於本然的平安。目前你已經做得越來越好了。你現在大部分時候不都是處於平安的狀態？

葛瑞：這倒是沒錯。我還記得你們尚未出現在我生命中之前的自己，當時的我毫無平安可言。我會擔憂著每一件事；換句話說，我已經擔憂到不知道自己在擔憂，我把擔憂看成正常的事了。除了我的哥哥保羅外，我幾乎很難與人保持良好的人際關係。我什麼事情都做不好。即使我走上靈性的道途已經大約十五年，我的人生還是一團糟；當然，它肯定比我尚未走上靈性道途前好很多。也由此可知，我之前的人生悲慘到什麼程度。然而如同我之前告訴你們的，我好像失落了什麼。我太關注於一九九二年的總統大選，幾乎快把自己搞瘋了。我一點也不快樂，但又不知道該怎麼辦。

我記得非常清楚，後來我作了一個決定。我告訴自己，**我要去除我人生的所有衝突**。當時我不知道這是多麼困難的一件事，因為我根本不曉得自己的內心存在著多少衝突。我並不是在為自己的感受怪罪任何人，但這就是當時的我。其實那時候，由於EST訓練的緣故，我已經明白我不是受害者；我知道視自己為受害者是沒有任何力量的。於是我就作了那個決定。我相信正是那個決定你們才出現在我的面前，因為我必須為聆聽你們的教導做好準備。

藉由應用你們教導的《課程》理念，我發生了極大的轉變，甚至常常都忘記自己以前是什麼樣子了。如同大多數人一樣，我原以為自己永遠只能一個樣子，但這並非事實。現在回想起來，我的改變簡直判若兩人。我不再像以前那樣憂慮不休，也不再那麼在乎別人的看法。記得我以前很在意這些的。但現在呢，誰理它呀？反正人生不過數十載，大家早晚都要進墳墓的。讓我們一起寬恕，向前邁進，好好地享受人生吧。

如今，我已想不出有誰是我無法寬恕的；巡迴演講對我來說也不再是什麼難事。記得我第一次在眾人面前講《課程》，我都快嚇死了。經過五、六次經驗及許多的寬恕後，我就覺得這沒什麼大不了，甚至覺得很好玩。而現在，演講對我來說就像刷牙一樣的輕鬆。

不過，旅行對我來說還是個寬恕機會。剛開始，我覺得旅行很酷，而且航空公司會把我當成是顧客。但現在，他們把我當成是可疑人物。美國運輸安全管理局（TSA）也一樣。我擁有已知旅客識別碼（KTN），按理說，我應該可以快速通過安全檢查，但他們還是把我看成有什麼問題似的。我在想，這會不會是因為我寫的書的緣故？不管怎樣，至少我現在知道，這一切都是為了讓我寬恕。

所以仔細回想起來，沒錯，我已經與你們當初見到的我不可同日而語了。而且我可以看得出來，這改變的過程也越來越快。我曾經在一些小意外中受傷，而原本應該感覺疼痛的，卻一點也不疼。我心裡覺得奇怪，那應該會痛才對。我的身體變得更有彈性，感覺也更加輕盈，儘管我的體重已經增加了。現在對我來說，身體只是夢裡的一個影像。你們知道嗎？我開始產生更多的感恩之心。感謝你們，是你們給了我更多可以思考和運用的東西。

白莎：也謝謝你，老弟。我們的造訪是一段漫長的時光，但是非常值得。我們要走了，在此留給你一段J兄說的話。我們會再回來討論這次造訪的最後一個主題。這段期間祝你安好，我們的愛與你同在。

你和弟兄的關係也會從那魅影幢幢的世界救拔出來，那原本不神聖的目的必會安然穿越罪咎的重重關卡，接受寬恕的洗滌，重新安穩且榮耀地扎根於光明世界。這關係會由光明世界召喚你跟隨它前進，它會溫柔地帶你越過黑暗，把你安然送到天堂門口。你與弟兄結合的那個神聖一刻，其實就是超乎寬恕之境所送來的愛之使者幫你憶起那超乎寬恕的世界。然而只有透過寬恕，你才可能憶起這一世界。

當上主的記憶在神聖的寬恕之境浮現於你心中，你就再也記不得其他事物了；記憶便與學習一般失去了作用，此後，你的生命只有一個目的，就是創造。但除非所有的知見都被洗滌淨化、澈底清除，你才可能真正知道生存的目的。寬恕只會撤銷本來就不真實之物，消除了世界的陰影，溫柔無比又萬無一失地把它保送到光明世界，那兒只有嶄新且純淨的新知見。如今，你終於找到存在的目的了。平安就在那兒等候著你。**24**

接著，阿頓和白莎就消失了。這是他們一貫的作風，不過我知道他們一直都沒離開過我。這是一次漫長的對談，但他們的智慧使我整個人煥然一新；他們說我可以不必等到下一世才開悟，這對我來說是極大的鼓舞。這可說是最新又最令人開心的訊息了。可是，我做得到嗎？

我下定決心，我一定要做到！我現在可以看清，每一件事的發生都有其原因，一切都配合得恰到好處。即使我偶爾會搞不清楚狀況，但**聖靈**知道祂在做什麼。我希望這一世是我的最後一站，也是我在上主內結束的一站。

10 階梯消失

心靈一旦承認：「這不是掉在我頭上的，而是我自己做出來的。」身體便解脫了。如此，心靈才會有重新選擇的自由。只要你踏出這一步，救恩就會循著分裂的軌跡反其道而行，直到每一步都扭轉過來，救恩的階梯便消失了，世界大夢終於全面化解了。

——《奇蹟課程》1

自從我最敬愛的上師上次出現至今的兩個月來，我心中不斷湧現J兄和佛陀的畫面及他們相知相惜、如夢如幻的過去世。我想到學習神道的佐華和弘慈。由於我去過日本，我幾乎可以想像他們在鄉間透過心靈傳送畫面與那些動物溝通，並專注於學習偉大真理的情景。他們不像其他人那樣相信這人生夢境，並對自己學習的解脫知識深具信心，不惜付出任何代價或多長久的時間。

我彷彿可以看見並聽到：在中國，蕭麗和沃山與老子一起論道。他們對道的理解與老子無二無別，並將心轉向一體的真相，遠離那充滿魅影的夢境。在印度，哈里希和帕馬吉對梵有了認識與體悟，並捨棄摩耶（幻相）的虛妄。

在希臘，達基斯和伊卡洛斯在柏拉圖門下學習；但他們不以哲學思維而滿足，而是渴望體驗永恆的真相。悉達多和他的兒子羅睺羅在品嘗到永恆實相的滋味後，他們最後驚訝地發現：原來他們一路追尋的那光明遍照、不可動搖的真理，就是上主的**一體性**。

我的心歌頌著約書亞、馬利亞和納達夫的喜悅，因他們的內心已了悟純粹一體的真理，並且認識了上主、活在永恆生命的不朽寶藏中。

我很好奇，當華倫提努了悟這一切都是夢幻時，他是什麼樣的感覺？他是否找到取代夢幻的東西呢？由於教會的破壞，如今已無法得知這些答案。當然，如同我的上師告訴我的，在J兄和佛陀之後仍有人陸續悟道，只是他們的名字不為世人所知，畢竟世人也只關心世俗之事。

我只能憑靠想像，在《課程》還沒出版前，海倫、比爾、肯恩和茱麗組成當時唯一的《課程》讀書會是什麼樣的光景。儘管無法恭逢其盛，但我至少有幸與其中兩位前輩成為朋友。我要對他們將《奇蹟課程》帶到世上的貢獻表達無盡的感恩，尤其感謝肯恩毫不妥協地堅持J兄純粹一體論的教導。

聽完J兄與佛陀過去一起求道的故事後，我內心充滿了謙卑。我很想知道，我該如何效法這些靈性的天才來達成自己的悟道與救恩。後來，我想到《課程》中一句關於上主的話，我已經好幾年沒想起它了：「你應在上主前謙虛，而在祂內感到偉大。」2 我知道J兄不會要我在他面前謙卑而是在上主前，因我們本是平等的弟兄。J兄在《課程》中一直耳提面命教導我們，除非是在時間內，否則我們都是平等的；但時間根本不存在。因此我們勢必都能抵達那我們從未真正離開過的覺醒之境。我決定繼續向前邁進。

在南加州的一個下雨天（我很驚訝政府竟然沒宣布放假一天慶祝），我的上師突然現身在我眼前。

阿頓：你好嗎？老弟，你一直在忙很多事喔。

葛瑞：我只能說「天啊」，要消化的東西實在有點多。我一直在思考你們教導的內容，包括你們這一系列的造訪。我得看好幾次筆記，花更多時間思考。

白莎：慢慢來，老弟，全世界的時間都是你的。反正時間根本不存在。

葛瑞：我知道自己不該對世上任何東西著迷。但有時候我又覺得，經歷像J兄和佛陀那樣具有高度教育性的精彩夢境似乎很好玩。

白莎：誰說你不曾有過那種經歷呢？我告訴你，除了地球的新人外，那看似在地球上的大多數人，包括你，都已經在地球上活過千千萬萬次夢幻般的人生了。而一般說來，在時空的線性幻相中，你每一百年就會投胎轉世一次或兩次。

葛瑞：讓我想一下。如果我每一百年轉世兩次，那麼這五萬年來，我已經轉世一千次了，是嗎？

白莎：你真是愛搞算術。但我要說的重點是：你和你認識的每個人，早已活過各種人生、當過各種人、做過各種事，並且體驗過每個人都曾有過的各種經歷。所以沒有一件事是你不曾經歷過的。難道你真的認為這輩子你所羨慕的那些人，他們的經歷是你不曾有過的？或者他們能做的事是你不曾做過的？事實上，你已經在所有的地方做過所有的事了。你曾經當過世上最富有和最貧窮的人、最出名和最默默無聞的人、被害者和加害者、國王和囚犯、縱欲者和禁欲者，只是你都忘記了。不過，你記得的事已經算比一般人多了。

沒錯，這些經歷發生的時間和地點看起來都各不相同，但體驗卻是一樣的。事實上，這些經歷都是同時發生的；甚至從究竟上來說，它們根本沒發生過。同理，你每一世的人生功課看起來都各不相同，但意義卻是一樣的。所以沒必要浪費時間去羨慕別人。無論你記不記得，總之，你已經在那裡做過那些事了，而它們之中沒有一件事能帶給你永恆的幸福。但寬恕可以。

你已太習慣相信小我看得到的那些東西，而遺忘了真正的實相是什麼。要記得J兄說的：你若把非真之物搞得活靈活現，它原有的真相便會在你眼前遁跡。但真相本身是不可能看不見的，因為它在聖靈眼中清晰無比。你之所以看不見它，只因你的眼睛老是盯著其他的東西。你沒有權利決定什麼才是真的；同理，什麼是看得見的或什麼是看不見的，你也做不了主。所謂可見之物，其實就是指聖靈著眼之物。真相的定義來自上主，不是由你界定的。既然真相是祂創造出來的，故唯有祂了知真相。你原本知道這些事的，如今已忘得一乾二淨；除非祂教你如何再度憶起祂來，否則「遺忘」會使你萬劫不復。3

葛瑞：J兄真是快人快語。我懂你們所謂「已經體驗過一切」的意思。你們說我們已經夢過千千萬萬次的人生，那麼我們在幻相中一定經歷了相當長的時間，絕對不止五萬年，對吧？

阿頓：這地球經歷過各種不同的歷史階段；但文明最後走向自我毀滅，科技進步——若那真的可以叫做進步的話——也隨之消失。這就是為什麼你們對超過一萬年前發生的事所知甚少的原因。人們所謂的亞特蘭提斯及列穆里亞只是其中的兩個例子。事實上，你跟你現今認識的某些人，也曾在這些地方生活過。

如同我們第一次造訪你時說的，人類原本是住在其他星球上，經過長久的時間後，才有一部分人遷居到地球。所以若真要計算你和其他人至今轉世過多少次如夢的人生，這些都得算進去才行。不過，你已經自由了。就算這輩子沒開悟，你也只需要再轉世一次。

葛瑞：我才不要再回來呢。說到悟道，你們過去有談了一些，但並沒有談很多。可不可以告訴我悟道是什麼樣子？好讓我期盼它的到來。

阿頓：當你接近悟道時，天堂的實相對你來說會變得稀鬆平常，而世界會開始與你漸行漸遠，你之前的那種啟示體驗也會越來越常出現。在那種體驗中，你會感受到永恆不變的實相。不過，你不能停留在那種狀態太久，否則你的身體會消失不見；你的心靈至少要對身體稍微關注一下，否則身體將無法繼續存在。你會變得大部分都在身體外，只有少部分在身體內，而不是像以前那樣幾乎都在身體內。

做日常活動時，你會發現自己的覺性增強了。你會領悟到，肉眼所見的一切其實都是發生在心靈裡，它們不過是你的心念營造出來的影像。你不會為夢境裡的那些人擔憂，因他們終有一天會同你一樣了悟真相。你會領悟到，過去在別人身上看到的罪咎其實都是自己的；它們只是看似在你之外回過頭來摧毀你，而有時候它們確實也把你擊垮了。

隨著覺性的擴大，你會知道別人在想什麼。你不必真的聽見他們的想法，否則的話，那會像系統過載一樣令人吃不消的。相反的，你會知道他們的態度、知道他們是什麼樣的人，但不需要知道細節。當然，如果你真的想要讀取他們的心思，你還是可以辦得到的。

你也會更加覺察到，眼前的一切都是自己的投射。這人生夢境就像是你的心靈投射出來的電影；如今你已經可以感覺、有時甚至可以看見，原來投射者就是你自己。一旦達到一無所懼的境界，你的心中就會一直記得那超越夢境的實相。我們一再強調，你必須知道用什麼來取代幻相。你越是能用上主的真相來取代幻相，就越能體驗到你是在上主之內。

悟道的極樂是無法言喻的，你幾乎會喜悅到忘了身體。沒錯，你會照顧身體並保持它的乾淨，但你幾乎不吃東西了。你會喝水，但不多。到最後，甚至連水和食物都不需要。但話說回來，既然已經到了最後階段，從本質上來說，你也不會在人間停留太久了。

就算身體生病，對你來說一點也不重要。經典上也記載，有時悟道者為了教導「我們不是一具身體」會刻意示現病相，好讓我們能了解毫無痛苦地在那看似生病的身體中死去是可能的，就如同J兄示現在十字架上毫無痛苦地死去一樣。

身為悟道者，你有能力藉由心靈的力量治癒身體，只是你選擇不這麼做。就如同J兄也有能力讓自己不上十字架；但他為了教導我們重要的一課，所以刻意作了這樣的選擇。

當時候到來，悟道者做的最後一件事是，輕輕地放下最後一世的身體。什麼樣的死法並不重要。然而有些悟道者的死法，旁人看起來可能會覺得死狀悽慘。但如果你根本不會受到任何痛苦，那還有什麼悽慘可言呢？同樣的，這正是J兄所謂「輕輕地放下你的身體」的意思；因為它根本沒有痛苦，只有平安與喜樂。接著，你平常覺察到的那與上主圓滿**一體**的感受，會成為你永恆不變的體驗。換句話說，在你回歸上主時，上主會親自踏出最後的一步。但這已超出人類所能理解的範圍。你現在只需要知道，真相是不會生滅變異的，而真正的你也一樣。

葛瑞： 真是太棒了。這種體驗聽起來是何等地恢宏廣大，而人間的紅塵俗事是多麼渺小受限。在人間，我們都免不了經歷艱難的時刻，離婚就是一個很好例子。實在很難想像，在我們渺小的人間生活之外，竟然還有這種樂不可言的境界存在。

白莎：若能善用其心，渺小的人間生活也能成為大用，或許它的恢宏廣大還會超出你的想像。你還記得你和辛蒂收到凱倫和史帝夫的簡訊那件事嗎？

葛瑞：天啊，我記得。

（註：我和凱倫離婚後，她用簡訊傳給我一首蘇珊娜．貝里〔Suzanne Berry〕寫的詩。不可思議的是，當時辛蒂剛離婚的第一任丈夫史帝夫，也傳給她一模一樣的簡訊！辛蒂拿給我看的時候，我簡直不敢置信。凱倫和史帝夫對同一個具有深義的文字產生連結。而心靈是相通的，辛蒂和我也與這首詩產生了共鳴：

我願時光倒流……
回到緣分未盡的時光
那時候我們不曾有疑心
那時候我們不曾有傷害
若能回到過去

再次從頭開始
我會擁抱你更久
把握每個機會告訴你
你對我有多麼重要……
我絕對、絕對不傷害你

但我知道回不去了
這些錯誤已無法抹去
我無法帶走你的疑惑及彼此的傷害

但我能向你保證：
我愛你
不論是過去或未來。4）

葛瑞（繼續說）：看完那則簡訊後，我久久無法言語。即使是世間這種特殊關係的愛，也能使人瞥見到謙卑與尊重。我會永遠愛凱倫，我也知道辛蒂會永遠愛史帝夫。然而終有一天，在我們的關係中，那短暫之物將會被永恆之物取代，沒有任何人會被遺漏在外。如同J兄很久以前說過的，天堂就像一場婚禮，所有的人都受到邀請。（譯註：《聖經》原文為：「耶穌又用比喻對他們說，天國好比一個王為他兒子擺設娶親的筵席，就打發僕人去請那些被召的人來赴席。」參見〈馬太福音〉第二十二章一至三節。）

阿頓：說得真好，老弟。事實上，你一點都不渺小。真正的你，連整個時空宇宙都容納不下。別相信小我對你的評價，因它看不到真實的東西。

葛瑞：對，我必須記住，真正的我與我百千萬劫來所想的那些謊言無關。人們，甚至是奇蹟學員，卻生生世世背負著這種罪咎，但罪咎並不是真相。我必須提醒自己這一點，並記得化解它。

阿頓：那麼就記住這些話吧，葛瑞。千萬別害怕活出這些話所道出的真相，因為**聖靈**確實看得到真實的東西：

你在上主天心中具有無可取代的地位。沒有人取代得了你，你一旦缺席，你的位置空了，你那永恆的席位便開始殷盼你的歸來。上主透過自己的天音不斷地提醒你，你在天堂占有一席之地，祂還會將你推恩之物護守在那兒。除非你回歸自己的推恩與創造，否則你不會知道它們的真相。你無法撤換天國，你也無法撤換自己。因為那深知你身價的上主不願如此，故你無此能力。你的價值存於上主的天心，並不只存於你心內。接受上主所創造的你，不可能是一種傲慢，它其實是在幫你排除傲慢。接受自己的渺小卑微才是傲慢的表現，那表示你相信自己的評價比上主的評價更為真實。

然而，真相若是不可分割的整體，你的自我評價必然就是上主的評價。你的價值既不是你自己定出來的，故無須你的保護。沒有一物侵犯或推翻得了你的價值。你的價值也不會變化莫測。它僅僅始終如是。向聖靈請教這個價值吧，祂必會據實以告；但切莫害怕祂的答覆，因為那來自上主。祂的答覆極其高明，因它出自終極源頭，那「源頭」若是真的，答覆必也是真的。5

葛瑞：這我喜歡。我真的需要有東西提醒我，幫助我繼續向道途邁進。我知道你們說過，這次討論是這一系列造訪的最後一次。但你們認為還會有另一系列的造訪嗎？

阿頓：你何不先努力消化好這一系列的內容再說？我想你現在應該知道，我們之所以不斷在你面前現身，是因為化解小我是需要過程的。隨著操練寬恕，你對《課程》會有越來越深的了解；而隨著小我不斷地遠去，你也會不斷出現新的領悟。

葛瑞：酷喔，我會繼續善用心靈的抉擇力量來化解小我。可是你們知道的，有些奇蹟學員，或者有些自認為是奇蹟學員的人，他們卻說你必須忘掉心靈而用你的心思考；你只能藉由心來擁有愛。你知道的，就是「基督意識之心」那一類的東西。

白莎：我不喜歡潑他們冷水，但你是不可能用你的心思考的。你的心是身體的一部分，它並沒有一顆小腦袋在裡頭，而頭腦也只是身體的一部分。心靈並不在頭腦中，但頭腦是在心靈裡。你還記得菲尼亞斯．昆比（Phineas Quimby）嗎？

葛瑞：當然。他醫治好基督教科學派（Christian Science）的創始人瑪麗．艾迪（Mary Baker Eddy）的病。

白莎：事實上，菲尼亞斯只是協助治療，真正的治療者是瑪麗自己的心靈。儘管她後來又舊病復發，但種子已經播下，她繼續幫助了許許多多的人。菲尼亞斯是有遠見的人，他是真正的心靈拓荒者。他了解到，一切疾病都出自於心靈，一切的療癒也出自於心靈。對了，瑪麗也寫下及說過許多耐人尋味的話。

葛瑞：其中我最喜歡的一句是：「錯誤是一時的，但真相是永恆的。」

白莎：是的。對了，我們知道那些強調心的人是在談論愛。談論愛並沒有什麼不對，但光是談論它、試著更充滿愛或甚至努力模仿J兄，並不會讓你找到真實又永恆的愛。唯有化解愛的障礙，你才能找到愛。你應著眼於寬恕任何你擺放在你與你的本性之間的障礙物。小我是個難以對付的幻相，它就像機器一樣，會自動不斷地與你作對，這就是你必須保持儆醒的原因。永遠要記住《課程》說的這句話：「**你在人間的功課並不是尋求愛，而是找出你為了抵制愛而在心內打造出來的所有障礙。凡是真實之物都不用你去找，只有虛幻不實之物才有待尋覓。**」[6]

葛瑞：所以一切總是回歸到「救恩就是化解」這個事實，而寬恕是化解小我的方法，然後愛——也就是你的本來面目——便會自然流露。但你不能跳過化解這一步驟，否則你的愛只會是暫時的，並且與小我混合在一起，從而使你的心靈變成大雜燴。而少了**聖靈**的完整療癒，你將永遠卡在這地球精神病院無法脫身。

阿頓：沒錯，或是淪落到相同的瘋狂世界，不論是在這地球或其他星球。畢竟它們只是形式不同，但內涵都是一樣的。你已經在全球三十個國家及美國四十四個州講授《課程》了吧？這除了令人振奮之外，難道你沒發現世界各地的人基本上都是一樣的？

葛瑞：對，真的是這樣。如果你去中國，你會被問到全球各地相同的問題。例如有個男子舉手發問，他想知道如何跟他的岳母相處。

阿頓：而你對《課程》滾瓜爛熟，知道如何回答他的問題。

葛瑞：是**聖靈**對《課程》滾瓜爛熟，知道如何回答他的問題。說到**聖靈**，我想到一九八三年蘇聯空軍中校彼卓夫（Stanislav Petrov）拯救世界免於核子浩劫的故事。我很高興自從你們在九〇年代告訴我這件事後，大家逐漸開始知道他的事蹟。可是我不禁想問：你們說他當時是聽從**聖靈**的聲音才作出不發射核彈的決定。那麼，**聖靈**經常會干涉世界的局勢嗎？

阿頓：**聖靈**做的是透過正見之心對**每個人**說話。當然，那個人也得願意聆聽才行。希特勒的心靈有百分之九十九受到小我的影響，所以他聽不到**聖靈**說話，因為他沒有願心。每個人至少都還存留百分之一的**聖靈**，包括殺人遠超過希特勒的毛澤東也不例外。因為你只能掩蓋真相，而無法摧毀真相。另一方面，你們也有像甘地那樣的人，他的心靈有百分之九十九受到**聖靈**的影響，況且他有超凡的願心。

由於二元的緣故，大多數人都是小我與**聖靈**比例各占一半。儘管他們有機會聽見**聖靈**的聲音，但他們也得作出聆聽的決定才行。只要他們選擇聆聽**聖靈**，他們就會變得像甘地一樣。當然，我們只是舉甘地為例，你不必像他一樣去影響全世界。不過，若是**聖靈**指引你這樣做的話，那就放手去做吧。重點是心靈走在正確的方向時，它會變得更加平安，而平安乃是**天國**的狀態。

白莎：這百千萬劫以來，人們一直執迷於善惡之爭，在他們認定的上主與魔鬼之間交戰。關於魔鬼，《課程》是這麼說的：

心靈能使分裂信念變得十分真實又極其可怕，這個信念便是「魔鬼」。他威力無窮，活躍非常，破壞力極強，公然與上主對抗，因為他徹底否定了祂天父的身分。正視一下你的生活，看一看魔鬼已經把你的生活搞成什麼樣子。但你心中明白，他的伎倆在真理之光前不堪一擊，只因它建立在謊言之上。7

因此，魔鬼其實只是心靈相信了分裂。畢竟戰爭除了分裂之外，還會是什麼？投射——怪罪他人、責難、折磨、懲罰——除了分裂之外，還會是什麼？所有的暴力和恐怖主義除了分裂之外，還會是什麼？如果沒有分裂，又何來的批判及隨之而來的悲劇？也許你可以把這一切都推卸給魔鬼，但那看似與上主分裂的信念及其無數的分裂象徵，永遠才是真正的肇因。

你生命中所有的悲傷，都是某種形式的評判造成的，它會使分裂的信念變得真實無比。

但你可以藉由寬恕終止一切痛苦，並瓦解小我的思想體系，而魔鬼也會隨之消失。因為小我與魔鬼原是同一回事。

阿頓： 有了**聖靈**，便能改變一切。若你這輩子能致力於追隨**聖靈**，你等於獲得了一份靈性的大禮。你之前提到麥特．戴蒙的那部電影，儘管電影裡他沒有明說，但後來他的通靈能力顯然轉為**聖靈**所用，而不是淪為小我的分裂工具。這與《課程》談到關於擁有通靈天賦的人，有極其美麗的共同之處：

每個人所發展出來的每一種能力，都有為善的潛能。這一點絕無例外。能力愈不尋常、愈超乎人的預期，它助人的潛力愈大。救恩需要藉助所有的能力，才能幫助聖靈重建世界企圖毀滅的東西。人們過去習慣用「通靈」與邪魔相通，那只會助長小我的勢力。然而，它也可能為聖靈所用，充當傳遞希望與療癒的偉大工具。那些發展出某種「通靈」能力的人，只不過是撤去了他們為自己的心靈所設定的一些限制罷了。他們一旦濫用這日益自由的力量，去束縛其他人的心靈，就會為自己招來更深的限制與束縛。聖靈需要這類禮物，凡是能將它完全獻給聖靈而不為一己所用的人，心中必會充滿基督的感恩，那麼基督慧眼中的聖境也就近在咫尺了。8

白莎： 別忘了，**聖靈**知道你的價值是上主決定的，而不是這世界。這一點人人都是平等的。下次當你對自己感到失望、沒價值或心灰意冷時，不妨想起我們、想起J兄、想起**聖靈**和上主。一旦你提升到**靈性**的層次，我們就全是**聖靈**，因為我們都是真理。倚靠小我的謊言，你永遠贏不了；但憑藉**聖靈**的真理，你永遠不會輸。

阿頓：你與我們一起合作，其實就是在協助揭露愛，亦即揭開那存在於每個人心靈內的**靈性**。你應該思考一下愛與**天國**之間的關係。誠實地回答這個問題：你生命中最真實的東西是什麼？最有意義的又是什麼？

葛瑞：這個嘛，我生命中最真實的東西是我的體驗，而我最真實的體驗是愛。

阿頓：沒錯！你生命中最真實的東西竟然是無形的，是某種你看不見的東西。這不是很耐人尋味嗎？你無法看見愛。是的，你可以看見愛的行動，但你無法看見愛。

那麼，你能看見**天國**嗎？不，它不能用肉眼看。沒錯，你可以暫時看見它的象徵，但你無法看見**天國**。你的覺性中最真實的東西竟然是你看不到的，這不是很有意思嗎？

努力移除那些阻擋你看見那「看不見的東西」的障礙吧！如你所知，**天國**是**可以**體驗的。而正是這個體驗使你瞥見真相，並從此永誌不忘，使你再也無法完全相信小我了。

白莎：海倫初次見到肯恩時，比爾就告訴她，肯恩是個非常有趣的人。她給了肯恩〈正文〉中的兩個章節。肯恩讀完後，他立刻明白《課程》就是他這一生的志業。他原本想進修道院的，但他只讀了兩個章節就改變了自己的一生。這兩個章節分別是「祂們已經來臨」，其中有許多愛的比喻；以及「重新選擇」，它總攝〈正文〉的本義，就像是一首偉大交響曲的終樂章。我將為你唸「祂們已經來臨」這一節的部分內容，也許你就會明白它為何對肯恩有如此重大的意義，以及他會願意為《課程》奉獻一生的原因。

葛瑞：所以這是摘錄自肯恩第一次讀到《課程》的內容？

白莎：是的。它談的是那些聽見覺醒召喚的人正帶著神聖的目光拯救這世界：

仇恨的血跡逐漸消褪，草地恢復了青春歡顏，潔白的花朵在夏陽下光彩熠熠。在這光明世界裡，昔日的死亡陰府轉化成一座生命的聖殿；這都因為祂們的緣故。祂們的臨在護送「神聖性」回歸舊地，重登遠古的寶座。因著祂們，奇蹟有如春花碧草，遍地綻放，在仇恨焚燬的焦土上欣欣向榮。祂們會為你化解仇恨所打造的世界。如今，你所在之處顯得如此神聖，天堂迫不及待想與它結合，把它變得如自己一般。千古宿怨的陰影一逝不返，祂們所至之處，從此不見枯萎與凋零。

一百，一千年，或者數萬年，對祂們又算得了什麼？祂們一來到，時間就功成身退了。祂們一來到，不曾存在的一切復歸虛無。恨的勢力開始臣服於愛，自由照亮了每一個有情生命，並且將他送回天堂；只要一個生命榮歸，整個天堂便大放光明。不圓滿之境終於圓滿了，天堂洋溢著無邊的喜悅，因為屬於它的生命終於回家了。血跡斑斑的大地已然洗淨，神智失常之人卸下了瘋狂的外衣，他們就在你所在之處加入了天父與聖子的行列。

天堂萬分感激你這份禮物，它已被世界扣留太久了。祂們前來召集自己的人。塵封已久的禮物終於重見天日，你不再抵制光明照耀其上，因此，也沒有任何空間或距離阻擋得了天堂的光明照耀世界了。

人間再沒有比「千古宿怨化為眼前之愛」更神聖的地方了。你在何處為祂們建立家園，祂們便會翩然降臨這座生命聖殿。連天堂都找不到比這更神聖的地方。祂們會在你獻出的聖殿共同住下，作為祂們與你的安息之所。凡是將仇恨釋放給愛的生命，都會化為天上耀眼的明星。使天堂的光輝倍加燦爛，欣慰地看到一切終於恢復了原狀。9

葛瑞：謝謝你，白莎。真是太美了。我知道這裡頭有許多隱喻，但它同時也讓我想起這世界會如何結束。

白莎：是的，但別忘了最基本的東西。《課程》說：

世俗的思想體系一旦澈底扭轉過來，世界就此結束了。在那以前，它零零星星的觀點還會說得振振有辭。如果我們還不打算離開世界，還捨不下它小小的能耐的話，是不可能真正明瞭這足以結束世界的最後一課的。10

葛瑞：我已準備好要捨棄它那小小的能耐了。

白莎：你其實已經做到了！你是個玄學狂人，跟你一起合作真有意思，老弟。你已經明白，這世界的思想體系必須完全扭轉過來。你一個幻相也不能相信；它們要不就是全真，要不就是全假。

阿頓：我們已經接近這一系列造訪的尾聲了。你不必急著吸收我們討論的所有內容，你可以回頭再看你的筆記。你也知道，《課程》得一讀再讀才能了解它的真義；任何的新領悟也必須廣泛應用，才能讓它們在**聖靈**治療潛意識時發揮它們的功能。

我們讓你自行決定是否需要我們。但我們同J兄一樣，永遠不會讓你徬徨不安。如果下次造訪的時機到來，我們會來找你的；如果沒有，我們會永遠以**聖靈**的身分在你心裡。我們愛你，我們會在上主內永遠在一起。

葛瑞：非常謝謝你，阿頓。也謝謝你，白莎。我愛你們。我對你們的感激已無法用言語形容，但我想你們會了解的，畢竟你們無所不知。還有，我寬恕你們一開始就堅決不透露太多關於我個人未來的事，因為你們不想剝奪我的寬恕機會。一開始我其實不太喜歡，但現在我終於明白這樣做才是對我最好的。因為如果我事前就知道會發生什麼事，我的寬恕功課將無法獲得應有的學習效果。我想，**聖靈**真的是最清楚一切的。你們已贏得我的信賴。

阿頓：任何人只要願意聆聽**聖靈**，便能在悟道的階梯上安穩地拾級而上，J兄保證你一定成功：祈禱之梯愈升愈高。**天堂幾乎一蹴可幾了。還差那麼一點點**，你的學習旅程就告完成。此刻，你不妨向每一位願與你在祈禱中結合的人說：「沒有你，我無法前行，因為你是我的一部分。」在真相中，他確實如此。**11**

白莎：當旅程接近終點時，你會對上主充滿感恩之情，祂即是你承認的創造者和唯一的實相：這就是祈禱之梯的盡頭，它已超越了有修有學的層次。如今，你立於天堂門前，而你的弟兄正站在你身邊。碧草如茵，既深且靜，這兒是你註定如期抵達的終點，它已等候你多時了。

時間到此結束。永恆會在門口與你相會。12

葛瑞，我們邀請你在心靈層次加入我們，並在上主內與我們成為**一體**。**靈性**對分裂一無所知，我們永遠是圓滿的整體。趁還有耳朵的時候聆聽這一祈禱吧，因為有形的一切不久即將消失：

我們永遠感恩我們那永恆不滅的存在本質。恐懼無法進入那純粹**靈性**的心靈。所有的古老記憶都消褪了，因為已經沒有世界可以憶起，也沒有任何東西需要寬恕。我們翩然飛升，超越了有限思維的桎梏。這喜悅無法想像，這愛無法言傳。它是前所未有的圓滿，沒有任何一物被遺漏，因那看似在幻相世界漂泊的一切人事物已然覺醒。

我們的天鄉完美無瑕，因我們不曾離開過它，天堂之歌也不曾停止它的歡唱。那從未存在的小小間隙早已療癒而了無痕跡，掩蓋真相的二元對立也不復存在。我們在此永遠受到照顧，放眼望去只有無盡的豐盛、美麗與生命。這裡既無罪咎，也無寬恕，因為純潔無罪之人無此需要。我們已作出走在正確方向的決定，無疑必能回到我們原來的所在。我們的**天父**喜悅無比，因祂知道祂的**聖子**永遠在祂之內。

圓滿之境沒有任何分別，**上主**、**基督**、**聖靈**在此成為無意義的名相，此境唯有愛的聖性永存。時間消失了，我們終於回到真正的家。就這樣，我們欣然隱沒於上主的心中。

【附錄】

耶穌及佛陀轉世概述

第二章轉世一

名字	耶穌：佐華（男），佛陀：弘慈（男）
年代	700 B.C.
地點	日本
宗教	神道
關係	朋友

第二章轉世二

名字	耶穌：蕭麗（女），佛陀：沃山（男）
年代	600 B.C.
地點	中國
宗教	道家
關係	戀人

第三章轉世三

名字	耶穌：哈里希（男），佛陀：帕馬吉（男）
年代	500 B.C.
地點	印度
宗教	印度教
關係	堂兄弟

第四章轉世四

名字	耶穌：達基斯（男），佛陀：伊卡洛斯（男）
年代	500-450 B.C.
地點	希臘
宗教	柏拉圖學派
關係	柏拉圖的學生

第五章轉世五

名字	耶穌：羅睺羅（男），佛陀：悉達多（男）
年代	450-380 B.C.
地點	印度
宗教	一體論
關係	父子

第六章轉世六

名字	耶穌：約書亞（男），佛陀：納達夫／腓利（男）
年代	0-55 A.D.
地點	耶路撒冷
宗教	純粹一體論
關係	終極追隨者

【索引】

本書引文與《奇蹟課程》章句代碼對照

本書中每段引文，均會以例如T-18.III.3:3之方式標示，藉以註明該出處的章、節、段、句，此為《奇蹟課程》國際通用的章節代碼標示法。索引中的章句代號如下：

PR：序言
Intro：導言
T：〈正文〉
W：〈學員練習手冊〉
M：〈教師指南〉
CL：〈詞彙解析〉
P：〈心理治療：目的、過程與行業〉
S：〈頌禱：祈禱、寬恕與療癒〉

《奇蹟課程》簡介：其教導內容與佛陀、耶穌的關聯性

1 T-1.VI.2:1
2 T-Intro.
3 T-Intro.
4 M-21.1:9-10
5 T-31.VI.2:1
6 W-pl.201
7 T-10.I.2:1
8 W-pl.158.4:5
9 T-18.II.5:12
10 T-Intro
11 T-6.II.6:1
12 W-pl.169.12:1
13 M-28.2:2
14 T-5.II
15 T-20.VIII.7:3-5
16 C1.1:1
17 T-1.I.29:3
18 T-22.II.10:1
19 T-1.I.5:1
20 T-2.II.1:11-12
21 W-pl.132.6:2-3
22 T-12.III.1:1-3
23 W-pl.201
24 T-8.III.4:2
25 T-6.II.12:5
26 T-31:VIII.6:5
27 T-21.in.1:5
28 T-23.III.6:1
29 T-1.II.3:10
30 T-3.IV.7:12
31 T-31.VIII.1:5
32 T-31.VIII.9:1-3

1 悟道的階梯

1 T-28.III.1:1-2
2 T-6:V.C.2:8
3 T-27.VIII.3:1
4 T-31.VIII.3:1
5 T-27.VIII.6:1-5

2 從神道到老子：早期的高峰經驗

1 T-31.VIII.9:2

3 印度教時期

1 T-18.VII.5:7
2 T-18:VII.5:7-7:3
3 T-18.VII.7:7-8:3
4 M-27.7:3

4 柏拉圖與朋友

1 柏拉圖《蒂邁歐篇》27d.
2 T-20.III.9:1-2

5 悉達多與他的兒子

1 M-4.1.A.6:11

6 耶穌與佛陀的最後時光

1 T-6.V.C.2:8

7 諾斯替教派

1《真理福音》1.22.12-21。 **2**《真理福音》28.30-32.3。 **3** C-1.1:1
4 M-4.I.A.6.4-5

8 一九六五年至一九七七年耶穌傳訊：這次真理不會被埋沒

1 W-pl.200.5:1-2 **2** T-18.II.6:1 **3** T-13.VII.17:7
4 T-18.II.5:12-14 **5** T-27.VII.8:1-3 **6** T-10.I.2:1
7 M-12.6:6-9 **8** T-Intro **9** T-27.VII.13:1-5
10 T-27.VII.14:1-8 **11** T-28.II.7:1 **12** T-19.II.6:7-8
13 W-pl.182.1:1-6 **14** T-20.VIII.7:3-5 **15** T-27.VIII.10:1-6
16 T-17.I.5:4-5 **17** T-20.IV.1:1 **18** T-30.VI.1:1
19 T-8.VI.9:8-11 **20** T-5.I.5:1-7 **21** T-9.III.1:1-8:11
22 T-9.IV.4:1-6 **23** T-9.V.6:3 **24** T-2.V.A.11:3
25 T-1.III.7:1 **26** T-3.IV.7:12 **27** W-pll.361-365
28 T-29.VII.1:1-3 **29** W-pll.I.4:4 **30** W-pll.I.1:1-4
31 T-8.III.4:2 **32** T-8.III.4:5 **33** T-3.VI.5.5:7
34 T-16.III.7:7-8 **35** T-16.V.14:1-2 **36** W-pl.134.6:1-10:4

9 心靈的重要性

1 T-4.IV.8:3-4 **2** W-pl.155.1:1-5 **3** W-pl.132.6:2

4 W-pl.186.14:2 **5** W-pl.188.1:5 **6** W-pl.189.1:1-2
7 W-pII.3.1.4 **8** T-31:VIII.6:5 **9** M-26.2:7-9
10 S-2.II.1:1 **11** M.i.2:1 **12** T-16.VII.3:2
13 T-6.II.6:1 **14** W-pl.23.2:2 **15** T-31.VII.15:5-7
16 S-3.II.3:1 **17** S-3.II.3:4 **18** T-26:VII.4:7
19 T-26:VII.3:1-2 **20** Preface.xiii. **21** T-26:V.5:4
22 M-5.III.2:11-3:9 **23** M-6.3:1-2 **24** T-18.IX.13:1-14:5

10 階梯消失

1 T-28.II.12:5-7 **2** T-15.IV.3:1 **3** T-12.VIII.3:1-8
4 Suzanne Berry **5** T-9.VIII.10:1-11:7 **6** T-16.IV.6:1-2
7 T-3.VII.5:1-4 **8** M-25.6:1-9 **9** T-26.IX.3:1-6:6
10 M-14.4:1-3 **11** S-1.V.3:5-10 **12** S-1.V.4:1-5

BC1057R

告別娑婆外傳：悟道之途，佛陀與耶穌的六世同修

The Lifetimes When Jesus and Buddha Knew Each Other: A History of Mighty Companions

作　　者　葛瑞・雷納（Gary R. Renard）
譯　　者　謝明憲
責任編輯　田哲榮
協力編輯　朗慧
封面設計　黃聖文
內頁構成　李秀菊
校　　對　吳小微

發 行 人　蘇拾平
總 編 輯　于芝峰
副總編輯　田哲榮
業務發行　王綬晨、邱紹溢、劉文雅
行銷企劃　陳詩婷
出　　版　橡實文化 ACORN Publishing
地址：231030新北市新店區北新路三段207-3號5樓
電話：02-8913-1005　傳真：02-8913-1056
網址：www.acornbooks.com.tw
E-mail：acorn@andbooks.com.tw

發　　行　大雁出版基地
地址：231030新北市新店區北新路三段207-3號5樓
電話：02-8913-1005　傳真：02-8913-1056
讀者服務信箱：andbooks@andbooks.com.tw
劃撥帳號：19983379 戶名：大雁文化事業股份有限公司

印　　刷　中原造像股份有限公司
二版一刷　2023年11月
定　　價　480元
ISBN　978-626-7313-56-5
(原書名：《耶穌和佛陀的六世情緣：告別娑婆外傳》)

國家圖書館出版品預行編目(CIP)資料

告別娑婆外傳：悟道之途，佛陀與耶穌的六世同修／葛瑞・雷納(Gary R. Renard)著；謝明憲譯. -- 二版. -- 臺北市：橡實文化出版：大雁出版基地發行, 2023.11
面；　公分
譯自：The lifetimes when Jesus and Buddha knew each other : a history of mighty companions.
ISBN 978-626-7313-56-5（平裝）

1. CST: 耶穌(Jesus Christ)
2. CST: 釋迦牟尼(Gautama Buddha, 560-480 B.C.)
3. CST: 靈修

218.1　　112013996